教育部中等职业教育改革创新示范教材
物流服务与管理专业规划教材

运输作业实务

第2版

主　编　毛宁莉

副主编　张　翠　王妙娟

参　编　朱亚琪　余宝剑　张　丽

机械工业出版社

本书是经过出版社初评、申报，由教育部专家组评审、教材遴选工作领导小组审定确定的“教育部中等职业教育改革创新示范教材”。

本书是根据中等职业学校学生的认知特点和培养目标进行编写的，强调以岗位能力与技能为本位的教学理念，以物流运输作业中各岗位的操作流程与岗位职责为主线进行设计，提炼出岗位需求的知识、技能、职业素养。本书内容丰富，图文并茂，通俗易懂，单元下设不同任务，每个任务又由“任务描述”、“任务目标”、“情景导入”、“知识储备”、“教师演示”、“学生动手”、“举一反三”和“学习评价”等组成。本书的主要内容包括物流运输概述、铁路货物运输作业、公路货物运输作业、航空货物运输作业、水路货物运输作业、管道运输基本知识、物流运输保险和物流运输合理化。

本书可作为中等职业学校物流服务与管理专业教学用书，也可作为国际贸易、电子商务等专业学生拓展知识面的教学用书，还可作为物流企业从业人员的学习、培训用书。

图书在版编目（CIP）数据

运输作业实务/毛宁莉主编．—2 版．—北京：机械工业出版社，2013.10（2025.1 重印）

教育部中等职业教育改革创新示范教材　物流服务与管理专业规划教材

ISBN 978-7-111-44531-9

Ⅰ．①运…　Ⅱ．①毛…　Ⅲ．①物流—货物运输—中等专业学校—教材　Ⅳ．①F252

中国版本图书馆 CIP 数据核字（2013）第 252230 号

机械工业出版社（北京市百万庄大街 22 号　邮政编码 100037）

策划编辑：聂志磊　　责任编辑：聂志磊

版式设计：常天培　　责任校对：王晓峥

封面设计：陈　沛　　责任印制：张　博

北京建宏印刷有限公司印刷

2025 年 1 月第 2 版第 15 次印刷

184mm×260mm・13.5 印张・1 插页・318 千字

标准书号：ISBN 978-7-111-44531-9

定价：39.00 元

电话服务　　网络服务

客服电话：010-88361066　　机　工　官　网：www.cmpbook.com

010-88379833　　机　工　官　博：weibo.com/cmp1952

010-68326294　　金　书　网：www.golden-book.com

封底无防伪标均为盗版　　机工教育服务网：www.cmpedu.com

序

为落实以就业为导向、以服务为宗旨的职业教育办学方针，树立工作过程导向的课程观、行动导向的教学观、多元智能的人才观及多元评价的质量观，实现以服务社会主义现代化建设为宗旨，培养适应经济社会发展需要的，具有良好的职业道德、职业素质以及在生产、服务第一线工作的熟练的职业技能和职业能力的技能型人才的培养目标，机械工业出版社联合多所中等职业学校组织修订了这套物流专业系列教材。

本套教材力求落实物流专业培养目标与人才规格，提出了“紧紧围绕培养物流管理操作型人才这一核心，以最先进的职教理论和课程理论为指导，占领中等职业教育的制高点，紧贴物流职业领域的实际，使教材的编写经得起时间的考验”的指导思想。

本套教材编写的基本思路是：①打破学科体系，以培养职业能力、提高职业素质为核心，构建以工作过程为导向、理论与实践一体化、专业教学标准与职业资格标准相融合的职业教育课程体系。②专业基础课程以综合课程为主，专业课程（实务）以行动导向课程为主。③综合课程与职业资格取证挂钩。④加强实践、实训课程建设。⑤既能适应学历教育的需要，又能满足职业培训的需要。

本套教材的主要特点为：①以现代职业教育课程理论为指导，体现“以全面素质为基础，以就业为导向，以能力为本位，以学生为主体”的职教课程改革指导思想。②反映物流行业现实的特点和发展的需求，从职业岗位需求出发，以职业能力和技能培养为核心，既反映物流业现实的需要，又具有超前性，体现新知识、新技术、新工艺、新方法的应用。③体现学生自主学习、探究学习、合作学习和教学方法、学习方法的改革。④体现对职业能力评价等评价方式的改革。⑤体现现代职业教育教学手段，编写形式新颖多样、图文并茂、生动活泼、简洁直观，有助于学生理解。

本套教材分为综合型课程教材和行动导向型课程教材。

综合型课程教材的编写力争实现以下要求：①课程目标既要明确知识点，更要突出能力点。②课程内容主要是“是什么”和“怎么样”。③教学方式采用案例教学、情境教学和实践教学等手段，使学生在学习过程中做到动脑、动口、动手。④在教学方法上，为探究式学习、合作式学习留出充分的时间。⑤评价方式多采用开卷考试、口试、实操考核、“课业”考核、阶段考核和过程考核等考核方式。

行动导向型课程教材是本套系列教材的特色，主要体现在：①以运输、仓储、配送、采购、物流营销、物流信息管理等物流结点的主要工作流程为线索。②以上述各个工作流程中的不同操作环节所需要的能力、技能以及相关知识为蓝本。③以能力培养为主线。④以创建行动学习环境，组织学生动手操作、主动探索为教学模式。⑤以培养学生物流业务能力和综合职业素质为目标。

物流专业行动导向型课程由若干项工作任务组成，每一项工作任务都包含了对某一个工作环节操作能力的培养。本套教材为每项工作任务设置了任务描述、任务目标、情景导入、知识储备、教师演示、学生动手、举一反三和学习评价八个栏目，对课程的教学给予了明确的指导。

对于物流专业行动导向型课程的教学，建议采用以下教学模式：

模式一：基础实训模式

1）教师指导学生明确教学目标和实训要求。

2）教师指导学生明确实训的任务、方法和步骤。

3）学生准备相关材料和必备的知识（教师辅导）。

4）学生按照实训内容进行操作训练（教师辅导）。

5）学习评价。

模式二：角色实训模式

1）教师提出问题，并向学生介绍和展示问题情景，指导学生明确教学目标和实训要求。

2）按某一类型的物流企业组织结构组织学生以小组为单位分别担任不同职务（扮演不同角色），并研究角色的职责和任务。

3）角色扮演者根据角色扮演设计方案分别进行课堂现场展示，还可进行角色互换。

4）学习评价。

模式三：项目实训模式

1）教师布置学习任务，指导学生明确学习目标和实训要求，帮助学生理解任务。

2）教师提供相关参考资料，各项目小组进行调查研究、查阅资料、获取信息，作必要的知识和技能准备。

3）各项目小组合作学习，制定工作计划。

4）根据项目小组制定的计划提出各种方案，经过讨论确立本项目的最佳实施方案。

5）组织项目实施，教师作示范，学生观看；学生根据计划完成任务，教师观看、指导。

6）学生在完成项目的过程中自己检查工作过程及结果，出现问题时随时请教师或同学帮助解决。

7）学生完成项目后对成果进行展示与自我评价，同时对其他同学项目完成情况提出问题，互相交流。教师对学生在整个学习过程中的表现予以评价，对出现的问题给予纠正。

根据物流企业的现实情况，建议将行动导向型课程的操作训练方式分为两种：①手工操作，如手工填制各种单证。②结合物流信息管理系统上机操作，如在仓储信息管理系统中完成各仓储管理岗位的操作。

行动导向型课程建设需要教学管理的改革与之配套，如在教学安排上，可以在传统的“两课时一个教学单元”和“一课时一个教学单元”的基础上，采用“一天一个教学单元”和“一周一个教学单元”两种形式；又如在学习评价上，采用过程评价、能力评价的评价方式，在等级评价上，主要采用优秀、合格和不合格的等级体系。

本套教材中的许多探索还只是初步的，肯定还有许多不完善的地方，敬请同仁们多提宝贵意见。

物流服务与管理专业规划教材编审委员会

第2版前言

本书是经过出版社初评、申报，由教育部专家组评审、教材遴选工作领导小组审定确定的“教育部中等职业教育改革创新示范教材”。

现代物流是以物流企业为主，以运输和信息为平台，涉及生产、流通和消费全过程的全现代供应链管理系统。随着全球经济一体化进程的加快，资源在全球范围内的流动和配置大大加强，世界各国更加重视物流发展对于本国经济的促进。物流业已进入高科技发展阶段，表现为信息化、网络化、自动化、电子化、共享化、协同化、集成化、智能化、移动化、标准化、柔性化、社会化和全球化。运输作业实务是现代物流行业的基础与平台，是伴随着物流业的发展而发展起来的。为了使学生在知识的学习和能力的培养上与高速发展的物流行业相适应，解决运输作业实务教材在知识与案例等方面相对滞后等问题，编者在《运输作业实务》第1版的基础上进行了修订。修订后的教材具有如下特点：

1. 体例更加新颖

本教材在总体架构上打破了原有学科体系的限制，采用的是全新的“任务驱动、项目导向”式编写体例，编写过程中采用最新案例、阅读资料等来体现理论知识，通过设置项目和任务等来调动学生的学习积极性，力求激发学生探求知识的热情，提高学生的知识拓展能力。

2. 立足基层操作

本教材在知识与能力方面与时俱进，引进了现今物流行业最先进运输作业流程，通过一个个具体的工作任务，解决业务人员规范化操作方法和工作态度问题，让学生掌握各种运输方式的专业知识并尽快适应基层的工作岗位。

3. 内容适用性广

本教材内容适应性广，既适用于中等职业学校物流服务与管理专业作为核心课程教学使用，也适用于国际贸易、电子商务等专业学生拓展知识面时使用，还适用于物流企业岗位培训、物流行业技能鉴定应知方面培训使用。

4. 知识延展性好

本教材通过知识储备让学生了解运输作业实务的基础知识，再通过教师演示、学生动手、举一反三等栏目使学生对相关知识技能进行汇总提炼，学生的主观能动性得以最大限度的发挥，知识体系得以不断延展。

本教材由毛宁莉任主编，张翠、王妙娟任副主编。具体编写分工：毛宁莉编写第一单元、第二单元，张翠编写第三单元、第五单元，余宝剑编写第四单元，王妙娟编写第六单元，张丽编写第七单元，朱亚琪编写第八单元。

为方便教学，凡选用本书作为教材的教师，均可登录机械工业出版社教材服务网（http://www.cmpedu.com）免费下载助教课件等资源。

由于编者水平所限，本书难免有不足之处，恳请读者提出宝贵意见或建议。

编　者

第1版前言

近几年，我国经济实现了较快发展，与物流相关的经济指标都有了较大幅度的增长。2006年，我国GDP的增幅将超过9%，进出口总额将突破1万亿美元，生产资料销售总额和社会零售商品总额将分别达到11万亿元和5万亿元以上。在经济快速发展的推动下，全社会物流总额预计可达38万亿元，增幅在30%左右；物流用固定资产投资增长20%左右。随着物流行业的高速发展，物流行业对不同层次人才的需求与日俱增，物流人才的短缺严重制约了物流行业的发展，因此，国家将物流专业人才列为12类紧缺人才之一。

2005年，教育部、劳动和社会保障部、中国物流与采购联合会共同颁布了《中等职业学校物流专业紧缺人才培养培训教学指导方案》，该方案规定了4个专业方向：运输业务方向、仓储与配送方向、物流营销方向和物流信息处理方向。“运输作业实务”是中等职业学校物流专业运输方向的专门化方向核心课程。

本书是通过对各具体工作岗位的操作要点的提炼来编写完成的，以突出能力为本位，除去理论化的繁琐，注重实用性和操作性。但是，本书并没有穷尽物流运输业务的所有业务和环节，这主要是考虑到业务的部门化和操作的流程化的问题，以给各位读者留下在实际工作中不断拓展的空间。本书对物流运输业务流程进行了全面系统的梳理、归纳与概括，主要具有以下几个方面的特点。

1）以就业为导向，适应社会和相应职业对人才的需求，体现人才层次的特点。

2）以学生的成长规律为依据，适应学生群体的身心发展状况，为学生的成才和发展服务。

3）以综合职业素质和职业能力为本位，体现职业学校的特色。

本书由毛宁莉任主编，杨乔木和朱亚琪任副主编，李晓秋任主审。具体的分工为：毛宁莉（第一单元、第二单元和第四单元）、朱亚琪（第三单元部分内容、第五单元和第八单元）、张翠（第三单元部分内容）、杨乔木（第六单元）、汪晓娟（第七单元）。全书由毛宁莉拟定大纲并统稿。

本书在编写过程中参阅和引用了国内外有关物流学科的论著和资料以及各个运输行业的管理规章制度，在此对文献作者一并表示最真挚的谢意！

编　者

目录

序
第 2 版前言
第 1 版前言
第一单元　物流运输概述……1
任务　认识物流运输……1
第二单元　铁路货物运输作业……8
任务一　认识铁路货物运输……8
任务二　计算铁路货物运输运费……18
任务三　填写铁路货物运输运单……24
任务四　铁路货物运输的包装……33
任务五　铁路货物运输接收作业……41
任务六　铁路货运的装车作业……46
任务七　铁路货物运输到达交付作业……54
第三单元　公路货物运输作业……61
任务一　认识公路货物运输……61
任务二　计算公路货物运输运费……69
任务三　签订公路货物运输合同……74
任务四　公路零担货物运输作业……81
任务五　公路整车货物运输作业……88
第四单元　航空货物运输作业……96
任务一　认识航空货物运输……96
任务二　计算航空货物运输运费……104
任务三　填写航空货运单……108
任务四　航空货物运输受理入库作业……112
任务五　航空货物运输的出港作业……116
任务六　航空货物运输的进港作业……120
任务七　航空货物运输的到达接收作业……124
第五单元　水路货物运输作业……128
任务一　认识水路货物运输……128

任务二　签订水路货物运输合同……136
任务三　水路货物运输作业……144

第六单元　管道运输基本知识……150

任务　认识管道运输……150

第七单元　物流运输保险……160

任务一　认识物流运输保险业务……160
任务二　承保……168
任务三　理赔……172

第八单元　物流运输合理化……178

任务　了解物流运输合理化……178

附录……187

附录A　铁路货物运价里程表……187
附录B　常见的货物运价号……188
附录C　铁路货物运价率表……189
附录D　铁路电气化区段表……190
附录E　铁路杂费收费项目和标准……191
附录F　公路普通货物运价分等表……193
附录G　公路特种货物分类表……195
附录H　全国主要城市间公路里程表（见书后插页）
附录I　上海地区始发航班公布运价表……196
附录J　厦门始发国内航线货物运价表……197
附录K　关于港口、车站无法交付货物的处理办法……199
附录L　各种运输方式货物运输保险费率表……201
附录M　国内货物运输保险单……202
附录N　保险单保险标的附表……203
附录O　国内货物运输保险出险通知书……204
附录P　货物运输险赔款计算书……205

参考文献……206

第一单元　物流运输概述

1

任务

认识物流运输

任务描述

自古以来，交通运输就是人类生存、发展的重要活动之一。物流作为现代社会经济活动的重要组成部分，在其发展和运行过程中同交通运输的关系更为密切。早期，物流几乎不具有明确的内涵，常常被视同为运输；随着物流内涵的扩展和物流功能的不断完善，物流形成了包含有运输、储存、包装、装卸、搬运等功能的完整体系，但是运输在整个物流活动中始终居于核心地位。

任务目标

1．知道运输的含义，理解运输的功能。

2．清楚五种运输方式的特点，知道一些货物（如煤炭、原油、蔬菜和精密仪器等）应该采用的运输方式。

3．能叙述我国目前的物流运输形式。

4．能说明运输在物流中的地位。

情景导入

我国地大物博，各地的气候差异明显。在新疆已是大雪纷飞的时候，海南仍然是烈日炎炎。不同的气候条件适宜种植不同的农作物，但我们却可以在海口的超市里买到新疆的库尔勒香梨，也可以在乌鲁木齐的水果市场上看到海南的菠萝、椰子和香蕉，是什么使这些易腐的水果顺利到达消费者手中呢？

知识储备

一、运输的概念及相关知识

1．运输的概念

运输是物流作业中最直观的要素之一，是指人和物的载运及输送。本书中运输专指“物”

的载运及输送。运输是在不同的地域范围间（如两个城市、两个工厂之间，或一个大企业内部相距较远的两个车间之间），以改变“物”的空间位置为目的的活动。与搬运的区别在于，运输是指在较大范围内的活动，而搬运则是指在同一地域之内的活动。

我国国家标准《物流术语》（GB/T 18354—2006）中对运输的定义是：“用专用运输设备将物品从一地点向另一地点运送。其中包括集货、分配、搬运、中转、装入、卸下、分散等一系列操作。”

2. 运输的功能

（1）产品转移：无论物品处于什么形式，是材料、零部件、装配件和在制品，还是制成品，不管是在制造过程中将被移到下一阶段，还是实际上更接近最终的顾客，运输都是必不可少的。运输利用的是时间资源、财务资源和环境资源，只有当运输确实能提高产品价值时，该产品的移动才是重要的。

运输涉及利用时间资源的问题，这是因为产品在运输过程中是难以存取的。这种产品通常是指流通过程中的存货。

运输要使用财务资源，是因为运输队所必需的内部开支。这些费用用于支付司机的劳动报酬，运输工具的运行费用以及一般杂费和行政管理费用分摊。

运输的主要目的就是要以最低的时间、财务和环境资源成本，将产品从生产地转移到规定地点。产品转移的方式必须能满足顾客有关交付履行和装运信息的可得性的要求，产品损坏的费用也必须是最小的。

（2）产品储存：对产品进行临时储存是运输的特殊功能，这个功能在以往并没有被人们关注。将运输车辆临时作为相当昂贵的储存设施，这是因为转移中的产品需要储存但在短时间内（1～3天）又将重新转移，那么该产品在仓库卸下来和再装上去的成本可能高于储存在运输工具中所支付的费用。

在仓库有限的时候，利用运输车辆储存也许是一种可行的选择。可以采取的一种方法是，将产品装到运输车辆上去，然后采用迂回或间接线路运往其目的地。对于迂回线路来说，它的转移时间将大于直接路线的转移时间。当起始地或目的地的仓库的储存能力受到限制时，这样做是合情合理的。在本质上，运输车辆被用做一种临时储存设施，它是移动的，而不是处于闲置状态的。

3. 运输业的特点

相对于其他行业和部门，运输业有其明显的特征。

（1）运输业是一个不产生新的实物形态产品的物质生产部门。

（2）运输业提供的是一种运输服务，它对劳动对象只有生产权（运输权），不具有所有权。因为运输业的劳动对象是旅客和货物，运输产品是运输对象的空间位移。运输业不改变劳动对象的属性或形态，只改变它的空间位置。

（3）运输业的生产过程是社会生产过程在流通领域内的继续。

（4）运输是生产过程和消费过程同时进行的。

（5）运输业具有“网络型产业”特征。运输业的生产具有“网状”特征，运输活动本身也具有过程性、连续性等特点。

（6）运输业的资本有机构成具有特殊性。运输业的资本有机构成比一般的产业要高，其固定资本所占的比重较大，资本的周转速度相对较慢。如运输线路的修建、运河的开凿、航道的疏浚、机场的建设、港口的修建、码头的建造无一不需要巨额的投资，而且投资后的资本回收期较长。

4. 运输的方式

（1）铁路运输：铁路运输是一种重要的现代陆地运输方式，它是使用机动车牵引车辆，从而实现货物位移的一种运输方式（见图 1-1）。铁路运输具有适应性强、运输能力大、可持续运营、受气候影响小等优点，因此，铁路主要承担长距离、大批量的货物运输，在没有水路运输条件的地区，几乎所有的大批量货物都是依靠铁路运输。铁路运输是在干线运输中起主力运输作用的运输形式。

图 1-1 铁路运输

但是，铁路运输由于受路线、货站的限制，机动灵活性较差，不能直达运送物资，而且待运时间比较长，不适合短途运输。

（2）公路运输：公路运输一般是指汽车运输，是主要使用汽车在公路上进行货物运输的一种方式（见图 1-2）。公路运输主要承担近距离、小批量的货物运输，以及水路运输、铁路运输难以到达的长途、大批量货物运输和水路运输、铁路运输难以发挥优势的短途运输。由于公路运输有很强的灵活性，近年来，铁路和水路运输密集的地区，大批量的长途运输也开始使用公路运输。

图 1-2 公路运输

公路运输的优点是可以采取“门到门”的运输形式，可做到上门取货、送货到家，实现直达运输，不需中途换装，运送速度较快，但是公路运输的载运量小，运费较高。我国的公路运输是一种地区性的运输方式，是生产企业内部运输的主要运输方式，为铁路运输、水路运输、航空运输起到集中疏散的作用。公路运输的独特作用是其他各种运输方式所不能替代的，它在经济和社会发展中的重要地位是毋庸置疑的。

（3）航空运输：航空运输是使用飞机或其他航空器进行运输的一种形式。它是5种运输方式中运送速度最快、运费最贵的运输方式（见图1-3）。

图1-3 航空运输

航空运输的特点是交货迅速、航行便利，可以运往世界各地并不受地面条件的限制。航空运输适用于体轻、贵重、易损、鲜活或急需的商品。

（4）水路运输：水路运输由船舶、航道和港口所组成，包括内河航运和海洋运输。水路运输的优点是运输能力大、运输成本低、航道投资少，水路运输可以运送其他运输方式不易运输的超重、超长、超高的物资。水路运输中最重要的运输方式是海洋运输，海洋运输在国际物流运输中所占的地位和所起的作用大大超过其他运输方式。目前，世界贸易货物运量的2/3都是通过海洋运输来完成的（见图1-4）。水路运输的缺点是航行速度慢，受航道和港口的限制而不够灵活，易受季节和气候的影响，运输的连续性较差。

图1-4 海洋运输

（5）管道运输：管道运输是使用管道输送货物的一种运输方式（见图1-5），所输送的货物主要有油品、天然气、煤浆以及其他矿浆。管道运输的优点是运量大、连续性强、损耗少、不需包装、能不间断地均衡地进行运输、运输能力大、运输成本低，其缺点是运输的货物品种受到限制。

图 1-5　管道运输

二、物流运输的形式

物流运输的形式有直达运输、多式联运、专业化运输、集装箱运输 4 种形式，它们的含义和特点见表 1-1。

表 1-1　物流运输形式的含义和特点

物流运输形式	含　义	特　点
直达运输	一种货物通过一种运输方式直接运送到收货人手中	减少运输环节、速度快、损耗少、费用低
多式联运	从货物发运地到收货地采用两种或两种以上的运输方式	1. 托运人填写一张运单 2. 促进了各种运输方式的协作配合 3. 减少货物在途时间，节约了运费
专业化运输	运输工具的专业化，如油罐车、水泥专用车	适合对运输有特殊要求的产品，有利于保障安全、节约包装
集装箱运输	将货物装入标准规格的集装箱，以集装箱为集装、运送单位，利用多式联运，将货物运送到目的地的现代化运输手段	提高了装卸效率，保证了货物安全，简化了货运作业手续，是一种高效率的运输形式

三、运输在物流中的地位

练一练

你能说出每种运输方式的优势吗？

运输是物流的主要职能之一，也是物流各项业务的中心活动。物流业务中的其他各项活动，如包装、装卸搬运、物流信息等，都是围绕着运输而进行的。

可以说，在科学技术不断进步、生产的社会化和专业化程度不断提高的今天，一切物质产品的生产和消费都离不开运输。物流合理化在很大程度上取决于运输合理化。所以，在物流的各项业务活动中，运输是关键，起着举足轻重的作用。运输是整体物流工作一个十分重要的环节。

1. 运输是物流的核心功能

物流系统具有创造物品的时间效用、形式效用、空间效用三大效用（或称三大功能）。时间效用主要由仓储活动来实现，形式效用由流通加工业务来实现，空间效用通过运输来实现。运输是物流系统不可缺少的功能。物流系统的三大功能是主体功能，其他功能（装卸、搬运和信息处理等）是从属功能。而主体功能中的运输功能的主导地位更加凸现出来，成为所有功能的核心。

2. 运输影响着物流的其他构成因素

运输在物流过程中还影响着物流的其他环节。例如，运输方式的选择决定着装运货物的包装要求；使用不同类型的运输工具决定其配套使用的装卸搬运设备以及接收和发运站台的设计；企业库存储存量的大小直接受运输状况的影响，发达的运输系统能比较适量、快速和可靠地补充库存，以降低必要的储存水平。

3. 运输费用在物流费用中占有很大比重

在物流过程中，直接耗费的活劳动和物化劳动所支付的直接费用主要有运输费、保管费、包装费、装卸搬运费和物流过程中的损耗等。其中，运输费用所占的比重最大，是影响物流费用的一项重要因素，是运输过程中降低物流费用、提高物流速度、发挥物流系统整体功能的中心环节，特别在我国交通运输业还不十分发达的情况下更是如此。因此，在物流的各环节中，如何做好运输工作，开展合理运输，不仅关系到物流时间占用多少，而且还会影响到物流费用的高低。不断降低物流运输费用，对于提高物流经济效益和社会效益都起着重要的作用，所谓物流是企业的“第三利润源”，其意义也在于此。

教师演示

第一步：搜集以下材料。

（1）运输的起源。

（2）运输与经济发展的关系。

（3）各种运输方式的起源。

（4）物流运输的形式。

第二步：根据当地的实际举例说明运输在经济生活中的重要性。

学生动手

查资料，回答下列问题：

（1）海南，山清水秀，自然风光秀美，素有天涯海角之称。每年的 11 月中旬，北方已是冰天雪地，海南三亚却依然艳阳高照。有利的气候条件可以使海南保持“稻可三熟，菜满四季”（见图 1-6）。今天，借助于发达的运输，无论何时，黑龙江的哈尔滨、新疆的乌鲁木齐都可以吃到海南的新鲜蔬菜。那么，什么是运输？运输的功能是什么？

图 1-6 海南蔬菜生产基地

（2）浙江杭州某丝绸厂向法国里昂市出口一批丝绸衣物。采用哪些运输方式可以将货物运送到目的地？

（3）山西的煤炭是我国的重要能源物资，而北京、广东和浙江等地是煤炭的消耗地。向北京、广东和浙江等地运输的煤炭应该分别采用哪些运输方式？为什么？

（4）克拉玛依位于准噶尔盆地的西北缘，被誉为准噶尔盆地的明珠，自它在亘古荒原建立的那天起，就与荣誉与神秘相伴，它是新中国的第一个大油田（见图 1-7），使我国摘掉了贫油国的帽子；它是一个常被风沙包裹的经济结构单一的工业化城市，周边自然条件恶劣。试想，原油运输的方式是什么？

图 1-7　克拉玛依油田

举一反三

参观当地主营运输的物流企业，了解当地的物流运输行业概况。

学习评价

被考评人					
考评地点					
考评内容	物流运输基本知识				
考评标准	内　　容	分值/分	自我评价/分	小组评议/分	实际得分/分
	调查内容完整	25			
	查阅资料的内容正确	25			
	参与积极性	25			
	团队合作精神	25			
合　　计		100			

注：1．实际得分=自我评价 40%+小组评议 60%。

2．考评满分为 100 分，60～74 分为及格；75～84 分为良好；85 分及以上为优秀。

第二单元　铁路货物运输作业

人类不能像鱼类那样生活在水中，也不能像鸟儿一样在天空自由飞翔，必须脚踏实地地生活在陆地上。因此，尽管很早就有了木筏和独木舟作为交通工具，但人类在改进交通工具上的努力最初主要还是针对陆上交通工具的。1825 年 9 月 27 日，当乔治·史蒂芬逊驾驶着他的“动力”号驶离达林顿车站时，车站观众的心情无法平静。他们期望这次全长 19km 的行程一帆风顺，但谁也无法预料这载着 600 名乘客和大批货物的机车第一次行驶会发生什么意外。3h 后，当“动力”号顺利到达目的地斯克顿时，整个城市沸腾了。人群的欢呼声、礼炮声、乐队的演奏声以及教堂的钟声响成一片，标志着一个新的时代—— 铁路运输这种全新的交通工具诞生了。

任务一　认识铁路货物运输

任务描述

铁路既是社会经济发展的重要载体之一，同时又为社会经济发展创造了前提条件。虽然我国铁路运营里程在总量上尚处于短缺状态，路网结构对国土的覆盖不全面，但在各种运输方式组成的交通运输体系中，铁路运输始终处于骨干地位，对国民经济发展起到了强有力的支持作用。随着科学技术的突飞猛进，铁路货物运输呈现出重载化、快捷化、物流化、信息化的趋势。

任务目标

1．明确铁路运输在我国运输领域中的地位和未来的发展前景。

2．清楚铁路货物运输的 3 种形式，理解铁路货运的有关名词。

3．知道铁路货物运输车辆的类型及其运输的货物。

4．培养良好的职业操守，严谨的工作作风；具有人际沟通和团队合作协调能力。

情景导入

上海三得利啤酒有限公司有一批产品需要通过铁路运输交付给客户，公司的员工想了解如何办理铁路货运手续，并且想知道铁路货物运输的整个流程是什么，以及当前铁路货运的实际情况如何。你能满足该公司员工的需要吗？

知识储备

一、铁路运输的发展

自瓦特于 1765 年发明了改进的蒸汽机后，蒸汽机被广泛地应用于各种场合。但是，蒸汽机与“轨道上的马车”结合则是 19 世纪初的事。最早的蒸汽机车往往机身过大，推力太小，要爬陡坡时往往要几台机车推动。到 19 世纪末，蒸汽机车的发展到了顶峰。尽管人们不断地努力改进，但蒸汽机车的速度在达到 80～100km/h 后再也难以提高了（见图 2-1）。当 20 世纪到来的时候，蒸汽机车便逐渐完成了它的历史使命，以它的慢速度向博物馆开去了，而铁路运输开始了电力机车和内燃机车的新时代。

第一台电力机车是在 1879 年 5 月制成并展出的，它真正进入实用阶段是 20 世纪的事。今天，在世界各地的铁路上基本上看不到那种冒着浓浓的黑烟的蒸汽机车了，常见的有内燃机车、电力机车和高速列车等。图 2-2 所示为电力机车。

图 2-1　蒸汽机车

图 2-2　电力机车

今天，著名的高速列车如法国的 TGV、日本的“子弹”火车以及德国从 1991 年 6 月 2 日正式投入运营的 ICE，速度都在 250km/h 以上。而正在发展中的高速列车特别是磁悬浮列车，时速将超过 400km，图 2-3 所示为上海磁悬浮列车。所有这些技术进步都是建立在许多人的研发创新和勤奋工作的基础上的。正是技术和工程人员的不懈努力改进了从铁轨到机车制造的每一部分，并积极探索全新的铁路和机车技术，才有了今天的高速、舒适的高速列车和磁悬浮列车。

图 2-3　上海磁悬浮列车

生活在 18、19 世纪的人们，恐怕不可能想象到今天的安全、舒适、安静的高速列车。同样，生活在今天的人们，也无法很准确地说出未来的列车是什么样子。但我们可以设想：按已有的科学原理，我们可以通过努力造出什么样的列车来。自奥托•哈恩发现核裂变以来，核能的利用已广为人知。是否能将原子能用于列车的牵引呢？科学家们正做这种设想。美国科学家设想在纽约与洛杉矶之间横贯美国大陆修一条地下铁路。美国人还设想了一种风动列车。其行驶原理是，在两座城市的地下建一个密封管道，管道一端的气压远高于另一端的气压，气压差产生的强大推力推动列车运行。

想一想

未来铁路的发展会是什么样的呢？

二、我国铁路货物运输的发展

1876 年，我国土地上出现了第一条铁路，这就是英国资本集团采取欺骗手段修筑的吴淞铁路。到 1894 年中日甲午战争前夕，近 20 年的时间里仅修建了 400 多 km 铁路。

1905 年，清政府任命詹天佑为京张铁路总工程师。这是我国铁路史上由中国人自己修建的第一条重要铁路（见图 2-4）。1909 年 9 月 24 日，京张铁路全线通车。民国期间，主要是以官僚买办资本与帝国主义垄断资本“合资”方式修建铁路，在我国大陆共修建铁路约 13 000km。

图 2-4　京张铁路

1949 年 10 月 1 日中华人民共和国成立后，一方面进行大规模的修复工程，一方面开始建设新铁路。到 1980 年年底铁路营业里程达 49 940km，全国铁路网骨架基本形成。

1982 年，中国共产党第十二届代表大会提出到 20 世纪末工农业生产总值要翻两番的伟大目标，并指出“铁路运输已成为制约国民经济发展的一个重要原因，运输能力同运输量增长的需要很不适应”。为了改变这种局面，铁路必须进行一系列的重点建设，加快发展速度，提高运力。解决铁路运能不足的根本出路在于采用先进技术，加速铁路现代化建设。在机车车辆方面采用大功率牵引动力和新型车辆以扩大列车编组，提高列车载重量，加快行车速度。为此研制了几种新型内燃、电力机车及客货车辆。同时引进技术，进口了一批内燃及电力机车。货运方面加快发展集装箱运输，提高机械化装卸水平，以减轻劳动强度。

到 2003 年，我国铁路里程已达到 7.3 万 km，复线里程 2.4 万 km，主要分布在东部地区；电气化里程 1.8 万 km，主要分布在西部地区。截止 2012 年底，全国铁路营业里程达到 9.8 万 km，居世界第二。图 2-5 所示是我国主要铁路分布示意图。

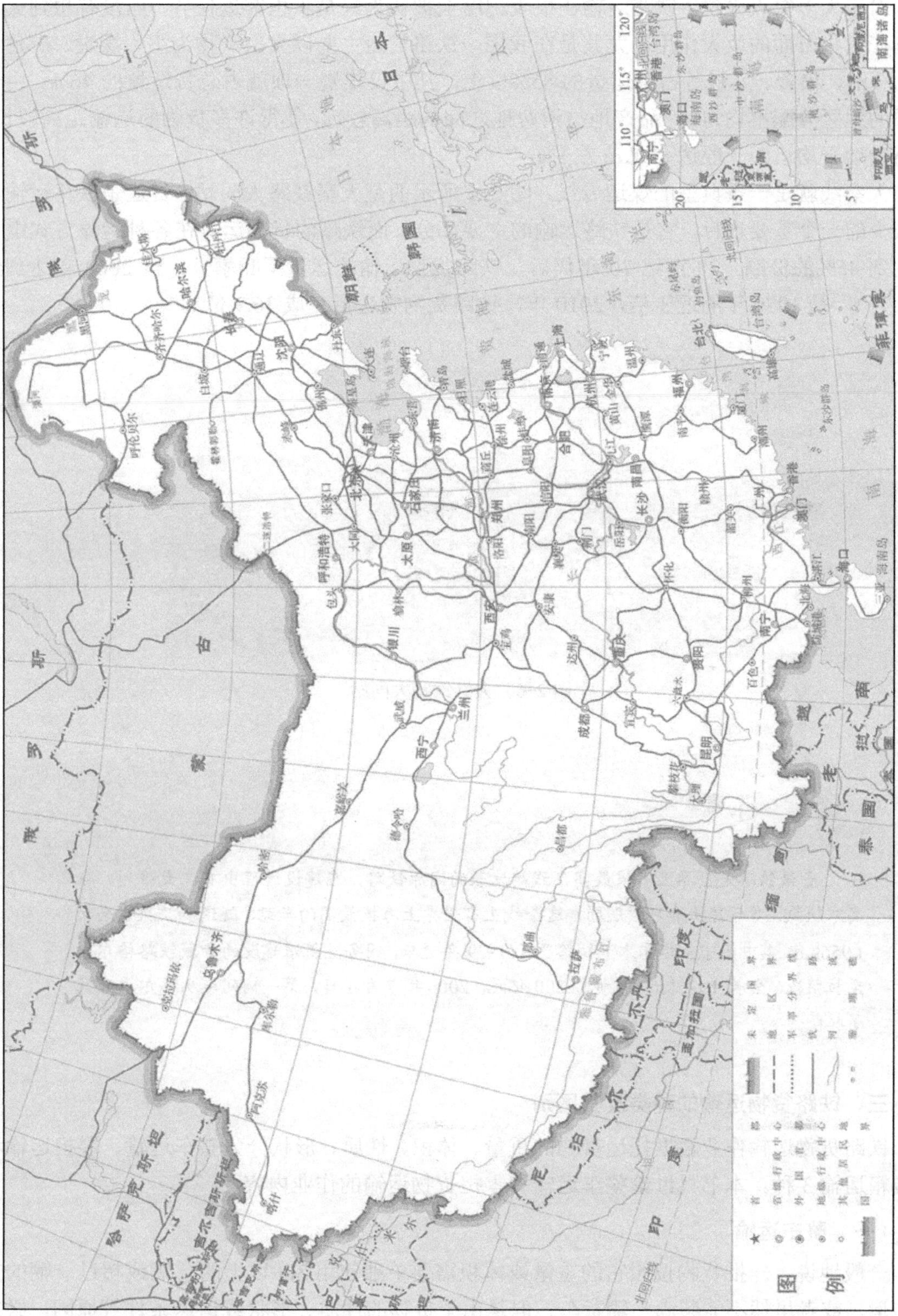

图 2-5　我国主要铁路分布示意图

对于大多数人来说，铁路运输在很大程度上被认为只是承担客运任务，而没有想到火车运输在货物方面的巨大作用，尤其是在我国，铁路货运主要以大宗货物为主，煤炭、矿建材料、石油、粮食、木材等占总运量的85%以上，其中仅煤炭一项就占总货运量的46%。由于资源的地区分配不均匀，产品产地与消费地之间的距离较远，使得许多货物的运输距离较长，铁路货运平均运距一般达800km左右。

大秦线就是一条典型的煤运专线，图2-6所示的是大秦铁路大同站。货运是铁路运输不可缺少的一个重要项目，它是铁路运输的主要部分。而铁路的货物运输在各种运输方式中曾经占到45%的份额。20世纪70年代后，铁路货物运输的运量不断攀升，至2002年达到约20.4万t，是1970年的近3倍，2010年，铁路货物发送量完成36.3亿t。

图2-6　大秦铁路大同站

小看板

青藏铁路是世界上海拔最高、线路最长的高原铁路，在建设过程中有三大难题，即高寒缺氧、多年冻土和环境脆弱。这条线上有世界上海拔最高的车站、隧道和桥梁，全长1 956km，其中西宁至格尔木的铁路已于1979年通车，国务院批准建设的青藏铁路格尔木至拉萨段，全长1 142km，投资额200亿元。2006年7月1日，第一辆列车从格尔木开往了拉萨。

三、铁路货物运输的种类及其区别

铁路货物运输作业根据托运货物的重量、体积、性质、形状分为整车运输、零担运输和集装箱运输3种。本书只讨论整车运输和零担货物运输的作业内容。

（一）整车运输

一般地说，一批货物按照它的重量或体积需要单独使用30t以上的一辆或超过一辆的货车装运，或者虽然不能装满一辆货车，但是由于货物的性质、形状或运送条件等原因，必须单独使用一辆货车装运时，都应该以整车的方式运输。整车货物以每车货物为一批。

（二）零担运输

如果货物按照它的性质、形状、运送条件不需要单独使用一辆货车运输，可以与其他几批货物拼装一辆货车运送时，则按零担的方式运输。零担运输以每张运单为一批。

1. 零担运输的条件

（1）单件货物的体积最小不得小于 0.02m^3（单件货物重量在 10kg 以上的除外）。

（2）每批货物的件数不得超过 300 件。

2. 不得按零担运输托运的货物

（1）需要冷藏或加温运输的货物。

（2）规定按整车办理的危险货物（装入铁路批准使用爆炸品保险箱运输的除外）。

（3）易于污染其他货物的污秽品（经过卫生处理不致污秽其他货物的除外）。

（4）蜜蜂。

（5）不易计算件数的货物。

（6）未装入容器的活动物（铁路局管内零担运输办法允许者除外）。

（7）一件重量超过 2t、体积超过 3m^3 或长度超过 9m 的货物（发站认为不致影响中转站或到站卸车作业者除外）。

（三）集装箱运输

铁路货物运输中，符合集装箱运输条件的可按集装箱托运。符合集装箱运输条件的货物为以贵重、易碎、怕湿货物为主的“适箱货物”，如家电、仪器、仪表、小型机械、玻璃陶瓷、建材、工艺品、文化体育用品、医药、卷烟、酒、食品、日用品、化工产品、针纺织品、小五金和其他适合集装箱运输的货物。

不能使用集装箱运输的货物如下：

（1）易损坏、污染箱体的货物。

（2）鲜活货物。

（3）危险货物。

（四）整车运输、零担运输和集装箱运输的区别

（1）在数量上的区别：零担货物规定一批货物的重量和体积须不够一个 30t 货车，一件货物的体积最小不得小于 0.02m^3，每批不得超过 300 件；使用集装箱运输的货物重量，每箱不得超过集装箱最大载重量。铁路集装箱最大载重量为一吨箱 810kg，五吨箱 4 200kg。

（2）在货物品类及其性质上的区别：按零担或集装箱运输时有一定的限制，零担运输规定中所列 7 类货物不能按零担承运；集装箱运输规定中所列的三类货物不能使用集装箱装运；而按整车运输时则没有这类限制。

> **练一练**
>
> 你能举例说明整车运输、零担运输和集装箱运输的区别么？

（3）在货物运送单位上的区别：整车以每车为一批，跨装、爬装及使用游车的货物，以每车组为一批。而零担或集装箱运输的货物，则以每张运单为一批。使用集装箱运输的货物，铁路按批办理，每批必须同一箱型，至少一箱，最多不得超过铁

路货车一车所能装运的箱数。

（4）在货物运费核收上的区别：不同批次的整车货物与零担货物的运价号、运价率都不同。按集装箱运输时，一整车集装箱按货车标重及其适用的整车运价率计费；零担集装箱按货物重量（低于起码重量的按起码重量）及其适用的零担运价率计费。

四、铁路货运的车辆

铁路货车按其用途不同可分为通用货车和专用货车两大类。

1. 通用货车

（1）敞车：是指无车顶的货车，基本型号为C，如图2-7所示。主要装运煤炭、矿石、矿建材料、木材和钢材，也可以装运重量不大的机械设备。敞车具有很大通用性，在货车组成中数量最多，约占货车总数的50%以上。

图2-7 敞车

（2）棚车：有端、侧、地板和车顶，在侧壁上有门和窗的货车，基本型号为P，如图2-8所示。

（3）平车：没有固定的端和侧板的货车，基本型号为N，如图2-9所示。主要装运木材、钢材、汽车、机械设备，也可装运矿石、沙土和石渣等货物。

图2-8 棚车

图2-9 平车

（4）冷藏车：车体装有隔热材料，车内设有冷却、加温等装置，具有制冷、保温和加温3种性能，基本型号为B，如图2-10所示。主要用来装运鱼、肉、鲜果和蔬菜等易腐货物。

（5）罐车：车体呈罐形的车辆，基本型号为G，如图2-11所示。

图 2-10　冷藏车

图 2-11　罐车

2. 专用货车

在铁路货车里，一般将家畜车、矿石车、水泥车、粮食车、毒品车、集装箱车以及长大货物车划为专用货车。专用货车一般只运送一种或很少几种货物，用途比较单一，同一种车辆要求装载的货物重量或外形尺寸比较统一。

（1）专用平车：是指运送小汽车与集装箱的平车，基本型号为 X、SQ。集装箱平车如图 2-12 所示。

（2）漏斗车：用于装运块粒状的散装货物，基本型号为 K，如图 2-13 所示。主要运送煤炭、矿石和粮食等。

图 2-12　集装箱平车

图 2-13　漏斗车

（3）家畜车：用于装运活家畜的专用车辆，基本型号为 J，如图 2-14 所示。

图 2-14　家畜车

（4）长大货物车：特长和特重货物无法用一般的铁路货车来装运，必须使用专门的长大货物车，基本型号为 D，如图 2-15 所示。

（5）水泥车：基本型号为 U，如图 2-16 所示。

图 2-15 长大货物车

图 2-16 水泥车

（6）毒品车：主要装运农药及国家标准《危险货物品名表》（GB 12268—2005）中的有毒物品，基本型号为 W，如图 2-17 所示。

（7）集装箱车：基本型号为 X，如图 2-18 所示。

图 2-17 毒品车

图 2-18 集装箱车

五、与铁路货运有关的术语

（1）货运站：是专门为办理货物运输而设的车站。货运站一般设置在大城市、工矿、林区和口岸等有大量货物到发、装卸的地点，主要担当货物列车的始发、终到和有关调车作业、货车装卸、取送作业以及与货运有关的业务。

（2）托运：是指发货人要求铁路运输部门以某种形式完成其货物运输的整个过程。

（3）承运：是指铁路运输的货物由发站接收完毕，整车货物装车完毕，发站在货物运单上加盖车站日期戳时起，即为承运。

（4）托运人：委托铁路运输的一方。托运人可以是企业单位，也可以是个人。

（5）承运人：承担铁路运输任务的一方。

（6）运输合同：铁路运输合同，是明确铁路运输企业与托运人之间权利、义务关系的协议，即货物运单。

教师演示

第一步：搜集以下材料。

（1）铁路运输发展的阶段和特点。

（2）我国铁路运输发展的各阶段的特点。

（3）整车运输、零担运输和集装箱运输的区别。

（4）铁路货物运输各车型及运输的货物。

（5）铁路货物运输各形式的特点。

第二步：根据当地的实际，举例说明铁路运输的重要性。

学生动手

学生分组讨论以下问题，并总结铁路货物运输各形式之间的差异。

（1）山西大同煤矿有 200t 煤炭要用火车运送到浙江某火电厂，可以采用哪种铁路货物运输形式运输？为什么？

（2）江西赣州某生猪场向我国香港运输 500 头生猪，可以采用哪种铁路货物运输形式运输？

（3）刘勇今年从西安一高校毕业，准备到上海一家公司工作，他有许多书籍和一些生活用品。刘勇向铁路部门申请用一吨集装箱运输他的这些物品，铁路部门会批准他的申请么？哪些物品不能用集装箱运输？

（4）内蒙古自治区呼和浩特市新城诚信经销部收购了 1 240kg 葵花子，共 28 件，价值 2 480 元。由呼和浩特火车站发送零担。收货人是芜湖市果品食杂公司，提货点是芜湖西站。叙述该业务中涉及的铁路货物运输术语。

（5）你认为未来的铁路运输会是什么样的？

（6）水果蔬菜、木材、原油、砂石、钢材、服装、家具和生猪等物品分别适合使用什么类型的铁路车辆运输？

举一反三

（1）组织参观一个中等规模的铁路货物运站。

（2）查阅有关交通运输和物流运输方面的书籍。

（3）浏览以下网站，查阅资料：

http://www.zghy.com.cn（中国货运信息网）

http://www.12306.cn（中国铁路客户服务中心网站）

学习评价

被考评人					
考评地点					
考评内容	认识铁路货物运输				
考评标准	内　　容	分值/分	自我评价/分	小组评议/分	实际得分/分
	问题回答全面、正确	25			
	查阅资料的内容正确、完整	25			
	参与讨论积极	25			
	团队合作精神	25			
合　计		100			

注：1．实际得分＝自我评价 40%＋小组评议 60%。

2．考评满分为 100 分，60～74 分为及格；75～84 分为良好；85 分及以上为优秀。

任务二

计算铁路货物运输运费

任务描述

当你去铁路车站货运部门办理托运货物时，首先要填好货物托运单，货物托运单上包括发站、到站、货物品名、包装、件数、收发货人姓名、地址、电话、货物重量等内容，然后把货物交给工作人员称量货物重量。工作人员把货物重量写在托运单上，然后你就可以到货运室交运费了。你到货运室交付托运单后，工作人员马上就能将运费核算出来。然后，你持领货凭证和相关证件就可以等待提货了。

任务目标

1. 知道铁路货物运输运费的计算方法。
2. 会根据铁路货物运输业务熟练地计算运费。

情景导入

齐齐哈尔市龙沙区齐龙服装厂购买麦尔登呢200件，总价值人民币230 481.90元。2012年7月30日，该纺织厂将呢料交付给上海铁路局无锡站办理托运。货物运单载明：托运人无锡日新毛纺织厂，收货人齐龙服装厂，货物品名呢料，件数200件，重量5t，铁路运费为1 376.55元。齐龙服装厂当即提出异议，认为多收取了运费。那么无锡站收取的运费是否正确？运费应该由哪些部分组成？

知识储备

一、计算运价里程

根据运单上填写的发站栏和到站栏，按《铁路货物运价里程表》算出发站至到站的运价里程。计算货物运费的起码里程为100km。我国主要车站距离见附录A。

具体到每个货运站计算运价里程，是根据货物运价里程最短径路示意图进行计算的，图2-19是以天津为起点的货物运价里程最短路径图。

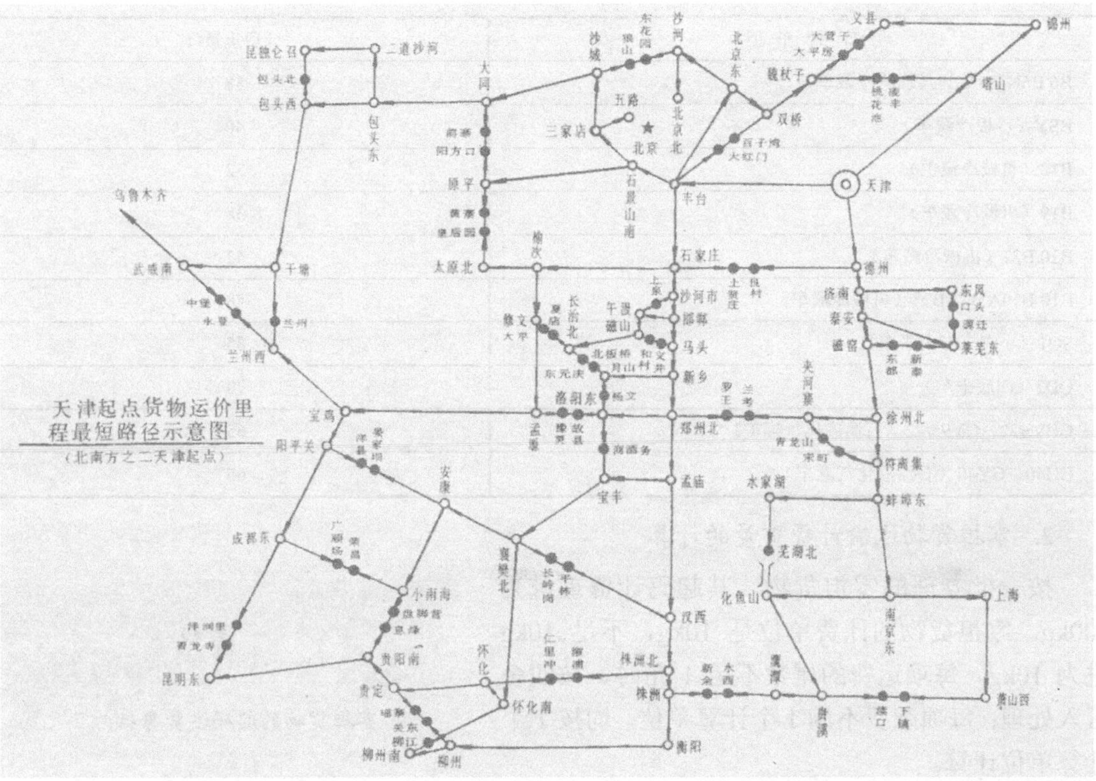

图 2-19　以天津为起点的货物运价里程最短路径图

二、确定计费重量

计费重量是根据运输种别、货物名称、货物重量与体积确定的。

1. 整车货物运输计费重量的确定

整车货物除下列情况外，均按货车标记载重量计算运费。以吨为单位，吨以下四舍五入。货物重量超过标记载重量时，按货物重量计费。

（1）使用矿石车、平车、砂行车，经铁路局批准装运《铁路货物运输品名分类与代码表》“01、0310、04、06、081”和“14”类货物按 40t 计费，超过时按货物重量计费。

（2）表 2-1 所列货车装运货物时，计费重量按表中规定计算；货物重量超过规定计费重量的，按货物重量计费；加冰冷藏车不加冰运输时，按冷藏车标重计费。

（3）使用自备冷藏车装运货物时按 60t 计费。使用标重低于 50t 的自备罐车（表 2-1 所列 GH95/22、GY95/22、GH40、GY40 型除外）装运货物时按 50t 计费。

（4）标重不足 30t 的家畜车，计费重量按 30t 计算。

（5）车辆换长超过 1.5 的货车（D 型长大货物车除外）而未明定计费重量的，按其超过部分以每米（不足 1m 的部分不计）折合 5t 与 60t 相加之和计费。

表 2-1 冷藏车的计费重量表

车 种 车 型	计费重量/t
B6 B6N B6A B7（加冰冷藏车）	38
BSY（冷板冷藏车）	40
B18（机械冷藏主）	32
B19（机械冷藏车）	38
B20 B21（机械冷藏车）	42
B10 B10A B22 B23（机械冷藏车）	48
SQ1（小汽车专用平车）	85
QD3（凹底平车）	70
GH95/22、GY95/22（石油液化气罐车）	65
GH40、GY40（石油液化气罐车）	65

2. 零担货物运输计费重量的计算

按一批办理的零担货物，其起码计费重量为100kg。零担货物的计费单位是 10kg，不足 10kg进为 10kg。每项运费的尾数不足 1 角时，按四舍五入处理；每项杂费不满 1 个计算单位，均按 1 个计算单位计算。

小看板

零担货物的起码运费每批为 2 元。

三、确定运价率

1. 确定运价号

根据运单上填写的货物名称和运输种别查找《铁路货物运输品名分类与代码表》和《铁路货物运输品名检查表》，确定出适用的运价号。常见的货物运价号见附录 B。

2. 根据运价号确定发到基价和运行基价

发到基价（也称为基价 1）是每次发货每吨货物的基本价，不含里程。发到基价是与运送里程远近无关的始发和终到作业费，这一部分费用是固定的。

运行基价（也称为基价 2）是每吨货物每运一公里的价格。运行基价是车辆运行途中的运行作业费，与运送里程成正比例。因此，近距离运送时每吨·公里负担的固定费用就较多，成本就高；反之，距离长，成本也就低。

3. 确定不同运输方式的运价率

（1）运价率的计算为

运价率=发到基价+运行基价×运价公里

（2）铁路货物运输主要有整车、零担和集装箱三种方式。

1）整车运价率以每吨运价为计算单位。

小看板

按一批办理的整车货物，运价率不同时应如何计费？按一批办理的整车货物，运价率不同时，按其中最高的运价率计费。

每吨运价=发到基价（元/t）+运价基价（元/（t·km））×运价公里

整车运价率还细分为若干个价号，由于价号的不同，每吨运价又各不相同。

2）零担运价率以每 10kg 运价为计算单位。

每 10kg 运价=发到基价（元/10kg）+运价基价（元/（10kg·km））×运价公里

零担运价率也同样分为若干个价号，由于价号不同，每 10kg 的运价又各不相同。

3）集装箱运价率以每箱运价为计算单位。

每箱运价=发到基价（元/箱）+运价基价（元/（箱·km））运价公里

集装箱分 1 吨箱、10 吨箱、20 英尺箱和 40 英尺箱等几种，由于箱型规格不同，每种集装箱的运价各不相同。

四、计算运价

货物运价=运价率×货物的计费重量

练一练

运价 = ?

五、计算附加费用

根据要求分别计算货物的电气化附加费、新路新价均摊运费、建设基金等 3 项费用，再与运费相加即为货物的运输费用。

1. 电气化附加费的计算

货物运输通过电气化铁路区段的要增加电气化附加费。铁路电气化区段表见附录 D。计算公式为

电气化附加费=费率×计费重量（箱数或轴数）×电化里程

费率见表 2-2。

表 2-2 电气化附加费费率表

项目 种类	计费单位	费率
整车货物	元/（t·km）	0.012
零担货物	元/（10kg·km）	0.000 12

2. 新路新价均摊运费的计算

货物运输通过铁路新路区段的要增加新路新价均摊运费。其计算公式为

新路新价均摊运费=均摊运价率×计费重量（箱数或轴数）×运价里程。

费率见表 2-3。

表 2-3 新路新价均摊运费费率表

项目 种类	计费单位	费率
整车货物	元/（t·km）	0.011
零担货物	元/（10kg·km）	0.000 011

3. 铁路建设基金的计算

计算公式为

铁路建设基金=费率 ×计费重量（箱数或轴数）×运价里程

铁路建设基金的费率见表2-4。

表2-4 铁路建设基金费率表

项目 / 种类	计费单位	农药	磷矿石 棉花	其他货物
整车货物	元/（t·km）	0.019	0.028	0.033
零担货物	元/（10kg·km）	0.000 19	0.000 33	

六、计算杂费

杂费按《铁路杂费收费项目和标准》（见附录E）的规定核收。

铁路货物装卸搬运作业费收费项目分整车、零担、集装箱、杂项作业4种。各地区、各车站按其实际发生的项目和铁道部规定的费率标准核收，铁路货运营运杂费费率见附录E。

1. 计算装卸搬运费重量

整车货物以吨为单位，吨以下四舍五入；零担货物以10 kg为单位，不足10kg进为10kg；集装箱货物以箱为单位。

> **想一想**
>
> 每一批货物的运输都需要计算附加费用吗？

2. 货物堆放地点与车辆的最大距离

整车、零担货物为30m，集装箱货物为50m。人力装卸堆放于仓库和雨棚以外的货物、整车包装成件货物的装车距离为20m，散堆装货物除木材、毛竹、草秸类货物重复装车为20m外，其他货物均为6m。

凡超过上述规定的装卸距离，其超过部分按搬运处理。

3. 装卸火车时发生的下列作业均为附属作业，不另收费

（1）铺垫或整理防湿垫枕，苫盖、撤除、折叠和取送（货场内的指定地点）篷布。

（2）清扫货车、货位，关闭车门、车窗、盖和阀。

（3）整理装车后剩余货物，必要时用篷布苫盖严密或搬入仓库、站台。

> **练一练**
>
> 铁路运输总费用=？

（4）安装或拆除支柱、挡板、垫板、牲畜支架。

（5）装载货物的捆绑加固（需要铆接、焊接等特殊加固的除外）。

（6）托盘等铁路装卸工具、集装化用具的铺拆、撤移、整理和堆码。

七、计算最终的铁路货物运费

货物运费=货物运价+附加费用+杂费

我们在实际托运货物的过程中，铁路货物运费是由铁路货票信息管理系统来完成的。当

计算机收到货主提供运单上的全部信息后，首先根据发站和到站计算出运价里程；如果是采用整车或者零担方式，还要根据货物品名查出运价号，然后根据运价号查出各自的发到基价和运行基价，分别计算出整车每吨货物运价和零担每 10kg 货物的运价来；最后根据运单上的计费重量计算出整车货物或者零担货物的总运费。

教师演示

第一步：准备单据（铁路货物运输品名分类与代码表）。

第二步：查表训练。

附录中的铁路货物运价里程表（见附录 A）、常见的货物运价号（见附录 B）、铁路货物运价率表（见附录 C）、铁路电气化区段表（见附录 D）、铁路杂费收费项目和标准（见附录 E）的查阅练习。

第三步：计算运费。

（1）确定运价里程。

（2）确定计费重量。

（3）确定运价率和运价。

（4）确定附加率。

（5）确定杂费。

（6）确定最终运费。

学生动手

（1）托运人宋某与济南铁路局于 2012 年 8 月 31 日签订运输合同一份。货物是苹果 1 500 箱，纸箱包装，承运人运输期限 6 天，到达站为南京西站，收货人为宋某本人。济南铁路局配给宋某棚车一辆，货车标记载重量 45t。宋某自行装车，装苹果 2 700 箱，货物标明“鲜活易腐”，2012 年 9 月 1 日 18 时挂有该棚车的 111 次列车从济南车站出发。计算这批货物的运价。

（2）托运人王小强 2013 年 3 月 16 日与武昌铁路局订立了一份货物运输合同。货物是一批钢材，无包装，到达站是上海车站，收货人是托运人王小强本人。2013 年 3 月 18 日武昌铁路分局配给王小强敞车一辆，货车标记载重量 40t。合同中规定由王小强自行装车。计算王小强应支付的这批钢材的运价。

（3）2013 年 6 月 18 日，东南煤炭公司和山西太原铁路局签订了一份货物运输合同运输一批煤炭，收货人是南京紫光电力公司，到站是南京东站。2013 年 6 月 21 日太原铁路分局拨付 20 辆车，由东南煤炭公司在专用线上自行装车，铁路部门提供篷布。计算这批煤炭的运价。

（4）新疆天山种子站 2013 年 3 月 18 日和乌鲁木齐车站签订了一份运输合同，将 120t 玉米种子交给乌鲁木齐火车站运往郑州北站，收货人为河南省沈丘县种子公司。乌鲁木齐车站 2013 年 3 月 18 日承运，调拨车号为 P3041493、重量是 60t、编织袋包装计 1 200 件、每件 50kg。装车后发站施封二枚，封号为 00 977、00 978，天山种子站当即支付全部运杂费用。天山种子站应支付的运价是多少？

（5）2010年4月19日，托运人广东省物资储运公司在广州东站托运甘油，收货人是上海宏隆实业有限公司。货物运单记载，货物是甘油，共240件，铁桶包装。货物装入P632 697号60t棚车，由托运人自装自锁，施封号码0 276号，托运人确定重量60t。计算这批货物的运价。

（6）2010年4月19日，侯某和发运站天津南仓站签订运输合同，将27件BRV电线发运至长春火车站。收货人吉林省长春市海达线缆有限公司。到达站长春车站，货名电线，数量27件，托运人确认重量1 350kg，价值1万元，4月21日，侯某将货物交付南仓站，并支付运费。天津南仓站将070 454号铁路货物运单、领货凭证交付侯某。计算侯某交付的运价。

（7）2013年4月16日，李安由哈尔滨站托运零担货物，货物品名为豆饼，250件，1.8万kg，货物实际价值17万元，均用麻袋包装，收货人为石家庄红星饲料试验厂，用棚车装运。计算这批零担货物的运价。

（8）2012年1月16日，托运人福建省平和县果品食杂公司给收货人商贸公司从上海铁路局杭州站发运柑橘一车，到站是乌鲁木齐站，件数5 100件，货物重量50t。货主自行装卸。计算这批柑橘的运价。

学习评价

被考评人					
考评地点					
考评内容	计算铁路货物运输运费				
考评标准	内　容	分值/分	自我评价/分	小组评议/分	实际得分/分
	正确地查阅各表	20			
	正确计算运价	20			
	正确计算附加费	20			
	正确计算杂费	20			
	正确计算运费	20			
合　计		100			

注：1. 实际得分＝自我评价40%＋小组评议60%。

2. 考评满分为100分，60～74分为及格；75～84分为良好；85分及以上为优秀。

任务三

填写铁路货物运输运单

任务描述

《中华人民共和国铁路法》（以下简称《铁路法》）第十九条规定：“托运人应当如实填报托运单，铁路企业有权对填报的货物和包裹的品名、重量、数量进行检查。”《铁路货物运输规程》第十一条第四款规定："托运人对其在货物运单和物品清单内所填记事项的真实性负责……"依照上述规定，托运人与承运人在签订铁路货物运输合同时，托运人应如实填写运单及物品清单，合同签订后应严格履行，将运单所填全批货物交与承运人。承运人应在接收托运方交付承运货物后，认为需要检查时，应认真核对货物，严格检斤，确认重量，核收运费，并完好无损地将货物运抵目的站，交与收货人。

任务目标

1. 知道铁路运单在铁路货物运输中的作用。
2. 明确运单的内容，能计算货物运到期限。
3. 会填写运单。
4. 知道货票各联的作用，会填写货票。

情景导入

某新华书店从外地购得当年度的小学课本 5 000 套，价值 1 万元。经办人于 2012 年 4 月在某铁路车站办理了货物托运手续，规定的运到期限为 10 天。铁路车站承运后，在货物中转时，由于承运站装车时将货物标签丢失，导致货物无法继运到站。经托运人多次查寻，直到 2012 年 12 月底中转站才将货物运至到站，到站通知新华书店取货。由于该小学课本已经超过销售时期，卖不出去。因此，新华书店拒收，并要求承运人赔偿损失。承运人以《铁路法》规定为由，仅承担支付逾期到达的违约金。对于新华书店的赔偿要求，铁路部门认为于法无据。新华书店遂起诉于法院，法院会怎样判决呢？

知识储备

一、铁路货物运单

1. 铁路货物运单的概念

铁路货物运单是一种承运合同。运单是托运人与承运人之间为运输货物而签订的一种货运合同或货运合同的组成部分。运单既是确定托运人、承运人、收货人之间在运输过程中的权利、义务和责任的原始依据，又是托运人向承运人托运货物的申请书、承运人承运货物和计收运费、填制货票以及编制记录和理赔的依据。

托运人向承运人提出填写货物运单是一种签订合同的要约行为，即表示其签订运输合同的意愿。按货物运单填记的内容向承运人交运货物，承运人按货物运单记载接收货物，核收运输费用，并在运单上盖章后，运输合同即告成立。托运人、收货人和承运人即开始负有法律责任。

2. 铁路货物运单的式样

货物运单格式由两部分组成，左侧为运单，右侧为领货凭证，见表 2-5。运单和领货凭证背面分别印有"托运人签约须知"和"收货人领货须知"，见表 2-6。每批货物填写一张货物运单，根据栏目要求分别由托运人和承运人填写。填写内容必须翔实正确、文字规范、字迹清楚，不得使用铅笔或红色墨水。内容如有更改，在更改处须加盖托运人或承运人印章证明。

表 2-5 铁路货物运单（正面）

货物指定于　　月　　日搬入　　铁路局
货位：

承运人/托运人装车
承运人/托运人施封

货物运单

车种及车号
计划号码或运输号码：　　货票第　　号　　货票第　号
运到期限　　日　　托运人→发站→到站→收货人　　运到期限　日

托运人填写				承运人填写			
发站		到站（局）		车种车号		货车标重	
到站所属省（市）自治区				施封号码			
托运人	名称			经由		铁路货车篷布号码	
	住址		电话			集装箱号码	
收货人	名称			运价里程			
	住址		电话				

货物名称	件数	包装	货物价格	托运人确定重量（kg）	承运人确定重量（kg）	计费重量	运价号	运价率	运费
合　计									
托运人记载事项：	保险：				承运人记载事项：				

注：本单不作为收款凭证，托运人签约须知见背面。规格：350mm×185mm	托运人盖章或签字　年　月　日	到站交付日期戳		发站承运日期戳

领货凭证

发站		
到站		
托运人		
收货人		
货物名称	件数	重量
托运人盖章或签字		
发站承运日期戳		

注：收货人领货须知见背面

表 2-6 铁路货物运单（背面）

托运人签约须知	收货人领货须知
1. 托运人持本货物运单向铁路托运货物，证明并确认和愿意遵守铁路货物运输的有关规定。 2. 货物运单所记载的货物名称、重量与货物的实际完全相符，托运人对其真实性负责。 3. 货物的内容、品质和价值是托运人提供的，承运人在接收和承运货物时并未全部核对。 4. 托运人应及时将领货凭证寄交收货人，凭以联系到站领取货物。	1. 收货人接到托运人寄交的领货凭证后，应及时向到站联系领取货物。 2. 收货人领取货物已超过免费暂存期限时，应按规定支付货物暂存费。 3. 收货人在到站领取货物，如遇货物未到时，应要求到站在本证背面加盖车站日期戳证明货物未到。

二、货物运到期限的计算

铁路货物运输，应在规定的运到期限内运至到站。货物运到期限从承运人承运货物的次日起，按下列规定计算：

（1）货物发送期间（$T_{发}$）为 1 日。

（2）货物运输期间（$T_{运}$）：每 250 运价公里或其未满为 1 日；按快运办理的整车货物每 500 运价公里或其未满为 1 日。

（3）特殊作业时间（$T_{特}$）：

1）需要中途加冰的货物，每加冰一次，另加 1 日。

2）运价里程超过 250km 的零担货物和 1t、5t 型集装箱货物，另加 2 日；超过 1 000km 加 3 日。

3）一件货物重量超过 2t、体积超过 $3m^3$ 或长度超过 9m 的零担货物及零担危险货物，另加 2 日。

4）整车分卸货物，每增加一个分卸站，另加 1 日。

5）准、米轨间直通运输的整车货物，另加 1 日。

货物实际运到日数的计算：起算时间从承运人承运货物的次日（指定装车日期的，为指定装车日的次日）起算。终止时间，到站由承运人组织卸车的货物，到卸车完了时止；由收货人组织卸车的货物，到货车调到卸车地点或货车交接地点时止。货物运到期限，起码天数为 3 日。

想一想

在规定的货物运到期限内没有收到货物，收货人应该怎么办？

三、托运人填写部分

1. 发站栏和到站（局）栏的填写

本栏的填写应分别按《铁路货物运价里程表》规定的站名完整填记，不得简称，如“杭州北站”不能写成“杭北”。到达（局）名，填写到达站主管铁路局名的第一个字，例如（哈）、（上）、（广）等，但到达北京铁路局的，则填写（京）字。各铁路局全称、简称对照见表 2-7。

表 2-7　各铁路局全称、简称对照表

铁路局全称	铁路局简称	铁路局全称	铁路局简称
哈尔滨铁路局	哈	南昌铁路局	昌
沈阳铁路局	沈	广州铁路（集团）公司	广
北京铁路局	京	柳州铁路局	柳
呼和浩特铁路局	呼	成都铁路局	成
郑州铁路局	郑	兰州铁路局	兰
济南铁路局	济	乌鲁木齐铁路局	乌
上海铁路局	上	昆明铁路局	昆

到站所属省（市）、自治区栏，填写到站所在地的省（市）、自治区名称。托运人填写的到站、到达局和到站所属省（市）、自治区名称，三者必须相符。如东海站在林密线上，而东海县在陇海线上，属于江苏省。

2. 托运人、收货人名称、地址及电话栏的填写

本栏填写时应详细填写托运人和收货人所在省、市、自治区城镇街道和门牌号码或乡、村名称。托运人或收货人装有电话时，应记明电话号码。如托运人要求到站于货物到达后用电话通知收货人时，必须将收货人电话号码填写清楚。

3. 货物名称栏的填写

本栏填写要按《铁路货物运价规则》中的“铁路货物运输品名检查表”内所列载的品名填写。按一批托运的货物，不能逐一将品名在运单内填记时，须另填物品清单一式三份，一份由发站存查，一份随同运输票据递交到站，一份退还托运人。铁路物品清单表，见表2-8。

表2-8 铁路物品清单表

铁路物品清单表

发站　　　　货票第________号

货件编号	包装	详细内容	件数或尺寸	重量	价格

4. 包装栏填写的填写

本栏填写有关的包装种类，如“木箱”、“麻袋”、“铁桶”等，按件承运的无包装货物填写“无”。

5. 件数栏的填写

本栏按货物名称与包装种类分别填写。

6. 货物价格栏的填写

应填写该项货物的实际价格，全批货物的实际价格为确定货物保价运输保价金额或货物保险运输保险金额的依据。

铁路受保险公司委托，代办铁路货物运输保险，托运人对投保货物运输险的货物，应在货物运单“托运人记载事项”栏内加盖“已投保运输险，保险凭证××号”戳记，并在“货物价格”栏内准确填写该批货物总价格。铁路根据总价格，确定保险金额，托运人在支付货物运费同时，缴交保险金。

7. 托运人确定重量栏的填写

应按货物名称及包装种类分别将货物实际重量（包括包装重量）用kg记明，在“合计重量”栏填记该批货物的总重量。

8. 托运人记载事项栏的填写

填写需要由托运人声明的事项。例如：

（1）货物状态有缺陷，但不致影响货物安全运输，应将其缺陷具体注明。

（2）需要凭证明文件运输的货物，应将证明文件名称、号码及填发日期注明。

（3）托运易腐货物或“短寿命”放射性货物，应记明允许运输期限；需要加冰运输的易腐货物，途中不需要加冰时，应记明“途中不需要加冰”。

（4）有关体积的注意事项：笨重货物或规格相同的零担货物，应注明货物的长、宽、高，规格不同的零担货物应注明全批货物的体积。

（5）按规定其他需要由托运人在运单内记明的事项。

9. 托运人盖章或签字栏的填写

托运人于运单填记完毕并确认无误后，在此栏盖章或签字。

10. 领货凭证各栏的填写

托运人填写时（包括印章加盖与签字）应与运单相应各栏记载内容保持一致。

四、承运人填写部分

1. 办理托运手续

发站对托运人提出的运单经检查填写正确、齐全，到站营业办理范围符合规定后，应在“货物指定于×月×日搬入”栏内，填写指定搬入日期，并应填记运输号码，由经办人签字或盖章，交还托运人凭以将货物搬入车站。

2. 经由栏的填写

本栏按货物运价里程最短路径计算时，可不填；按绕路计算运费时，应填记绕路经由的接算站名或线名。

3. 运价里程栏的填写

本栏填写发站至到站间最短路径的里程，但绕路运输时，应填写绕路经由的里程。

4. 计费重量栏的填写

本栏零担货物填记按规定处理尾数后的重量或起码重量。

5. 运价号栏的填写

按“货物运价分类表”规定的该货物运价号填写。在填写时，《铁路货物运输品名分类与代码表》（简称《分类表》）是用来判定货物的类别代码和确定运价号的工具。《分类表》由代码、货物品类、运价号（整车、零担）、说明等项组成。根据货物所属的类型，便可确定货物的运价号。代码由4位阿拉伯数字组成，是类别码（前2位表示货物品类的大类，第3位表示中类，第4类表示小类），对应运价号。铁路运输的货物共分26类，每一类都是按大类、中类、小类的顺序排列。

6. 运价率栏的填写

按该批货物确定的运价号和运价里程，从《铁路货物运价率表》中找出该批（项）货物适用的运价率进行填写。《铁路货物运价率表》是用来查找不同运价号货物的发到基价和运行基价的。

> **想一想**
>
> 货物运单发生涂改时应注意什么？

7. 承运人记载事项栏的填写

填记需要由承运人记明的事项。

8. 货票各联的填写

货票各联根据货物运单记载的内容填写，金额不得涂改，如果填写错误按作废处理。

货票印有固定号码，分甲、乙、丙、丁4联。甲联留在发站以备存查，作为本站统计和管理的依据；乙联上报分局供审核、记账用，由分局定期将票据送路局，进行货物发送吨统计、局间货票资料交换、分货物品类别和区段货物流量统计等精密统计，然后再返回分局保存；丙联交给托运人作为承运和报销凭证；丁联在车站根据货物到站编入货物列车，形成货物列车编组顺序表，作为出发货物列车确报，对于零担货票还要进行中转货票交换，作为中转零担车的配装依据。

9. 运单中上所附的领货凭证

领货凭证由发站加盖承运日期戳后，连同货票丙联一并交给托运人。

10. 货票丁联“收货人盖章或签字”栏

由收货人在领取货物时，盖章或签字。

11. 货票丁联“卸货时间”栏

由本栏到站按卸车完毕的日期填写；“到货通知时间”按发出到货催领通知的时间填写。

铁路货物运输的货票甲联见表2-9。表2-10是货票丁联的背面。

表2-9 铁路货物运输的货票甲联

××铁路局

计划号码或运输号码　　货　票　　甲　联

货物运到期限　日　　发站存查　　A00001

<table>
<tr><td colspan="2">发　站</td><td colspan="2"></td><td colspan="3">到站（局）</td><td></td><td colspan="2">车种车号</td><td colspan="2"></td><td colspan="2">货车标重</td><td></td><td>承运人/托运人装车</td></tr>
<tr><td rowspan="2">托运人</td><td>名称</td><td colspan="6"></td><td colspan="2">施封号码</td><td colspan="5"></td><td>承运人/托运人施封</td></tr>
<tr><td>住址</td><td colspan="3"></td><td colspan="2">电话</td><td></td><td colspan="5">铁路货车篷布号码</td><td colspan="3"></td></tr>
<tr><td rowspan="2">收货人</td><td>名称</td><td colspan="6"></td><td colspan="3">集装箱号码</td><td colspan="5"></td></tr>
<tr><td>住址</td><td colspan="3"></td><td colspan="2">电话</td><td></td><td colspan="5">经由</td><td colspan="2">运价里程</td><td></td></tr>
<tr><td colspan="2" rowspan="2">货物名称</td><td rowspan="2">件数</td><td rowspan="2">包装</td><td colspan="4">货物重量/kg</td><td rowspan="2">计量重量</td><td colspan="2" rowspan="2">运价号</td><td colspan="2" rowspan="2">运价率</td><td colspan="3">现　付</td></tr>
<tr><td colspan="2">托运人确定</td><td colspan="2">承运人确定</td><td colspan="2">费　别</td><td>金　额</td></tr>
<tr><td colspan="2"></td><td></td><td></td><td colspan="2"></td><td colspan="2"></td><td></td><td colspan="2"></td><td colspan="2"></td><td colspan="2">运　费</td><td></td></tr>
<tr><td colspan="2"></td><td></td><td></td><td colspan="2"></td><td colspan="2"></td><td></td><td colspan="2"></td><td colspan="2"></td><td colspan="2">装　费</td><td></td></tr>
<tr><td colspan="2"></td><td></td><td></td><td colspan="2"></td><td colspan="2"></td><td></td><td colspan="2"></td><td colspan="2"></td><td colspan="2">取送车费</td><td></td></tr>
<tr><td colspan="2"></td><td></td><td></td><td colspan="2"></td><td colspan="2"></td><td></td><td colspan="2"></td><td colspan="2"></td><td colspan="2">过秤费</td><td></td></tr>
<tr><td colspan="2"></td><td></td><td></td><td colspan="2"></td><td colspan="2"></td><td></td><td colspan="2"></td><td colspan="2"></td><td colspan="2"></td><td></td></tr>
<tr><td colspan="2">合　计</td><td></td><td></td><td colspan="2"></td><td colspan="2"></td><td></td><td colspan="2"></td><td colspan="2"></td><td colspan="2"></td><td></td></tr>
<tr><td colspan="2">记　事</td><td colspan="6"></td><td colspan="5"></td><td colspan="2">合　计</td><td></td></tr>
</table>

发站承运日期戳

表 2-10　铁路货物运输的货票丁联背面

1. 货物运输变更事项

受理号	电报号	变更事项	运杂费收据号码
处理站日期戳	经办人盖章		

2. 关于记录事项

编制站	记录号	记录内容

3. 交接站日期戳

1.	2.	3.	4.	5.	6.

4. 货车在中途站摘车事项

车种、车号 车次、时间	摘车原因	货物发出 时间、车次 车种、车号	车种、车号 车次、时间	摘车原因	货物发出 时间、车次 车种、车号
摘车日期站戳	经办人盖章		摘车日期站戳	经办人盖章	

教师演示

第一步：准备单据。

铁路货物运价里程表（见附录 A）、常见的货物运价号（见附录 B）、铁路货物运输品名分类与代码表、铁路货物运价率表（见附录 C）、铁路电气化区段表（见附录 D）、铁路杂费收费项目和标准（见附录 E）。

第二步：计算运到期限。

第三步：以托运人身份填写运单。

第四步：以承运人身份填写运单训练。

第五步：填写货票。

第六步：填写物品清单。

学生动手

1. 根据以下业务，计算货物的运到期限

（1）北京广安门车站到石家庄，运价里程是 274km，现有零担货物一件，重 2 300kg，计算运到期限。

（2）某托运人欲从甲站托运一批易腐货物到乙站（运价里程为 1 293km，途中不加冰），托运人在运单“托运人记载事项”栏中注明“允许运输期限 4 天”。甲站可否承运？为什么？

2. 根据以下业务，以托运人和承运人的不同角色填写货物运单

（1）济南中迪服饰实业有限公司位于济南市历下区经十路三庆汇文轩东座 13 层，业务电话是 0531-××××××。2013 年 2 月 3 日，该公司在青岛购得一批针织内衣，价值 10 万元，交由青岛火车站运抵济南火车站。货物用袋装，共 100 件，每件约重 27.5kg。

（2）2012 年 9 月 16 日，四川宜宾果品供销社组织了一批雪梨，共 260 件，重 3 600kg，价值 6 200 元，交由宜宾火车站发往重庆火车站，收货人是第三军医大学。四川宜宾果品供销社的地址是宜宾文星街口 231 号，联系电话 0831-××××××；第三军医大学的地址是重庆市高滩岩正街 30 号，联系电话是：023-××××××。

（3）2013 年 1 月 5 日，杭长职业技术学校向北京机械工业出版社订购图书一批，价值 3 万元。出版社发行部门将书用牛皮纸包装捆扎好，共 14 件，总重量 512kg，交由北京广安门车站运送。杭长职业技术学校的地址是浙江省杭州市西湖区留下路 123 号，联系电话为 0571-××××××；机械工业出版社的地址是北京市百万庄大街 22 号，联系电话是 010-××××××。

（4）2011 年 9 月 13 日，燕南化工公司与一家私营企业中天化工原料供应站签订了一份合同，合同约定由燕南化工公司供对方苯甲酸钠 7t，由石家庄南站运到宁波北站，收货人为中天化工原料供应站，货物包装为桶装，共 30 件，价值 13.2 万元。收货人地址为浙江省宁波市镇海镇宁波东方化工市场 E 区 155 号，电话为 0574-××××××；发货人地址为河北省廊坊市霸州市解放路 321 号，联系电话为 0361-××××××。

（5）2013 年 4 月 6 日，王力从西安调入杭州，利用铁路运输托运家中物品。要托运的物品如下：电视机 1 台，价值 2 850 元；洗衣机 1 台，价值 3 320 元；计算机 1 台，价值 6 800 元；电冰箱 1 台，价值 3 100 元；沙发 1 组，价值 7 800 元；书 3 箱，价值 2 400 元；衣物 5 包，价值 5 400 元。收货人的地址是浙江省杭州市下沙区 6 号大街 254 号，联系电话是 138××××××××。

举一反三

说明铁路运单和铁路运费之间的关系。

学习评价

被考评人					
考评地点					
考评内容	填写铁路货物运输运单				
考评标准	内　　容	分值/分	自我评价/分	小组评议/分	实际得分/分
	运单填写清晰，无涂改	20			
	运单填写正确，无错误	20			
	运单填写完整，无遗漏项目	30			
	货单填写正确	30			
合　　计		100			

注：1. 实际得分＝自我评价 40%＋小组评议 60%。

2. 考评满分为 100 分，60～74 分为及格；75～84 分为良好；85 分及以上为优秀。

任务四

铁路货物运输的包装

任务描述

《铁路法》规定，托运货物需要包装的，托运人应当按照国家包装标准或者行业包装标准包装，没有国家包装标准或者行业包装标准的，应当妥善包装，使货物在运输途中不因包装原因而受损坏。铁道部有关货物运输规章规定，托运人托运的货物如不符合包装标准的，承运人应在托运人改善包装后予以承运。

任务目标

1. 知道货物包装的含义。
2. 知道货物包装时应使用的材料。
3. 会检查货物的包装是否符合铁路货物运输的要求。
4. 能认识各种包装标志。

情景导入

2012年5月13日，某装饰材料商店在外地购买瓷砖3 900箱，重60t，委托当地一铁路服务公司代办托运。服务公司派人检验货物入库后，于6月1日装车，6月7日到达指定车站，卸车时经清点发现780箱瓷砖破损，810个包装箱湿损。瓷砖破损是包装不符合要求导致的，服务公司认为自己仅是代办托运，不应承担赔偿责任。商店无奈，只好向法院起诉。法院经审理查明，装饰材料商店委托第三人服务公司运往被告车站的瓷砖均为纸箱包装，纸箱外面印有“小心易碎”、“怕湿”指示储运标志，但箱口上下未封贴，无索腰捆扎加固。在运输途中，恰逢大雨，6月7日到达车站，6月8日卸车时发现车顶篷布有积水，车内堆码混乱，无货物箱标签，纸箱湿损，瓷砖破损严重，如图2-20所示。装饰材料商店提供的货物包装不符合运输要求，应负一定责任。

图2-20　破损纸箱

知识储备

一、铁路零担货物运输包装的要求

1. 基本要求

（1）铁路要求托运人应根据货物的性质、重量、运输种类、运输距离、气候、堆码以及货车装载等条件，使用符合运输要求、便于装卸和保证货物安全的运输包装。

（2）托运人应当按照国家包装标准或行业包装标准对需要包装的货物进行包装，没有国家包装标准或者行业包装标准的，应当妥善包装，使货物在运输途中不因包装原因而受损坏。

（3）托运人所运货物如包装不符合前款要求时托运人应改善后再托运，否则铁路将不予承运。货物状态有缺陷但不致影响货物安全的，托运人可在货物运单内具体注明后托运。

2. 具体要求

（1）不论使用何种材料作包装，均必须以保证本批货物自码 2.5m 高，而底下的包装不因受压而变形为准。

（2）所有货件的包装，都必须坚固紧密，不能随便伸手就能拿出货物或机械附件。

（3）所有袋装货物都不能捆口，必须密缝或热轧。

（4）根据铁路货物运输规程的规定，在货物包装上做好指示标志（如“由此吊起”、“不能倒置”、“小心轻放”等），以便有关人员在装卸、运输和保管过程中特别注意，以保证货物和人身安全。

二、各种包装材料的包装要求

（一）使用木箱包装的货物

（1）托运人托运的货物如果采用木箱包装，应根据货物性质、价值、体积和重量合理使用。价值较高、容易散落丢失的货物，应使用密封木箱；重量较大、较长的货物应适当增加横带和箱板厚度。

（2）货重 20～50kg 时，箱板厚度应不小于 12mm。货重 51～200kg 时，箱板厚度为 13～15mm。货重 201～500kg 时，箱板厚度 15～20mm。货重 5 000kg 以上时的花格木箱箱板厚度应不小于 20mm。货重在 10t 以上，或箱高在 3m 以上者，木板厚度应不小于 30mm。

（3）在组装木箱时，铁钉须在堵板上，不应有虚钉。在装五金机械类货物时，木箱两端要用铁线或铁腰捆紧箍牢，如图 2-21 所示。箱内货件必须固定牢靠，做到不摇晃、不滚动。

（4）笨重货物包装必须使用质量良好的木料、钢料、钢筋混凝土作底托，包装木架箱除应使用木板或纤维板、荆巴、竹片等进行组装外，并附加油毡防潮。同时应按箱高在四周加固横带（不得少于三周横带），横带相接处必须以铁包角连接钉牢，如图 2-22 所示。内货应用塑料布罩好，并用螺丝将货物固定在底托（底带）上，螺丝杆的直径与孔眼大小要合适，并有一定厚度的铁垫（眼圈），用螺钉牢固拧紧。包装箱顶部，必须有与货重相适应的支撑木，两端钉牢，以防吊起时被钢丝绳夹坏包装。包装箱外应涂写“重心”、“由此吊起”等指示标志和货件重量、运号、到站和收货单位。

图 2-21　木箱包装的货物

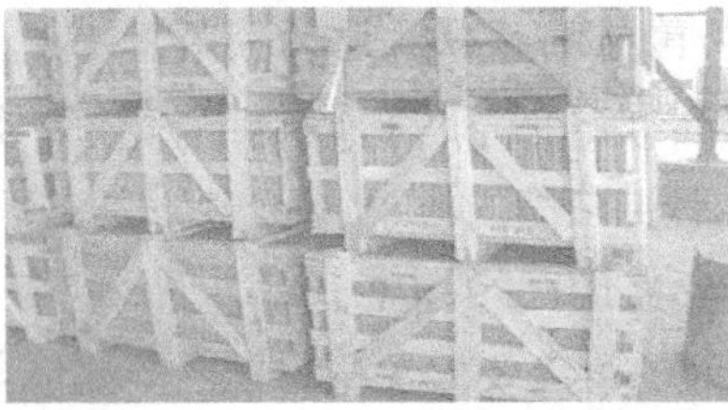

图 2-22　笨重货物的木箱包装

（二）使用纸箱包装的货物

1. 纸箱在包装中容易出现的问题

使用纸箱包装的货物多数是针织、百货、医药和仪表等，很多纸箱的纸板质量较低，支撑力差，大部分箱内没有垫板，封口的纸条拉力不够，外面只是两道纸腰或没有纸腰。有的纸箱边角开裂，不加修补还在使用；有的箱内装货不满，也没有用其他物质填充，以致箱盖塌陷变形，甚至自码自压时也可能塌陷裂口，使内货外流。箱内最后要塞满填充物，可用卫生纸、纸巾、小衣物等填充，以防在搬运挪动过程中箱内物品互相翻动、碰撞而受到损坏。

2. 纸箱在包装中的技术要求

（1）箱盖要对齐，不压、不懈。四角端正，箱角无漏洞，表层不开胶、不起泡。

（2）箱内要有较适宜的内包装，以增强纸箱的抗压力，如箱内装针织、百货时均应有小盒等内包装，按层摆齐装满。纸箱质量应以五层瓦楞纸为准。纸箱上下开口处，各加一个硬纸板与箱舌板（上下盖）胶粘在一起，箱外封口用牛皮纸密封。箱内货物应平正饱满。箱外应根据重量用铁腰、纸腰或麻绳等捆成“卄”字形或“井”字形，如图 2-23 所示。

图 2-23　纸箱包装的货物

（3）瓶装货物在使用纸箱包装时，不仅需要上下垫板（下垫板应为双层瓦楞纸），箱内还要有硬纸插架。箱底连同垫板物总厚度不小于 15mm，以防物品破损。

（4）利用回收纸箱包装时，对有破裂口的纸箱须修理后使用；破损处应用多层坚韧纸张或布条从内部裱糊，严禁只在箱外单面粘糊。

（三）使用条筐包装的货物

1. 使用条筐包装时容易出现的问题

使用条筐包装的货物多数是易碎品和工具零件等。有些条筐由于筐盖较小，又没有和筐身用铁线在四周捆牢，伸手就能拿到货物。有的零件重量过大与条筐支撑力很不相称，经过搬动很容易使条筐破碎。也有的货物由于在筐内塞摆不实，又无衬垫，货件在筐内滚动、撞击使条筐破散，造成内件丢失短少。条筐如图2-24所示。

2. 使用条筐包装时应注意的问题

（1）易碎品须用稻草等松软物品衬垫妥实；金属制品要串捆塞挤牢靠，不要在筐内滚动；五金工具或机械零件等较小物件，均应有袋盒盛装，排摆整齐。

（2）筐包装的筐盖要大于筐身，四周用铁丝与筐身拧紧。筐口须使用元条扎口。每件重在30kg以上时，筐外应用铁腰加固。

（3）每件重量在30～50kg时，应使用全荆条编筐。立条（筋）直径在5mm以上，装货后耐压力不小于200kg，用铁腰以“廿”字形或“井”字形加固。

图2-24　条筐

（四）桶装货物

桶装货物大多数装运液体、乳状、粉状、颗粒等重量较大的货物，容易渗漏流失。因此桶的质量应坚固良好，如图2-25所示。使用桶包装货物的要求如下：

（1）装运液体货物的大型铁桶（铝桶），桶身、桶底不得腐蚀渗漏，不得用肥皂涂抹，桶、螺丝盖处，应使胶垫垫好，桶盖拧牢。

（2）装运乳状液体货物的金属圆桶，内衬两层0.1mm的塑料袋，倒扎袋口，桶盖卡紧密封。装运粉末、颗粒状的一般铁桶包装要装满填实，桶盖卡紧拧牢（袋内空气要尽量排出，以免因空气膨胀内货外溢）。

图2-25　塑料包装桶

（五）使用袋类包装的货物的要求

（1）袋口缝线要严密结实，最好扎角折边再用棉麻线缝口，以不见内货或内包装为准。

（2）使用塑料袋或布袋装运粉状和颗粒等容易撒落的货物时，应有坚韧结实的内包装，并将其封口先行折叠，经过热轧或密缝，再装入塑料袋或布袋内。

（3）要检查袋身质量，不能使用腐烂、破损的各种袋子装运货物。使用草袋装运金属制品时，要将内件穿孔打捆。

（六）使用各种包类包装的货物的要求

目前，包类包装的货物存在的主要问题是缝口不严、捆扎不紧，运输途中经常发生污损、破散。因此，使用包类包装的货物要做到以下两点：

（1）包布两面搭头各留10cm，交叉折进缝入包内，使商品裹严。缝包针距不应大于3cm。捆绳牢固，按规定不能缺道，衬纸完满，坚韧牢固。

（2）使用麻包、席包和纸包的货物，缝口要严密不漏，缝线不能过细。外部捆绳要坚韧有力，打成“井”字形。

（七）使用各种材料捆绑的货物

图 2-26　捆绑的蔬菜

各种材料捆绑的货物，大部分是不易装箱或外形不太规则的粗杂物品，如新鲜蔬菜。捆绑总的要求，应以捆扎结实，不松散脱落为准。具体要求如下：

1. 捆绑方法

使用草绳捆绑加固的货物，不能只用一根草绳，两端打扣，造成一处绳断，全部脱落，标签随着丢失。这样捆绑是不能保证货物运输安全的。因此在使用草绳捆绑时，首先要注意选材，不能使用断股霉烂的草绳，不能用单根草绳捆绑。应在货件两端各缠绕两圈后形成一道死结，每缠十周做一死结，分段缠绑，对于横竖交叉处应做压扣，掏压两次，以免滑扣散捆。图 2-26 所示是使用绳子捆绑的蔬菜。

2. 捆缠部位

对容易造成破损、折裂的部位要厚垫满缠。例如一些机械附件、钢铁半成品和机具铸件，就应将其突出的部位、棱角，先用草帘、草袋等物包扎，再以草绳满缠，以防撞碰破损。

3. 对于废旧铁线、金属、下脚料等物

应先行压轧成型，再以布片、草片衬垫，外以草绳捆扎。

4. 对于某些货件较重，又容易散捆的货物

如角铁、钢窗、木板和汽车弓子等，应该用粗铁线捆扎 3～4 道拧紧箍牢。

5. 个人物品包装时捆扎的要求

（1）立柜、柜橱的腿部、背部和玻璃面等容易破损，应以木板防护，适当加固，再用草绳捆缠。

（2）立柜、柜橱、水缸内不能盛物，以免加大重量，造成破损。

（3）自行车以草帘、草绳捆缠，要不露灯、铃、锁等容易丢失的附件。

（4）缝纫机应拆解后，分别装入木箱和木夹板内，内加衬垫，外部用绳索捆扎。

（5）火炉等物品应尽量拆解后再用草片、麻袋片、绳索捆缠，确实不能拆解时应装入木架箱内，或用木夹板包装。

（八）坛罐盛装货物

坛罐盛装货物包装时易碎，内货带有流汁，很容易污染其他货物。例如，腐乳、酱菜、露酒、桂花和玫瑰等，因此使用的坛罐质量一定要完整良好、严密封口，最好先用草绳捆缠再装入木架箱内，并以松软物品隔垫妥实，以防坛罐破裂，内货外流，污染其他货物。

（九）轴盘、木夹板

1. 使用轴盘包装货物

首先要看轴盘是否完整无损，要不歪不斜，然后再检查货物在轴盘内环绕得是否紧密，货件端头要采取密封措施，牢靠地固定在防护板上。未密封的端头，应使用塑料布罩好扎紧，以保证货物在运输途中不致磨损或侵入雨水。轴盘的侧面，应书明货件的重量、运号、到站及收货人。

2．使用木夹板包装货物

要根据货物的重量、长度选择木方制作包装夹板。货物的怕磨部分，应以布片、草片、纸板等物加以防护（如各种纸张、纤维板和缝纫机架等），以免内货磨损，夹板外面再用铁腰或粗铁线捆扎牢固。

（十）裸体货物

裸体货物是对于某些无法采用任何包装的货物，在确保自身和其他货件安全，而且可以进行装卸、搬运的条件下，也可依其具体情况，不加任何包装。这种货物在运输时要在货件表面标明运号、到站及收货人，较小的货件也可以粘贴货签。

三、包装标志的要求

（一）标志的颜色

货物包装的标志是黑色的，但是如果包装的颜色使得黑色标志显得不清晰，则应在印刷面上用适当的对比色，最好以白色作为图示。标志的底色应避免采用易于同危险品标志相混淆的颜色，除非另有规定，一般应避免采用红色、橙色或黄色。《包装储运图示标志》（GB/T 191—2008）的内容和图示见表2-11。

表2-11　包装储运图示标志的内容和图示

内　容	图　示	内　容	图　示
1．易碎物品 运输包装件内装易碎品，因此搬运时应小心轻放		10．堆码层数极限 相同包装的最大堆码层数，*n*表示层数极限	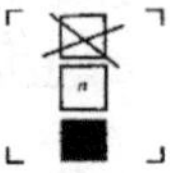
2．禁用手钩 搬运运输包装时禁用手钩		11．堆码重量极限 表明该运输包装件所能承受的最大重量极限	
3．向上 表明运输包装件的正确位置是竖直向上		12．禁止堆码 该包装件不能堆码并且其上也不能放置其他负载	
4．怕晒 表明运输包装件不能直接照射		13．由此夹起 表明装运货物时夹钳放置的位置	
5．怕辐射 包装物品一旦受辐射便会完全变质或损坏		14．温度极限 表明运输包装件应该保持的温度极限	
6．怕雨 包装件怕雨淋		15．由此吊起 起吊货物时挂链条的位置	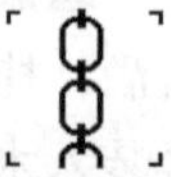
7．重心 表明一个单元货物的重心		16．此处不能卡夹 表明装卸货物时此处不能用夹钳夹持	
8．禁止翻滚 不能翻滚运输包装		17．禁用叉车 不能用升降叉车搬运的包装件	
9．此面禁用手推车 搬运货物时此面禁用手推车			

（二）标志的使用方法

1. 标志的数目

一个包装件上使用相同标志的数目，应根据包装件的尺寸和形状决定标志的使用数目。

> **练一练**
>
> 给不同包装的货物贴上标志。

2. 标志在各种包装件上的粘贴位置

（1）箱类包装：粘贴位置位于包装端面或侧面。

（2）袋类包装：粘贴位置位于包装明显处。

（3）桶类包装：粘贴位置位于桶身或桶盖。

（4）集装单元体贴物：粘贴位置应位于 4 个侧面。

3. 标志放置的位置

（1）标志 1“易碎物品”：应标在包装件所有 4 个侧面的左上角处。

（2）标志 3“向上”：应标在与标志 1 相同的位置上。当标志 1 和标志 3 同时使用时，标志 3 应更接近包装箱角。

（3）标志 7“重心”：应尽可能标在包装件所有 6 个面的重心位置上，否则至少也应标在包装件 4 个侧、端面的重心位置上。

（4）标志 13“由此夹起”：

1）只能用于可夹持的包装件。

2）标志应标在包装件的两个相对面上，以确保作业时标志在叉车司机的视线范围内。

（5）标志 15“由此吊起”：至少贴在包装件的两个相对面上。

标志放置位置的示意图如图 2-27 所示。

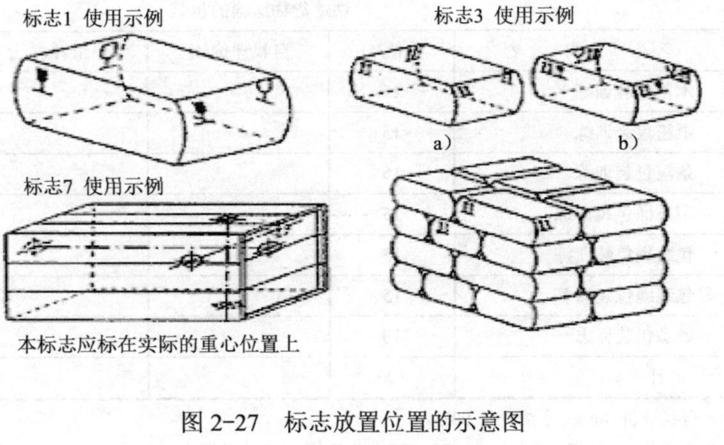

图 2-27　标志放置位置的示意图

教师演示

第一步：木箱包装和货物标志粘贴训练。
第二步：纸箱包装和货物标志粘贴训练。
第三步：条筐包装和货物标志粘贴训练。
第四步：塑料桶包装和货物标志粘贴训练。
第五步：包装袋包装和货物标志粘贴训练。
第六步：包装绳包装和货物标志粘贴训练。

学生动手

重复“教师演示”操作内容，注意以下几个方面：
（1）训练前学生应熟悉各种包装材料的包装要求。
（2）包装训练完毕后，再认真检查货物包装是否符合要求。
（3）练习货物包装时要注意安全。
（4）如果在货场训练，要严格遵守货场的各项规定。

举一反三

联络当地的铁路货运站，实地观看各种货物的包装情况。

学习评价

被考评人					
考评地点					
考评内容	铁路货物运输的包装				
考评标准	内　容	分值/分	自我评价/分	小组评议/分	实际得分/分
	木箱包装训练	15			
	纸箱包装训练	15			
	条筐包装训练	15			
	塑料桶包装训练	15			
	包装袋包装训练	15			
	包装绳包装训练	15			
	熟悉包装标志	10			
合　计		100			

注：1．实际得分＝自我评价40%＋小组评议60%。
　　2．考评满分为100分，60～74分为及格；75～84分为良好；85分及以上为优秀。

任务五 铁路货物运输接收作业

任务描述

在《铁路货物运输合同》中应规定，在铁路车站公共装卸场所内装车的货物，托运人应在承运人指定的日期全部搬入车站，车站应及时组织装车。车站接收货物时，应对品名、件数、运输包装、标记及加固材料等进行检查。

任务目标

1. 知道铁路货物运输接收作业的流程，掌握各个流程中作业项目的内容。
2. 了解铁路货物运输接收作业各个岗位的职责，能进行各项作业的操作。

情景导入

燕南化工公司与一家私营企业中天化工原料供应站签订了一份合同，合同约定由燕南化工公司供对方苯甲酸钠 7t。燕南化工公司以托运人的身份与石家庄铁路分局石家庄南站签订了铁路货物运输合同（即货物运单），合同约定由石家庄南站发运，到站宁波北站，收货人为燕南化工公司，其地址栏却填写了燕南化工公司职工高青国的名字，领货凭证上的收货人则填写了燕南化工公司高青国。石家庄南站在审核运单时，也没有发现这个错误。由此得知，铁路货物运输在接收作业中要注意哪些问题呢？

知识储备

一、业务受理作业

1. 托运人填制运单

运单填写的相关要求见本单元任务三。

2. 评审货物运单

评审货物运单在铁路货运营业大厅进行，如图 2-28 所示。

图 2-28 铁路货运营业大厅

（1）对营业办理限制（包括临时停限装）、起重能力进行审查。

（2）检查运单填写是否清晰，托运人更改的地方是否有更改图章。

（3）逐项检查运单的填写是否完整。

（4）检查运单填写的是否详细，有无省略的内容。

（5）检查是否应该有相关证明文件，证明文件是否齐备有效。

二、接收货物

1. 验货要求

（1）托运人在车站将发运货物清点无误后，托运人凭运单向货运员进行实物交接。

（2）铁路货运员按规定检查货物名称、件数是否与运单记载相符。

（3）按一批托运的货物品名过多或托运搬家货物，运单上的“货物名称”栏不够填写时，托运人须同时提出“物品清单”一式三份（一份发站存查、一份随运单交到站、一份退还收货人）。

> **小知识**
>
> 受理货物运单时应审查以下内容：
>
> （1）应确认托运的货物是否符合运输条件，运单填写是否清楚、齐全、正确。
>
> （2）领货凭证与运单相关栏是否一致。
>
> （3）对营业办理限制、起重能力、专用线专用铁路办理范围、证明文件等进行审查。
>
> （4）对到站、到局和到站所属省、市、自治区各栏内容应相互核对。

2. 检查货物包装

根据货物的性质、重量、运输种类、运输距离、气候差异以及货车装载等条件，检查货物包装。

1）货物包装是否符合运输要求。

2）货物包装是否便于装卸作业。

3. 在运输过程中货物包装能否保证货物安全

货物有缺陷，检查认为不致影响运输安全（货物自身安全和其他货物安全）的，可在货物运单“托运记载事项”栏内，注明货物状况的具体情况。

> **小看板**
>
> 货物标识即通常所说的货签，图2-29所示为济南货运站货签。

4. 检查货物标识

（1）检查每件货物是否都有货物标识。

（2）运单和货物标识内容是否完全一致。

（3）不一致的内容以运单为主。

（4）对照运单检查确认无误后，签章承运。

三、承运

1. 过磅要求

（1）以杠式台秤（见图2-30）、地秤过秤，使用前应进行检查。

1）摆放平稳，四角着实，台板保持灵活。

2）将游砣移至零点时，横梁保持平衡。

运输号码 ________
到站 ________
收货人 ________
货物名称 ________
总件数 ________
发站 济南
备考：不得使用铅笔、圆珠笔填写

图2-29 济南货运站的货签

3）标尺与增砣的比率必须一致。

4）地秤的台板与秤枢间必须保持平衡、灵活。

（2）往衡器上放置或取下货件时，须关闭制动器。过秤时不准触动调整砣、砣盘，禁止以其他物品代替增砣。

（3）定期检查衡器。按台建立衡器履历簿，及时、正确地填写。衡器发生损坏、检定证明丢失、空秤不能调整平衡、机件缺损变形，或称量误差超过国家规定标准，均不得使用。

图2-30　杠式台秤

2. 货物堆码

过磅完毕的货物放入指定货位。

（1）货物堆垛码放应根据箭头向上等包装指示标志进行，要做到轻拿轻放、大不压小、重不压轻、稳固整齐、标签向外、按批分清。纸箱包装的货物要箱口向上，液体货物封口向上；怕湿货物露天堆码地面要铺垫防湿垫木，上部要起脊并苫盖严密。

想一想

你还知道哪些计量工具？

（2）货垛码放形状要便于清点保管和下一道工序的装卸、搬运，保证人身、货物、行车安全。

（3）堆码时货物货签向外（见图 2-31），留有检查通路，装车的货物须距钢轨外侧 2m 以上，货垛与站台边沿距离不得少于 1m。货垛与货垛之间应留出机械或人行通道，货垛与电源开关、消火栓等设备的距离不得少于 2m。

图 2-31　货签向外的货物堆码

（4）凡存放在装卸场所内的货物，应距离货物线钢轨外侧 1.5m 以上，并应堆放整齐、稳固。

四、核算制票

托运人应在发站承运货物当日支付费用。当托运人或收货人迟交运输费用时，应收取运费迟交金。

教师演示

铁路货物运输接收作业技能训练步骤如图 2-32 所示。

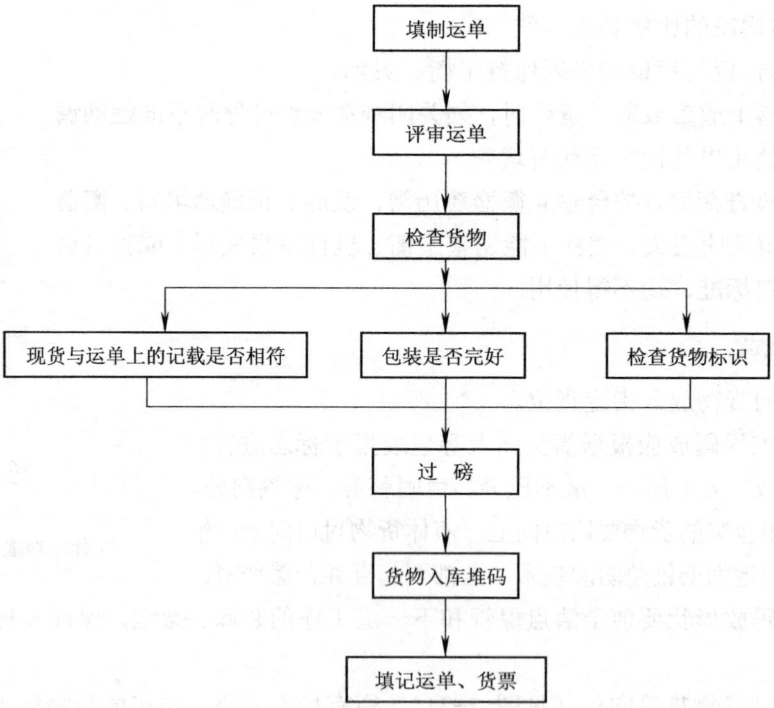

图 2-32 铁路货物运输接收作业技能训练步骤

学生动手

1. 分组

每组 6 人，具体分工：受理作业 1 人，接收货物 1 人，过磅 1 人，货物堆码 1 人，核算运费 1 人，收款 1 人。循环训练，保证每个学生可以在每个岗位都进行训练。

2. 单据准备

铁路运单、货票、货签若干。

3. 机械、工具准备

若干货物，每组 1 台磅秤。

4. 实施训练

按“教师演示”重复操作。

5. 训练注意事项

（1）操作前要熟悉每个角色的工作职责和工作要求，严格按照训练程序进行。

（2）严格遵守岗位职责，一丝不苟。

（3）运单、货签填写规范、认真。

（4）各项作业操作规范，注意安全。

举一反三

案例

2013 年 4 月 21 日广东省潮阳市居民小陈在广深铁路股份有限公司东莞（原常平）站发承德市时装公司小王国产布料 42 件。运单记载发站常平，到站承德；托运人广东省潮阳市小陈，收货人承德市时装公司，国产布料 42 件，重 1 500kg，承运人确认重量 1 500kg，保价 20 万元。2013 年 4 月 21 日交付承运。该批货物于 2013 年 5 月 3 日随 4233 次列车到达承德站。货到后，承德站组织卸车，见该批货每件内所装的布料卷不一样，3 件内各装 1 卷，7 件内各装 2 卷，2 件内各装 3 卷，包装完好，每件货物均有标签及辅助标记，全批检斤为 855kg，不足 645kg。另查明，托运人小陈实发布料 42 件，53 粒（卷），重约 1 500 市斤，货物价值 12 万元。

该案例所涉货物在交付收货人时，包装完好，无破损，件数相符但重量不足，究其原因是由于托运人所填运单不实、发货不足所致。根据《铁路法》第十八条规定，由于托运人过错造成货物损失的，铁路企业不承担赔偿责任。该案因有证据证明货物短少是由于托运人过错造成，故其重量不足应由托运人承担，承运人不负赔偿责任。但铁路承运人未严格履行《铁路货物运输规程》的规定，在接收货物时未严格检斤、确认重量，是在工作上的严重失误，应当值得我们借鉴。

分析本案例中铁路货物运输接收作业有什么过错？如果你负责这些工作，应该注意哪些问题？

学习评价

被考评人					
考评地点					
考评内容	铁路货物运输接收作业				
考评标准	内　　容	分值/分	自我评价/分	小组评议/分	实际得分/分
	运单、货签的填写准确无误	20			
	询问、检查全面仔细	20			
	过磅过程准确	20			
	货物按要求堆码	20			
	运费核算准确无误	20			
合　　计		100			

注：1．实际得分＝自我评价 40%＋小组评议 60%。

2．考评满分为 100 分，60～74 分为及格；75～84 分为良好；85 分及以上为优秀。

任务六

铁路货运的装车作业

任务描述

承运是指承运人对托运人托运的货物进行检查后，认为与托运人申报的内容相符，予以接受货物、签发运单的一种行为。承运是合同成立的重要标志，在以运单作为合同的基本凭证的零星货物运输中，承运人签发运单后合同即告成立。承运人承运时要按照货物的性质和重量，配备相应的运输工具。对承运人负责装卸的，要保证装卸符合运输安全的要求，对托运人负责装卸的，有条件的要协助托运人按照规定的要求进行装车，对不符合装卸条件的，承运人应该要求托运人进行改善。

任务目标

1．知道铁路货物运输装车作业的操作程序、操作要点以及进行操作时的安全要求。

2．会检查待装货物和待装车辆，能进行装车作业操作，知道装车后的检查要求。

3．能认识施封设备，会进行施封作业的操作。

情景导入

2012年5月3日，某经销部将其收购的葵花籽34 650kg，共770件，委托呼和浩特火车站客货服务公司发运零担。5月6日，该车抵达芜湖西站。当日，在该站当班货运员的监督下，收货人某果品食杂公司到站提货。卸车时，车厢内异味严重，装卸工均感头昏。收货人见此情况，拒收货物，并向芜湖铁路卫生防疫站报检。检验结论是：在装载货物车厢内的残存物中检出剧毒农药，经铁路到站顺查，发现该车皮于2012年4月18日曾装运过3911剧毒农药。卸车后，该车皮被回送到郑州东站经洗刷消毒后又投入使用。

知识储备

一、装车前的检查

1．清理货场

货场内禁止闲杂人员进入，限制各种车辆进入货物仓库、站台和货棚，禁止托运人、收货人在货场内直接或变相买卖货物，图2-33所示是一个清理好的货场。

图 2-33 清理好的货场

2. 了解货物

根据运单所填记的内容核对待装货物的品名、件数和包装。目的是掌握待装货物的特征、单件的重量、外形尺寸以及这些货物在搬运中应注意的问题。作业前，作业人员应知道作业地点、货物品种、作业方式及安全注意事项。

3. 安排装卸

安排好相应的运输设备和装卸设备以及搬运工人。装卸工具要轻便坚固，符合安全生产要求。装卸工组和机械包车组要配备必要的生产工具、安全用具和专用索具。

4. 货物清点

对待装货物认真检查核对检查核对待装货物品名、件数，认真查看货物的标志、标签和货物包装，看有无受潮、玷污、受损等情况。图 2-34 所示是货运员在进行装车前的货物清点。

图 2-34 装车前清点货物

二、装车前对装车能力进行认可

装卸作业人员应配合货运员检查以下内容：

1. 车门、钩链、槽轮、车窗、车底板是否完好，车内清洁状态及有无异味、异状

装车前，认真检查货车的车体（包括透光检查）、车门、车窗、盖阀是否完整良好，有无扣修通知、色票、货车洗刷回送标签或通行限制，车内是否干净，是否被毒物污染。装载粮食、医药品、食盐、鲜活货物、饮食品、烟草制品以及有押运人押运的货物时，还应检查

车内有无恶臭异味。要认真核对待装货物品名、件数，检查标志、标签和货物状态。

2．货物状态的检查

检查货物有无受潮、玷污和受损等情况，一旦发现问题，及时汇报并填写货运记录单。

3．机具、防护用品和防护信号安设情况

装卸作业前必须安设带有脱轨器的红色信号（白天为红色方牌，夜间为红色灯光）

（1）在作业车两端各距 20m 外的来车方向左侧钢轨上设置防护信号。如在同一线路上车辆分解后作业时，应在该线路的前部与最后部车辆外端防护。分解间隔大于 40m 时，可在 20m 处设置。尽头线路只在道岔方向一端防护。

（2）作业车停留位置距警冲标不足 20m 时，防护信号应设在与警冲标相齐处。

（3）在办理列车作业时，根据车站值班员通知的起止时间防护，昼间为红色信号旗，夜间为红色信号灯，安置在作业车前进方向的左侧。

（4）车站应将装卸防护信号使用办法列入车站行车工作细则，除装卸作业工组外，其他人员无权撤除装卸防护信号。

三、货物装车

1. 装车时的要求

装车时由货运员核对车号和货物后，装卸工人才能作业，并要核对件数，做到不错装、不漏装、巧装满载，防止偏重、超重，必要时对易磨损货件采取防磨措施，对怕污染的货物要采取有效隔离措施，棚车装载货件不要挤住车门，长大货物不堵车门，包装不合标准或破损不准装车。图 2-35 所示为正在进行货物的装车作业。

图 2-35　货物装车作业

2. 在货场内移动货物的要求

各车站应根据场地和机械性能限定机械在货场内的行驶速度（一般情况货场内不超过 15km/h、站台上不超过 10km/h）。各种机械横过铁路道口应有专人看守，要一慢二看三通过。禁止在车底下钻过或从车钩上翻越，严禁在钢轨上坐卧休息。

3. 装载货物的要求

（1）货物装载与加固的基本要求。必须保证能够经受正常的调车作业以及列车运行中所产生的各种力的作用，以便保证货物在运输的全过程中，不致发生移动、滚动、倾覆、倒坍或坠落等情况。

（2）货物装载的宽度与高度的要求。除另有规定者外，不得超过机车车辆限界或特定区段装载限制。

（3）装载货物的重量的要求。重量不得超过货车标记载重量，货物的重量应合理分布在车底板上，不得偏重。

（4）使用平车砂石车的装载要求。使用有端、侧板的平车、砂石车装载长度或宽度超出车底板的货物，可将端、侧板放下，需用铁线与车体捆绑牢固，不得影响提钩杆的正常使用和压住车钩。

（5）货车装载宽度的要求。一件货物宽度等于或小于车底板宽度时，允许突出端梁300mm；当货物的宽度大于车底板的宽度时，允许突出端梁 200mm。超过此限时，必须使用游车。

（6）装载成件包装货物的要求。成件包装货物应排列紧密、整齐，如图 2-36 所示。当货物的高度或宽度超出侧板时，应层层压缝，四周货物倾向中间，并予加固（不得以篷布代替加固材料），两侧超出侧板的宽度应该一致。装载袋装货物，捆扎袋口应朝向内侧。在装载轻浮货物时，除用绳索交叉捆绑外，对超出侧板的货垛四周或四角的货件，应用绳索串联一起捆绑牢固或在货车两端用挡板（壁）、支柱等加固。

想一想

什么是游车？

（7）货物重心的要求。重心的投影应位于车底板的纵、横中心线的交叉点上，特殊情况下必须位移时，横方向位移不得超过 100mm，超过时，应采取配重措施。纵方向位移时，每个车辆转向架所承受的货物重量不得超过货车标记载重量的 1/2，并且两转向架承受重量之差不得大于 10t（另有规定者除外）。

（8）作业中的要求。作业中应随时注意货物堆码稳定状态，查看货物包装，禁止撕下标签。作业中要呼唤应答，发生、发现货物有异状、异味时要及时通知货运员编制记录。图 2-37所示是冷藏货物装车的装车作业。

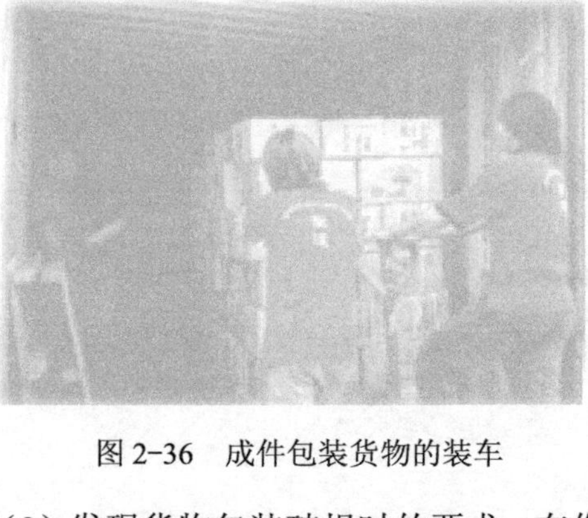

图 2-36　成件包装货物的装车

图 2-37　冷藏货物装车

（9）发现货物包装破损时的要求。在作业过程中发现货物包装破损无法续运时，应当做好记录。通知货运员，征求处理意见。

四、装车后的检查

（1）认真检查车门、车窗、盖、阀关闭状态和装载加固情况。

货物装载加固的基本要求是使货物均衡、稳定、合理地分布在车地板上，不超载、偏载，不集重、偏重；能够经受正常调车作业以及列车运行中所产生各种力的作用，在运输全过程中，不发生移动、滚动、倾覆、倒塌或坠落等情况。

（2）按规定填制货车装载清单。

（3）需要施封的货车，按规定施封，并用直径 3.2mm（10 号）铁线将车门门鼻拧紧。需要插放货车表示牌的货车，应按规定插放。

（4）对装载货物的敞车，要检查车门插销、底开门搭扣和篷布苫盖、捆绑情况。

篷布不得遮盖车号和货车表示牌。篷布绳索捆绑，不得妨碍车辆手闸和提钩杆。两篷布间的搭头应不小于 500mm。绳索、加固铁线的余尾长度应不超过 300mm。装载超限、超长、集重货物，应按批准的装载方案检查装载加固情况。

五、施封

为了保证货物运输安全和完整，便于交接和责任的划分，在棚车、保温车、罐车和集装箱装完货物后，用施封锁、施封环或铅质封饼等施封专用物品，对车（门）或罐车的注、排油口进行封缄的过程。施封具有法律约束力和一定的技术要求，必须按规定办理。

1. 施封锁

施封锁分为 FS 型施封锁和 FSP 型施封锁，用于棚车、冷藏车的施封。

（1）FS 型施封锁：FS 型施封锁由锁头、锁芯、锁套 3 部分组成，锁头和锁芯用钢丝绳相连，锁闭后呈直杆状，用于各型集装箱的施封，如图 2-38 所示。

（2）FSP 型施封锁：FSP 型施封锁由锁芯和锁套两部分组成，锁芯和锁套用钢丝绳相连，锁闭时将锁芯垂直向锁套锁孔插入，锁闭后呈环状，用于棚车、冷藏车的施封，如图 2-39 所示。

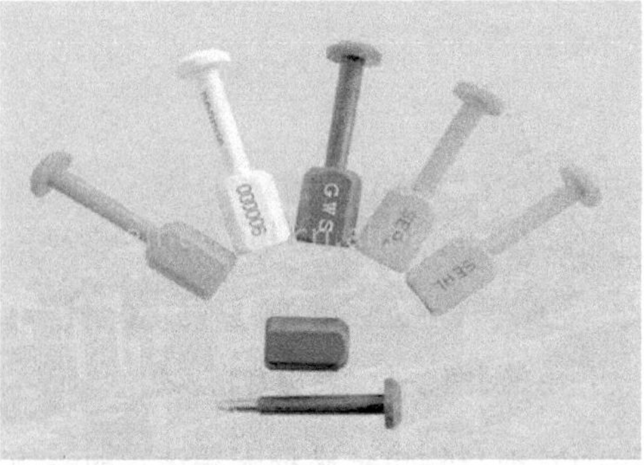

图 2-38　FS 型施封锁

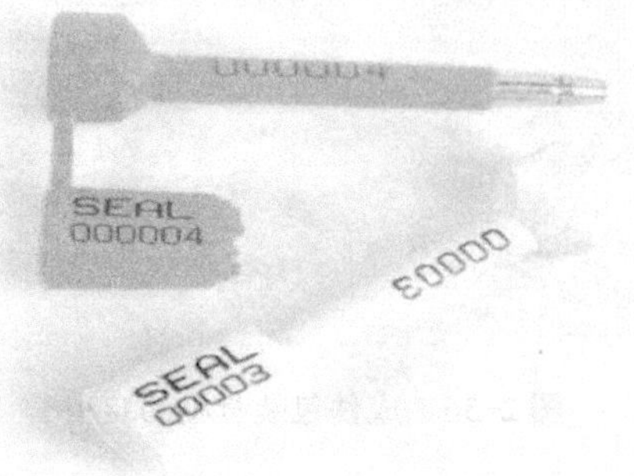

图 2-39　FSP 型施封锁

各型施封锁锁套平面上均以钢印方式打印“封印号码、站名、加括号的局名简称（托运人自备的施封锁用托运人编号或专用线编号代替）”，锁套外断面上打印制造厂标记。封印号码，每站或每组 6 位数码循环使用。

2. 施封环

施封环由“环盒”和“环带”两部分组成，如图 2-40 所示。

环盒正面及环带上分别印有承运人配备的站名、施封号码、局名简称和托运人配备的站名、施封号码、专用线简称或编号。

施封号码按站（专用线按每一专用线用户）由 00001 号至 99999 号循环编用，同一货车两侧车门的施封号码顺序可以不相衔接，如图 2-41 所示。

施封后应将施封号码在货物运单、货运票据封套和货车装载清单上记明其施封号码，中途站补封时在所编记录上记明。

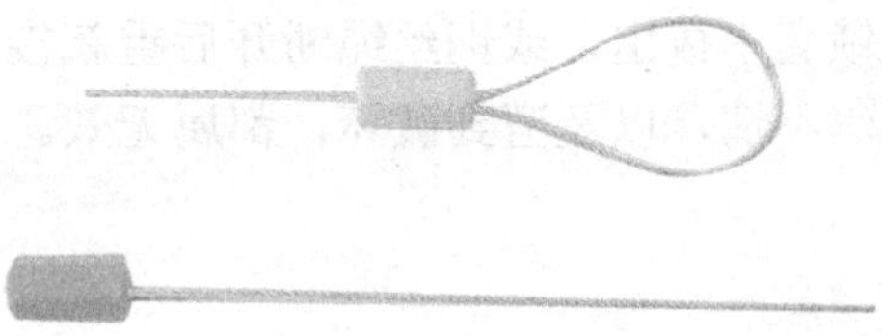

图 2-40　施封环

图 2-41　施封号码

3. 铅质封饼

铅质封饼为杏核形，铅质封饼的直径 15mm，厚 5mm，在圆周的一侧有直径 3mm 的圆孔两个，两孔间距为 2mm。该两圆孔在铅质封饼中心汇合到圆周的另一侧为一大孔，作为容纳绳扣之用，如图 2-42 所示。做绳扣的麻绳或棉绳应无接头、光滑、坚韧。托运人用封车钳子和封车材料可由承运人代购，费用由托运人负担。封车钳子如图 2-43 所示。

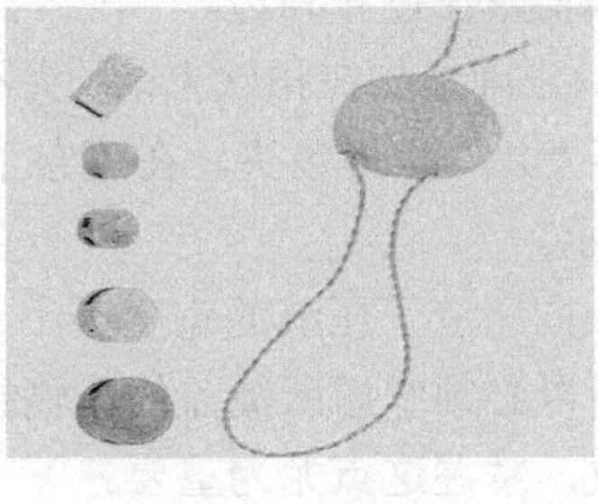

图 2-42　铅质封饼

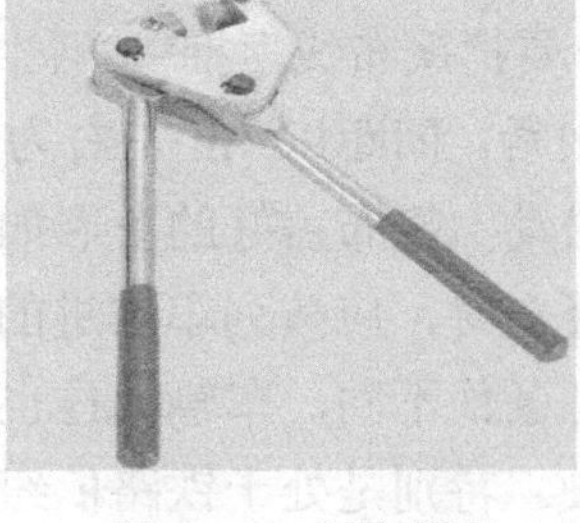

图 2-43　封车钳子

4. 施封作业

发运货物在使用棚车、冷藏车、罐车和集装箱运输时，要按规定施封。施封的原则是，谁负责装车谁施封。由发货人施封或委托车站代封时，发货人应在运单上注明。

施封是在货车装载完毕后，经确认装车状态完好，关闭车门，先用粗铁线将两侧车门下部的门扣和门鼻拧紧，并在每一车门的下部门扣处各施封锁一枚。罐车在注油口和排油口处施封。同一车门只准施封一个，“串封”无效。图 2-44 所示是施封后的车辆。

图 2-44　施封后的车辆

环型施封锁锁闭后，钢丝绳外露 125mm。锁闭状态应确认有效，车门不能拉开。如果钢丝绳的任何一端可以自由拔出，锁头可以从锁套中拔出，或钢丝绳断开后重新接上使用，或锁套上无站名、号码，或锁套上的站名、号码不清，以及遭到破坏，都属无效。

六、敞车篷布苫盖

1. 苫盖前的检查

检查篷布质量是否完好，有无破洞、霉烂，是否具有防水性能；腰绳、边绳是否齐全；自备篷布是否有标记。

2. 苫盖作业的要求

先把折叠好的篷布放到货物顶部中心的货物上面，然后向前后左右铺开覆盖严密，整个上部不能积水，顶部要中高边低，呈屋脊型，并打好两端包角。装载不足时需使用篷布支架。货车的车号、车牌、表示牌、拉手、踏脚、手闸都要露在篷布外边。

篷布苫妥，要把篷布线索捆绑牢固，拉紧腰绳，正确地扣在扣铁上，绳头不大于 200mm，做扣的地方要扣紧，间距以 1m 左右为宜，两端打“井”字形包头，在篷布下垂处横拉一道绳子，以防止松动。篷布盖好的车厢如图 2-45 所示。

覆盖两块篷布时，应按列车前进的最远方向顺向压缝，压缝的宽度不小于 70cm。由于各车站所处地理条件不同，车辆编挂也不一样，所以必须掌握所覆盖的车辆挂到车站以后，往哪个方向行驶。特别是处于铁路枢纽的发货单位，掌握这点尤为重要。

3. 苫盖完毕，登记有关内容

在使用铁路篷布时，应将篷布号码、块数填记在铁路货物运单和发货单位内部的有关单、账上；在使用自备篷布时，应在铁路货物运单“托运人记载事项”栏标明“自备篷布”字样，在“铁路货车篷布号码”栏划“Ⓧ”记号，在内部单账上填记篷布的号码和块数。

图 2-45　篷布盖好的车厢

教师演示

铁路货运的装车作业技能训练步骤如图 2-46 所示。

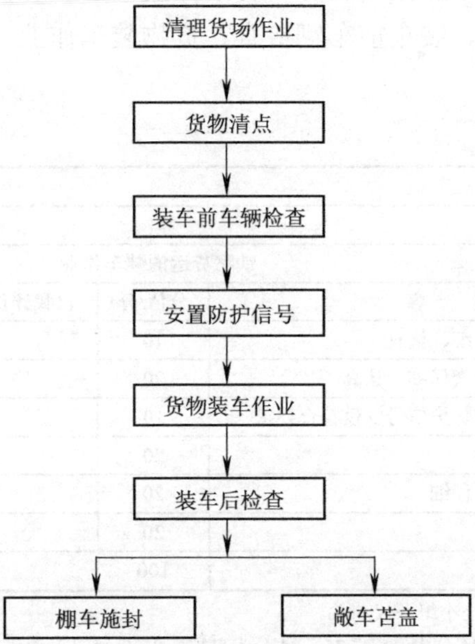

图 2-46　铁路货运的装车作业技能训练步骤

学生动手

1. 分组

根据人数将学生分成若干组，每组 5 人，分别为装卸作业人员 4 人、货运员 1 人。

2. 机械、工具准备

装卸机械若干辆，各种待装货物若干件；防护信号（白天为红色方牌，夜间为红色灯光）；施封锁、施封环、施封使用的钳子。

3. 实施训练

按“教师演示”重复操作。

4. 训练注意事项

（1）严格遵守货场的规章制度和规定的分组要求。

（2）按规定穿戴工作服装和使用防护用品，禁止赤膊、赤足、穿高跟鞋、穿凉鞋等参加作业。

（3）操作时精神集中，作业中禁止打闹和进食，货场内禁止吸烟。

（4）保持休室内外、工作场地、机具整齐清洁。

（5）禁止在货垛、货车上休息。

举一反三

（1）训练时一般采用棚车和敞车训练，有条件的可以训练其他车型。

（2）重点训练货物清点、装车前车辆检查、货物装车作业、装车后检查作业项目。

学习评价

被考评人					
考评地点					
考评内容	铁路货运的装车作业				
考评标准	内　容	分值/分	自我评价/分	小组评议/分	实际得分/分
	装车前货物检查仔细、认真	10			
	装车前对车辆的检查仔细、认真	20			
	机具、防护用品和防护信号安设符合要求	10			
	装车过程符合要求	20			
	装车后检查认真，仔细	20			
	施封正确	20			
合　计		100			

注：1. 实际得分＝自我评价 40%＋小组评议 60%。

2. 考评满分为 100 分，60～74 分为及格；75～84 分为良好；85 分及以上为优秀。

任务七

铁路货物运输到达交付作业

任务描述

货物在到站进行的各种货运作业，称为到达作业。到达作业包括重车和货运票据的交接、货物的卸车、保管和交付以及运输费用的最后结算等。货物经过到达作业后，货物运输作业过程即告结束，至此，运输合同终止。

任务目标

1．知道铁路货物作业中货物到达的作业要求和货物交付时要注意的事项。

2．会叙述货物到达后的作业内容，能正确进行货物的交付作业。

小知识

承运人组织卸车的货物，到站应不迟于卸车完了的次日内，用电话或书信等方法，向收货人发出催领通知并在货票内记明通知的方法和时间。

情景导入

2013 年 2 月，天津某有限责任公司在齐齐哈尔火车站办理托运，将一批豆粕发往衡阳。但托运人在办理托运票据时误将收货人名称写为衡阳县粮油贸易运输总公司贸易分公司（实际收货人应为衡南县粮油贸易运输总公司贸易分公司）。2013 年 2 月 26 日，豆粕陆续到达衡阳站。衡阳站货运部门于货物到达次日按运单记载的收货人名称及地址连续三次发出催领货物通知书。2013 年 3 月 7 日，取货人邓某持盖有衡阳县粮油贸易运输公司公章并注明“经查我公司从齐齐哈尔发来豆粕已到”的取货公函到衡阳站领货。货运员刘小平在邓某称“领货凭证未寄过来”后，对其公函进行审查，在发现公章与收货人名称不相符且邓某所写的内容都有错误的情况下未进行认真核对即办理了二车豆粕的交付手续。衡南县粮油贸易运输总公司贸易分公司在货到衡阳站后数次到衡阳站查询，衡阳站经过调查方知该批货物已误交付与第三人。货运员刘小平负有什么责任？货物到达后需要进行哪些操作？怎样进行货物的交付作业？

知识储备

一、货物到达查询

托运人在将货物托运后，将“领货凭证”寄交收货人。收货人接到“领货凭证”后，及时向到站联系货物的到达情况。

承运人组织卸车的货物，到站应不迟于卸车结束的次日内，用电话或书信向收货人发出催领通知并在货票内记明通知的方法和时间。有条件的车站可采用电报、挂号信、长途电话、登广告等通知方法，收货人也可与到站商定其他通知方法。采用电报等或商定的方法通知的，车站应按实际支出向收货人核收催领通知费用。

收货人在到站查询所领取的货物未到时，到站应在领货凭证背面加盖车站日期戳证明货物未到。

小知识

为防止货物被冒领，货物运单和领货凭证连结处骑缝加盖与本批货物运单和领货凭证上相同的发站承运日期戳。

到达到站的货物，如已编有记录或发现有事故可疑痕迹，到站必须复查重量或现状。如已构成货运事故，到站应在交付货物时，将货运记录交给收货人。货运记录见表 2-12。

表 2-12 货运记录

________________铁路局

货运记录

补充编制记录时记入 补充 局 站 年 月 日

所编第 号 记录

一、一般情况

办理种别________ 货票号码________ 运输号码________ 于20____年____日承运

发站________ 发局________ 托运人________ 装车单位________

到站________ 到局________ 收货人________ 卸车单位________

车种

车型________ 车号________ 标重________ t于20____年____月____日第____次列车到达

20____年____月____日____时____分开始卸车____月____日____时____分卸完

封印：施封单位________ 施封号码________。

二、事故情况

项目	货件名称	件数	包装	重量		托运人记载事项
				托运人	承运人	
票据原记载						
按实际						
事故详细情况						

三、参加人签章

车站负责人 编制人

公安人员 收货人 其他人员

四、附件

1．普通记录 页 2．封印 个 3．其他

五、交付货物时收货人意见

20 年 月 日编制 ××铁路局 车站（公章）

注：1．收货人（或托运人）应在车站交给本记录的次日起180天内提出赔偿要求。

2．如需要同时送一个以上单位调查时，可做成不带号码的抄件。

规格：270mm×185mm。

二、到货领取

领取货物必须凭“领货凭证”和相关证件到货运室办理货物领取手续。收货人为个人的，还应有本人证件（户口簿或身份证）；收货人为单位的，应有单位出具所领货物和领货人姓名的证明文件及领货人本人身份证。

对不宜长期保管的货物，承运人应根据具体情况可缩短通知和处理期限。

如果收货人不能提交“领货凭证”，收货人必须持收货人所在单位开具提货证明和收货人的证件；单位持本单位证明文件，证明文件上必须详细说明发站、票号、托运人、品名、件数、重量并附有本单位营业执照副本复印件。当委托他人代领时，代领人必须携带“领货凭证”、证明委托的介绍信及代领人本人身份证。

三、免费保管期

到达铁路车站的货物，可以在铁路车站免费存放 24h。免费存放期限自铁路车站发出到货催领通知的次日（或卸车的次日）零点起计算。当收货人领取货物超过免费暂存期限时，应按规定支付货物暂存费。

小知识

货运记录是指货物在铁路运输过程中（包括承运前保管和交付完毕后点回保管）发生货损、货差、有货无票、有票无货或其他情况需要证明铁路同托运人或收货人间的责任时，由铁路编制的一种证明文件。

货运记录是分析货运事故发生的原因，确定责任方的根据，是承运人与托运人或收货人一旦发生经济纠纷起法律效用的证明文件，也是托运人或收货人向承运人要求赔偿货物损失的依据。

四、无主货的处理

无主货是指从承运人发出催领通知次日起（不能实行催领通知时，从卸车完了的次日起），经过查找，满 30 日（搬家货物满 60 日）仍无人领取的货物或者收货人拒领的货物，托运人又未按规定期限提出处理意见的货物，可按附录 K“关于港口、车站无法交付货物的处理办法”的有关规定处理。

（1）应及时收集和整理，集中专库保管，不准以货车或集装箱代库。

（2）应指定专人负责，账物相符，妥善保管。

小看板

你知道无法交付货物或无标记事故货物应如何保管吗？

五、整车货物的交接

1. 卸车前的检查

（1）铅饼施封失效条件。

1）麻绳、棉绳、铁线任何一端可以从铅饼中脱出。

2）麻绳、棉绳、铁线折断。

3）封饼上的站名、号码无法辨认。

（2）施封的货车，到站在接收和拆封时，应进行核对检查。当发生货运事故时，将封饼与有关的货运单据一并保存，供判明责任参考。

（3）卸车单位在拆封前，应根据货物运单或货车装载清单、货运票据封套记载的施封号码与施封环号码核对，并检查施封是否有效。

拆封时，从环带空白处剪断，不得损坏环带和环盒上的印文，并保持原来长度（使用施封环剪断钳剪断的环带长度两截相加，可较原来短少 1mm，每一货车上拆下的施封环应拴在一起，妥善保管，建立登记、备查和销毁制度，保管期须满 1 年。

（4）发现施封锁有下列情况之一，即按失效处理。

1）钢丝绳的任何一端可以自由拔出，锁芯可以从锁套中自由拔出。

2）钢丝绳断开后再接，重新使用。

3）锁套上无站名、号码和站名或号码不清、被破坏。

（5）卸车单位在拆封前，应根据货物运单、货车装载清单或货运票据封套上记载的施封号码与施封锁号码核对，并检查施封是否有效。拆封时，从钢丝绳处剪断，不得损坏站名、号码。拆下的施封锁，对编有记录涉及货运事故的，自卸车之日起，须保留 180 天备查。

2. 收货人到站交接货物

（1）施封的货车，凭封印交接。

（2）不施封的货车、棚车和冷藏车凭车门窗关闭状态交接，敞车、平车、砂石车不苫盖篷布的，凭货物装载状态或规定标记交接，苫盖篷布的凭篷布现状交接。如承运人发出会同卸车通知时起超过 2h 而收货人未到场时，到站应编铁路部门普通记录表（见表 2-13）证明封印状况或货车现状后，以收货人责任拆封、卸车。

表 2-13 铁路部门普通记录表

铁路部门普通记录表

________________铁路局

普通记录

第______ 次列车在______ 站与______ 站间*

发站______ 发局______ 托运人______

到站______ 到局______ 收货人______

货票号码______ 车种车型______ 车号______

货物名称________________________________

于 20____年____月____日____时____分第____次列车到达

发生的事故情况或车辆技术状态：

厂修			
段修			
辅检		轴检	

参加人员：　　　　　　　　　　　　单位戳记

车站

列车段

车辆段

其他

20　　年　　月　　日

注：1. 本记录一式两份，一份存查、一份交有关单位。

2. 编号由填发单位自行编排掌握。

3. 如换装整理或其他需要调查时，应作抄件送责任单位。

4. *表示车长在列车内编制时填写。

规格：185mm×130mm。

（3）货物在到站应向货物运单内所记载的收货人交付。

收货人在到站领取货物时，须提出领货凭证，并在货票丁联上盖章或签字。如领货凭证未到或丢失时，机关、企业、团体应提出本单位的证明文件；个人应提出本人居民身份证、工作证（或户口簿）或服务所在单位（或居住所在单位）出具的证明文件。用本人的居民身份证、工作证或户口簿作证件时，车站应将姓名、工作单位名称、住址及证件号码详细记载在货票丁联上；用证明文件时，应将领取货物的证明文件粘贴在货票丁联上。

（4）在收货人办完领取手续和支付费用后，应将货物连同货物运单一并交给收货人。

承运人组织卸车和发站由承运人组织装车到站并由收货人组织卸车的货物，在向收货人点交货物或办理交接手续后，即为交付完毕；发站由托运人组织装车，到站由收货人组织卸车的货物，在货车交接地点交接完毕，即为交付完毕。

在实行整车货物承运前保管的车站，货物交付完毕后，如收货人不能在当日将货物全批搬出车站时，对其剩余部分，按重量和件数承运的货物，可按件点交车站负责保管；只按重量承运的货物，可向车站声明。

在车站公共场所内卸车的整车蔬菜、瓜果、牲畜、散堆装货物，收货人在领取货物时，应将货物的防护、衬垫物和从货位清扫出的残留物全部搬出。如未搬出和未清扫货位时，应按规定支付货位清扫费。在交付货物时，由铁路负责装车的，不核收货位清扫费。

教师演示

铁路货物运输到达交付作业技能训练步骤如图 2-47 所示。

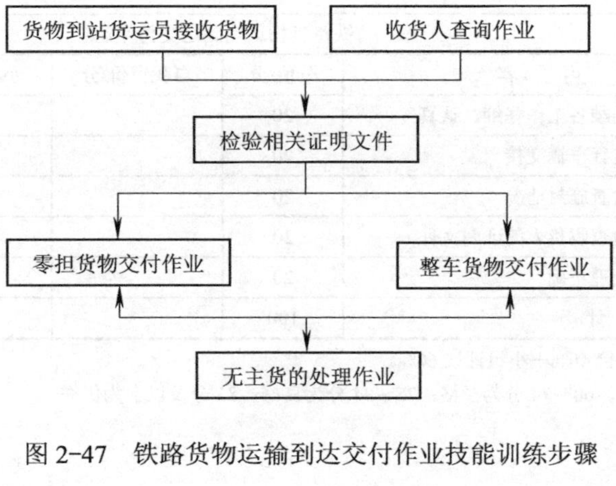

图 2-47　铁路货物运输到达交付作业技能训练步骤

学生动手

1. 分组

学生分组，每组 5 人，分别为收货员 1 人、货运员 4 人。

2. 单据准备

货票、领货凭证，证明收货人身份的证明文件，如身份证、单位证明等。

3. 器具准备

准备交接的货物。

4. 训练地点

铁路货运站货物交付点或模拟铁路货运站货物交付点。

5. 实施训练

按“教师演示”重复操作。

6. 训练注意事项

（1）严格遵守货场的规章制度和规定的分组要求。

（2）货运员按规定穿戴工作服装和使用防护用品，禁止赤膊、赤足、穿高跟鞋和凉鞋等参加作业。

（3）交接作业时注意文明礼貌。

学习评价

被考评人					
考评地点					
考评内容	铁路货物运输到达交付作业				
考评标准	内　容	分值/分	自我评价/分	小组评议/分	实际得分/分
	卸车前的准备工作仔细、认真	20			
	按要求进行车辆交接	20			
	按要求检查施封情况	20			
	按要求检查收货人的证明文件	20			
	无主货处理正确	20			
合　计		100			

注：1. 实际得分＝自我评价 40%＋小组评议 60%。

2. 考评满分为 100 分，60～74 分为及格；75～84 分为良好；85 分及以上为优秀。

第三单元　公路货物运输作业

“道路者，文明之母、财富之脉也”这也是我们常说的“要想富先修路”。公路对我国现代化建设和经济发展起着重大的作用。

运输业是国民经济的命脉，是关系国计民生的基础行业。公路运输业为其他各工业行业提供原材料和产品运输等基础服务，作为陆上交通的主要运输方式，公路运输面临巨大的发展空间，也将是全社会物流量大幅增长的主要受益者。

任务一　认识公路货物运输

任务描述

世界经济发达国家的公路运输都发展很快，公路运输所承担的运量占运输总量的80%以上。全世界的运输网总长度为3 000多万km，其中公路为2 000万km，占67%，充分说明公路运输在国民经济中占有非常重要的地位。这是因为公路运输有其特殊的优势：机动灵活，可以实现门到门的直达运输。特别是世界范围内高速公路的兴建，集装箱运输和快速客运的发展，以及汽车工业的发展等因素，使公路运输的地位越来越重要。

任务目标

1. 知道公路货物运输在运输市场的地位。
2. 清楚公路货物运输的流程。
3. 认识主要的公路货物运输车辆。
4. 理解公路货物运输的基本术语。
5. 有良好的职业操守，严谨的工作作风；具有人际沟通和团队合作协调能力。

情景导入

公路运输是在公路上运送旅客和货物的运输方式，是交通运输系统的组成部分之一，主要承担短途客货运输。现代公路运输所用的运输工具主要是汽车。因此，公路运输一般指汽车运输。在地势崎岖、人烟稀少、铁路和水运不发达的边远和经济落后地区，公路运输为主要运输方式，起着运输干线作用。

目前，全世界机动车总数已达4亿多辆，全世界现代交通网中，公路线长占2/3，约达2千万 km，公路运输所完成的货物运输量占整个货物运输量的80%以上。在一些工业发达国家，公路运输的货物运输量、周转量在各种运输方式中都名列前茅，公路运输已成为一个不可缺少的重要组成部分。

据《中国交通年鉴》统计结果表明，2010年我国道路运输完成货物运输量244.8亿 t，货物周转量43 389.7亿 t·km，分别是1996年的99.3%和105.2%。其中货物运输量在五种运输方式中为第一位。

知识储备

一、公路货物运输概述

1. 公路运输的发展

公路运输是在公路上运送旅客和货物的运输方式，所用运输工具主要是汽车。因此，公路运输一般即指汽车运输。

公路运输是19世纪末随着现代汽车的诞生而产生的，图3-1所示是世界上第一辆汽车，时速是12～15km/h，汽车初期主要承担短途运输业务。第一次世界大战结束后，基于汽车工业的发展和公路里程的增加，公路运输进入发展阶段，不仅成为短途运输的主力，并进入长途运输的领域。第二次世界大战结束后，公路运输发展迅速。欧洲许多国家和美国、日本等国已建成比较发达的公路网，汽车工业又提供了雄厚的物质基础，促使公路运输在运输业中跃至主导地位。发达国家公路运输完成的客货周转量占各种运输方式总周转量的90%左右。

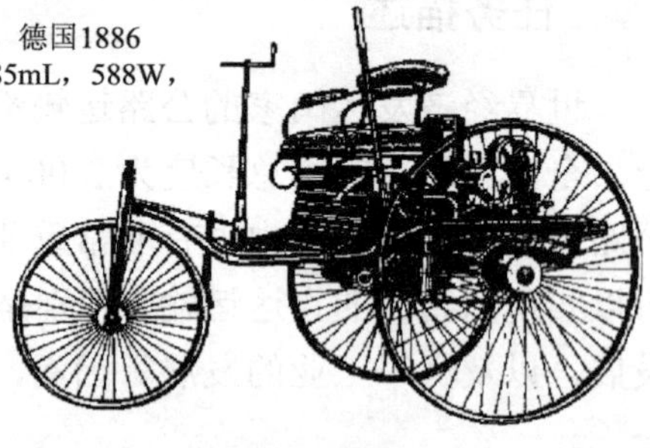

图3-1　第一辆汽车奔驰1号

2. 我国公路运输的发展概况

旧中国的公路交通极为落后，1949年全国公路通车里程仅8.07万 km，公路密度仅0.8km/100km^2。建国初期，公路交通经历一段时期的恢复后开始获得长足的发展，1952年全国公路里程达到12.67万 km。20世纪50年代中后期，为适应经济发展和开发边疆的需要，我国开始大规模建设通往边疆和山区的公路，相继修建了川藏公路、青藏公路，并在东南沿海、东北和西南地区修建国防公路，公路里程迅速增长，1959年达到50多万 km。

20世纪60年代，我国在继续大力兴建公路的同时，加强了公路技术改造，沥青路面道路里程及其高级、次高级路面比重显著提高。20世纪70年代中期我国开始对青藏公路进行技术改造。

截至2010年年底，全国公路里程达到400.8万 km，我国的高速公路总里程达到7.41万 km。回顾我国公路发展历程，对比世界公路的发展趋势，可以认为，我国公路交通正处于扩大规模、提高质量的快速发展时期。但是，由于基础十分薄弱，我国公路建设总体上还不能适应国民经济和社会发展的需要，与发达国家的先进水平相比还有较大差距。从行政区划分布看，由于经济发展和人口分布的不平衡，公路发展在各地区之间存在着较大差距，总的来说，东部地区公路密度较大，高等级公路的比例也较高，明显高于全国平均水平，更高于中、西部地区水平。

3. 我国公路建设的“五纵七横”

交通运输部于“八五”计划期间提出了公路建设的发展方针和长远目标规划。从1991年开始到2020年，用30年左右的时间建成12条长35 000km“五纵七横”国道主干线，将全国重要城市、工业中心、交通枢纽和主要陆上口岸连接起来并连接所有目前100万以上人口的特大城市和绝大多数目前在50万以上人口的中等城市，逐步形成一个与国民经济发展格局相适应、与其他运输方式相协调、主要由高等级公路（高速、一级、二级公路）组成的快速、高效、安全的国道主干线系统。2007年底总规模约3.5万km的“五纵七横”国道主干线基本贯通，提前实现了规划目标。

“五纵七横”国道主干线中的5条纵线是：同江—三亚，北京—福州，北京—珠海，二连浩特—河口，重庆—湛江。7条横线是：绥芬河—满洲里，丹东—拉萨，青岛—银川，连云港—霍尔果斯，上海—成都，上海—瑞丽，衡阳—昆明，如图3-2所示。

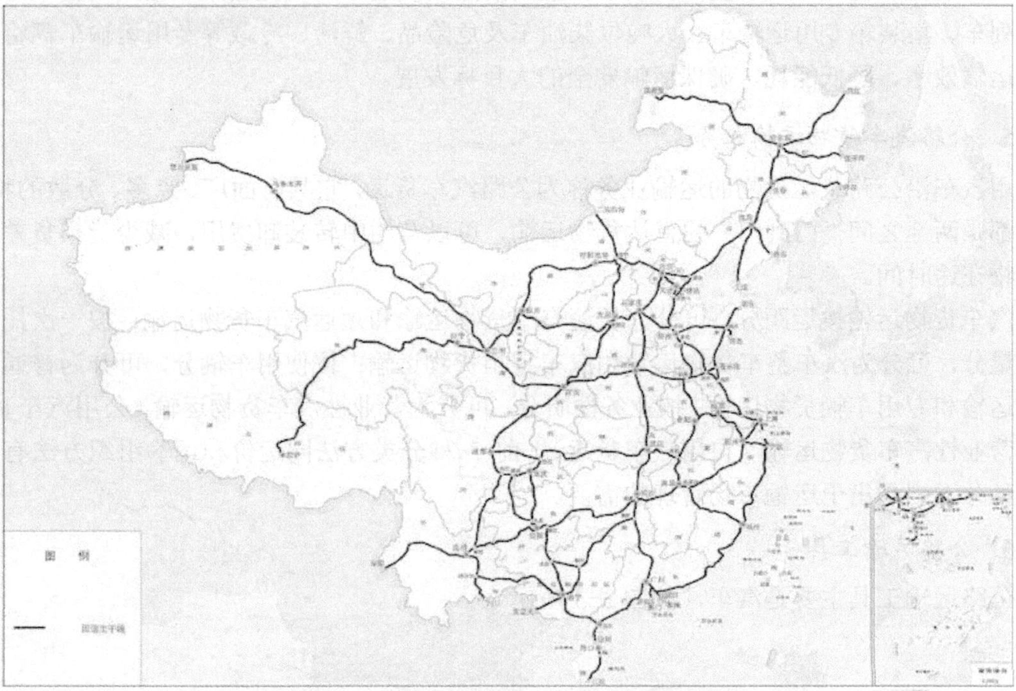

图3-2　我国国道主干线的“五纵七横”

4. 我国公路运输的发展趋势

随着我国交通基础设施和运输装备不断改善，为公路运输市场的快速发展创造了有利条件，也使公路货物运输的平均运距不断延长。目前，我国公路运输行业正处于快速发展的成长期，在国民经济运行和增长中发挥着日益重要的作用。未来几年，我国公路运输的发展趋势主要表现在以下几个方面：

（1）公路运输需求快速增长。随着我国经济的进一步发展，公路运输需求将继续保持快速增长。在公路货运中大宗货物、初级产品所占的份额呈下降趋势，对运输服务质量和服务水平的要求日益提高。

（2）智能运输系统是未来公路运输的发展方向。智能运输系统英文简称 ITS，是将先进的信息技术、数据通信传输技术、电子控制技术及计算机处理技术等综合运用于整个地面运输管理体系，使人、车、路及环境密切配合、和谐统一，使汽车运行智能化，从而建立一种在大范围内，全方位发挥作用的实时、准确、高效的公路运输综合管理系统。

（3）公路运输将与现代物流日益融合。由第三方物流企业组成的新型物流服务行业，是中国经济发展新的生产力。随着公路运输需求水平的逐步提高，公路货运中小批量、多品种、高价值的货物越来越多，在运输时间性和服务质量方面的要求越来越高。

（4）公路货运将向快速、长途、重载发展。随着区域经济的发展以及公路基础设施和车辆的不断改进，中长距离公路运输需求增加，公路货运向快速、长途、重载方向发展。大吨位、重型专用运输车因高速安全、单位运输成本低而成为我国未来公路运输车辆的主力。专用车产品向重型化、专用功能强、技术含量高的方向发展。厢式运输车、罐式运输车、半挂汽车列车、集装箱专用运输车、大吨位柴油车及危险品、鲜活、冷藏等专用运输车辆将围绕提高运输效率、降低能耗、确保运输安全的大目标发展。

5. 公路汽车货物运输业务

用汽车沿公路载运货物的运输业务称为公路汽车货运，它具有面广、点多、分散的特点，一般都是两地之间“门到门”的直达货物运输，可以节约中转装卸费用，减少货损货差，缩短货物在途时间。

汽车货物运输按运距分，可分为长途汽车货物运输和短途汽车货物运输；按一次托运货物重量分，可分为汽车整车货物运输和汽车零担货物运输；按使用车辆分，可分为普通车辆货物运输和专用车辆货物运输；按业务性质分，可分为营业性汽车货物运输（公用汽车货运）和非营业性汽车货物运输（自用汽车货运）。前 3 种分类方法同运价和运输组织方法有关，后一种分类则是出于运输市场管理的需要。

6. 公路运输工具

公路运输工具主要是汽车，如图 3-3 所示。

图 3-3 公路运输部分货车

二、公路货物运输的生产过程及其运输组织

1. 公路运输的特点

（1）公路运输以汽车为运输工具，机动灵活、使用方便，能深入到厂矿、铁路车站、码头、农村和山区等各点，加之公路网纵横交错、布局稠密，因而公路运输既是联系点与点之间的主要运输方式，也是面上的运输方式。

（2）公路运输投资较少，回报快，设备容易更新。一般公路的技术要求较低，受到破坏后较易恢复。因此，公路运输对国民经济、社会发展以及战时的军事运输，都起着重要的作用。

（3）与铁路车辆、船舶等相比，公路运输也具有装载量小、单位运输量的能源消耗大、运输成本高、容易发生交通事故、排放污染物和产生噪声污染等不足，这些都有赖于科学技术的进步和组织管理工作的改善而逐步予以解决。

2. 公路运输的组织和经营方式

（1）将车辆出租给用户定次、定程或定期使用。

（2）根据运输合同或协议派车完成运输任务。一般用于货物运输。

（3）组织定线、定站、定时的客货运班车。客运班车是公路汽车旅客运输的主要形式。货运班车是汽车零担货物运输的主要形式，一般为零担货运班车。

（4）按用户托运货物的要求，调派、组织车辆合理运行。

为了提高公路运输效率、降低运输成本，公路运输的组织形式和方法不断有新的发展。已广泛开展汽车集装箱运输、拖挂运输、集中运输等。拖挂运输是以汽车列车取代普通载货汽车运输货物，它可以增大车辆的载重量。汽车列车（见图 3-4）是由牵引车或汽车与挂车组成，两者间能摘能挂，既可按需要灵活调配车辆，又可实行甩挂运输。甩挂运输是在一点装货和一点卸货、或一点装货和多点卸货、或多点装货和一点卸货的固定线路上，配备数量多于汽车或牵引车的挂车，以便到达装卸货点时，甩下挂车装卸货，而汽车或牵引车可挂走已装卸货的挂车，进行穿梭式的往复运输。集中运输是由一个汽车运输单位把货物从一个发货点（车站、码头、仓库等）运往许多收货点，或从许多货物点运往一个收货点，这样收、发货单位不必派人取送货物，节省了人力；还可以合理调度车辆，减少车辆空驶，提高运输效率；并为使用汽车列车、专用运输汽车和装卸机械创造了有利的条件。

图 3-4　汽车列车

3. 汽车货运生产过程

（1）准备阶段：包括组货、承运、理货、调派车辆和计费等作业。其主要任务是进行货源调查和预测，与发货人签订运输合同或协议，落实托运计划，做好运输生产前的商务工作，调派汽车驾驶员和车辆。

（2）生产阶段：包括装车、车辆运行、卸货等作业。其主要任务是编制和执行汽车运行作业计划，组织货物装车、车辆运行和到达目的地后的卸货作业。

（3）结束阶段：包括交货和结算运费等作业。其主要任务是与收货人办理货物交接手续，结算运杂费等。

实现这3个阶段的各种作业，要依靠合理的运输组织工作，把运输生产过程的所有环节协调起来，通过制订各种作业计划和调度工作，特别是汽车运行作业计划和汽车运行调度，尽可能充分、合理地利用劳动力以及装卸机械、车辆和站场设施，以提高汽车运用效率和货物运输质量，获取良好的经济效益。

> **小知识**
>
> 零担货物运输中的“一批货物”是指一张货物运单上的货物。

三、公路货物运输的形式

1. 零担货物运输

（1）零担货物运输的概念：在公路货物运输中按一次托运货物重量分，可分为汽车整车货物运输和汽车零担货物运输。托运人一次托运货物计费重量3t及以下的，为零担货物运输。

（2）零担货物运输的特点：货物批量小、品种繁多、站点分散、运输组织要求严密。汽车零担货运站（简称零担站），是经营汽车零担货物运输的服务单位和零担货物的集散场所，担负着组织零担运输生产、为货主服务、班线管理及信息传输等方面的任务。图3-5所示是苏州传化物流基地的公路专线站场。

图3-5 苏州传化物流基地的公路专线站场

（3）零担货物运输作业流程如图 3-6 所示。

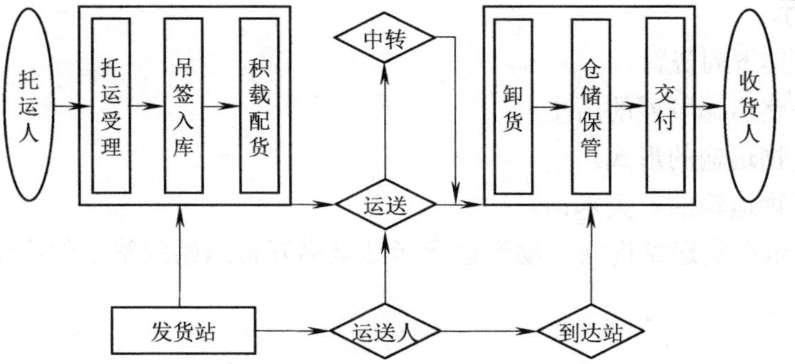

图 3-6　零担货物运输作业流程

2. 整车货物运输

托运人一次托运货物计费重量 3t 以上或不足 3t 但其性质、体积和形状需要一辆汽车运输的，视为整批货物运输。整车货物运输作业流程如图 3-7 所示。

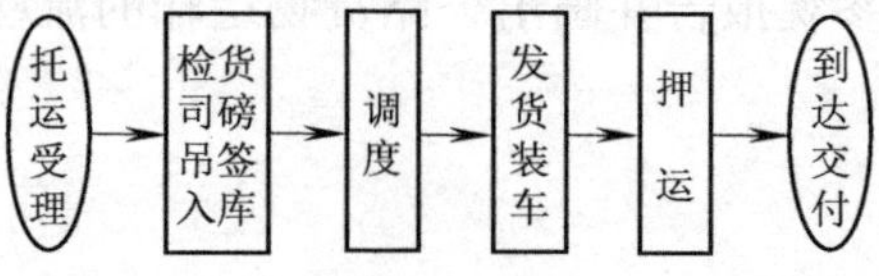

图 3-7　整车货物运输作业流程

四、有关公路货物运输的术语

（1）承运人：是指使用汽车从事货物运输并与托运人订立货物运输合同的经营者。

（2）托运人：是指与承运人订立货物运输合同的单位和个人。

（3）收货人：是指货物运输合同中托运人指定提取货物的单位和个人。

（4）货物运输代办人（以下简称货运代办人）：是指以自己的名义承揽货物并分别与托运人、承运人订立货物运输合同的经营者。

（5）站场经营人：是指在站、场范围内从事货物仓储、堆存、包装和搬运装卸等业务的经营者。

（6）运输期限：是由承托双方共同约定的货物起运、到达目的地的具体时间。未约定运输期限的，从起运日起，按 200km 为 1 日运距，用运输里程除每日运距，计算运输期限。

（7）承运责任期间：是指承运人自接受货物起至将货物交付收货人（包括按照国家有关规定移交给有关部门）止，货物处于承运人掌管之下的全部时间。

（8）搬运装卸：是指货物运输起讫两端利用人力或机械将货物装上、卸下车辆，并搬运到一定位置的作业。人力搬运距离不超过 200m，机械搬运不超过 400m（站、场作业区内货物搬运除外）。

教师演示

第一步：收集下列资料。

（1）我国公路运输发展的历史。

（2）公路货物运输的形式。

（3）公路货物运输的有关术语。

第二步：演示在货运站询问货物到达货运站至离开货运站的整个作业流程。

学生动手

（1）查阅资料，列出我国公路运输发展各阶段的特点。

（2）查阅资料，总结出我国公路运输未来的发展状况。

（3）查阅资料，列出公路运输的优势和劣势。

（4）查阅资料，列出公路货运车辆和它们的特征以及主要运输的货物。

（5）参观货运站，写出参观报告并画出公路货物运输的流程图。

举一反三

（1）查阅有关公路交通运输和物流运输的书籍。

（2）浏览下列网站：

http://www.lmjx.net（中国路面机械网）

http://www.cflp.org.cn（中国物流与采购网）

http://www.snet.com.cn（中国航贸网）

学习评价

被考评人					
考评地点					
考评内容	公路货物运输基本知识				
考评标准	内　容	分值/分	自我评价/分	小组评议/分	实际得分/分
	查阅的资料范围广	25			
	公路运输的优势和劣势分析正确	25			
	参观报告条理清晰、内容充实	25			
	公路货物运输的流程图正确	25			
合　计		100			

注：1．实际得分=自我评价40%+小组评议60%。

2．考评满分为100分，60～74分为及格；75～84分为良好；85分及以上为优秀。

任务二 计算公路货物运输运费

任务描述

我国的国内公路运输的运费计算方式有很多种。一种是整车短途运输，以北京到天津港为例，货物重量大约30t，用车为12.5m半挂车一辆，运费大概在1 900元左右。还有一种是长途零担运输，是根据实际的重量和公里数来计算的。

任务目标

1. 知道公路货物运输运费计算的要求。
2. 清楚公路货物运输运费计算的程序。
3. 会根据公路运输业务计算运费。

情景导入

王朗在呼和浩特某汽车运输公司工作。有一客户要求运送一批散装膨润土，共50t，始发地是呼和浩特，目的地是天津塘沽，没有回程货物。货主要求运到费用为95元/t。如果按照公路货物运输的计费规则计算运费，这批货物可以承运吗？

知识储备

一、货物的基本运价

（一）货物基本运价的概念

1. 整批货物基本运价

整批货物基本运价是指一整批普通货物在等级公路上运输的每吨千米运价。在计算整批货物运输运费的同时，按货物重量加收吨次费。

2. 零担货物基本运价

零担货物基本运价是指零担普通货物在等级公路上运输的每千克千米运价。

全国汽车货物基本运价平均按0.27元/（t・km）控制。华东、中南、华北地区省份货物基本运价可按0.26～0.27元/（t・km）安排；东北、西北、西南地区省份按0.28～0.29元/（t・km）安排。对少数边远、山区和运输成本较高的省、自治区，执行本地区基本运价高限尚有困难的，可适当提高，但不得超过0.30元/（t・km）。

3. 包车运价

计时包车货运计费时间以小时为单位，起码计费时间为 4h；使用时间超过 4h，按实际包用时间计算。整日包车，每日按 8h 计算；使用时间超过 8h，按实际使用时间计算。时间尾数不足 0.5h 舍去，达到 0.5h 进整为 1h。包车运输以元/吨位小时为计费单位。

（二）确定货物基本运价

1. 普通货物

普通货物运价实行分等计价，以一等货物为基础，二等货物加成 15%，三等货物加成 30%。公路普通货物运价分等表见附录 F。

2. 特种货物运价

（1）一级长大笨重货物在整批货物基本运价的基础上加成 40%～60%。

（2）二级长大笨重货物在整批货物基本运价的基础上加成 60%～80%。

（3）普通车运输特种货物，执行特种货物运价。使用罐车、冷藏车及其他具有特殊构造和专门用途的专用车运输专项货物时，在整车货物基本运价的基础上加成 30%。特种车辆运价和特种货物运价两个价目不准同时加成使用。公路特种货物分类表见附录 G。

3. 危险货物运价

（1）一级危险货物在整批（零担）货物基本运价的基础上加成 60%～80%。

（2）二级危险货物在整批（零担）货物基本运价的基础上加成 40%～60%。

4. 贵重、鲜活货物运价

贵重、鲜活货物在整批（零担）货物基本运价的基础上加成 40%～60%。

5. 快速货物运价

快速货物运价按计价类别在相应运价的基础上可加成 40%。

二、货物计费重量的确定

（1）一般货物：无论整批、零担货物，计费重量均按毛重计算。

整批货物吨以下计至 100kg，尾数不足 100kg 的，四舍五入。

零担货物起码计费重量为 1kg。重量在 1kg 以上，尾数不足 1kg 的，四舍五入。

（2）轻泡货物：指每立方米重量不足 333kg 的货物。

装运整批轻泡货物的高度、长度、宽度，以不超过有关道路交通安全规定为限度，按车辆标记吨位计算重量。

零担运输轻泡货物以货物包装最长、最宽、最高部位尺寸计算体积，按每立方米折合 333kg 计算重量。

（3）包车运输：按车辆的标记吨位计算。

（4）货物重量：一般以起运地过磅为准。起运地不能或不便过磅的货物，由承托运双方协商确定计费重量。

（5）散装货物：如砖、瓦、砂、石、土、矿石和木材等，按体积由各省、自治区、直辖市统一规定重量换算标准计算重量。

三、计费里程的确定

1. 里程单位

货物运输计费里程以千米为单位，尾数不足 1km 的，进整为 1km。

2. 里程确定

（1）货物运输的营运里程，按交通部和各省、自治区、直辖市交通行政主管部门核定、颁发的《营运里程图》执行。《营运里程图》未核定的里程由承、托双方共同测定或经协商按车辆实际运行里程计算。附录 H 是全国主要城市间公路里程表。我国主要城市间的公路运输里程可参见 http://www.today56.com/data/GONLU.ASP。

（2）货物运输的计费里程：按装货地点至卸货地点的实际载货的营运里程计算。

（3）因自然灾害造成道路中断，车辆需绕道行驶的，按实际行驶里程计算。

（4）城市市区里程按当地交通主管部门确定的市区平均营运里程计算；当地交通主管部门未确定的，由承托双方协商确定。

四、运费计算公式

（1）整批货物运费=吨次数×计费重量+整批货物运价×计费重量×计费里程+货物运输其他费用。

（2）零担货物运费=计费重量×计费里程×零担货物运价+货物运输其他费用。

（3）包车费用=包车时间×每小时某吨位汽车单价。

（4）专线货物运输运费。

在各地的专线运输中，由于计费里程是固定的，所以，运价单位是元/t。如上海到北京的零担货物运价是 500 元/t。运费的计算公式为：运费=（货物计费重量×运价率）+（货物计费重量×运价率×加成率）。

五、公路运输其他费用的确定

1. 调车费

（1）应托运人要求，车辆调往外省、自治区、直辖市或调离驻地临时外出驻点参加营运，调车往返空驶者，可按全程往返空驶里程、车辆标记吨位和调出省基本运价的 50%计收调车费。在调车过程中，由托运人组织货物的运输收入，应在调车费内扣除。

（2）经承托双方共同协商，可以核减或核免调车费。

（3）经铁路、水路调车，按汽车在装卸船、装卸火车前后行驶里程计收调车费；在火车、在船期间包括车辆装卸及待装待卸时，每天按 8h、车辆标记吨位和调出省计时包车运价的 40%计收调车延滞费。

2. 延滞费

（1）发生下列情况，应按计时运价的 40%核收延滞费。

1）因托运人或收货人责任引起的超过装卸时间定额、装卸落空、等装待卸、途中停滞和等待检疫的时间。

2）应托运人要求运输特种或专项货物需要对车辆设备改装、拆卸和清理延误的时间；因托运人或收货人造成不能及时装箱、卸箱、掏箱、拆箱和冷藏箱预冷等业务，使车辆在现场或途中停滞的时间。

延误时间从等待或停滞时间开始计算，不足1h者，免收延滞费；超过1h及以上者，以0.5h为单位递进计收，不足0.5h进整为0.5h。车辆改装、拆卸和清理延误的时间，从车辆进厂（场）起计算，以0.5h为单位递进计算，不足0.5h进整为0.5h。

（2）由托运人或收、发货人责任造成的车辆在国外停留延滞时间（夜间住宿时间除外），计收延滞费。延滞时间以小时为单位，不足1h进整为1h。延滞费按计时包车运价的60%～80%核收。

（3）在执行合同运输时，因承运人责任引起货物运输期限延误，应根据合同规定，按延滞费标准，由承运人向托运人支付违约金。

（4）装货落空损失费。应托运人要求，车辆开至约定地点装货（箱）落空造成的往返空驶里程，按其运价的50%计收装货（箱）落空损失费。

（5）道路阻塞停运费。汽车货物在运输过程中，如发生自然灾害等不可抗力造成的道路阻滞，无法完成全程运输，需要就近卸存、接运时，卸存、接运费用由托运人负担。已完运程收取运费；未完运程不收运费；托运人要求回运，回程运费减半；应托运人要求绕道行驶或改变到达地点时，运费按实际行驶里程核收。

（6）车辆处置费。应托运人要求，运输特种货物、非标准箱等需要对车辆改装、拆卸和清理所发生的工料费用，均由托运人负担。

（7）车辆通行费。车辆通过收费公路、渡口、桥梁和隧道等发生的收费，均由托运人负担。其费用由承运人按当地有关部门规定的标准代收代付。

（8）运输变更手续费。托运人要求取消或变更货物托运手续，应核收变更手续费。因变更运输，承运人已发生的有关费用，应由托运人负担。

六、汽车货物运输运杂费的结算

（1）货物运杂费在货物托运、起运时一次结清，也可按合同采用预付费用的方式，随运随结或运后结清。托运人或者收货人不支付运费、保管费以及其他运输费用的，承运人对相应的运输货物享有留置权，但当事人另有约定的除外。

（2）运费尾数以元为单位，不足一元时四舍五入。

（3）货物在运输过程中因不可抗力灭失，未收取运费的，承运人不得要求托运人支付运费；已收取运费的，托运人可以要求返还。

七、收款办法

运杂费的收款办法主要有以下几种：

（1）预收费用方式，是指托运人在货物运输之前将运杂费预付给承运人，在结算时多退少补。

（2）采用现金结算方式，是指按每次实际发生的运杂费总额向托运人收取现金。

（3）托收结算方式，是指承运人先垫付运杂费，定期凭运单回执汇总所有费用总额，通过银行向托运人托收运费。

（4）预交转账支票方法。

小看板

货物运输时公路运输费用是所有货主关心在意的主要问题之一，那么实际运输时公路运输费计算方式是怎样的呢？货运公路运输费计算方式有以下两种。

（1）整车短途运输公路运输运费计算方式：按货物的重量和体积计算，以北京到天津港为例，货物重量大约 30t，用车为 12.5m 半挂车一辆运费大概在 1 900 元左右。

（2）长途零担运输公路运输费用计算方式：重货按公斤或吨计算，根据实际的重量和公里数计算，约合 0.2～0.5 元/（t•km）；按公斤计算的货物，以当地的货运市场的具体操作来算。轻货按体积计算，约合 0.5～1.0 元/（m^3•km）。

教师演示

第一步：整车货物运费的计算方法与步骤介绍。

（1）确定货物的种类和基本运价。

（2）确定货物的计费重量。

（3）确定货物的计费里程。

（4）确定货物运输的其他费用。

第二步：零担货物运费的计算方法与步骤介绍。

（1）确定零担货物的种类和基本运价。

（2）确定零担货物的计费重量。

（3）确定零担货物的计费里程。

（4）确定零担货物运输的其他费用。

第三步：包车费用的计算方法与步骤介绍。

学生动手

（1）山东青岛一星机床厂有一批仪器设备，重量为 2.2t，运往山西太原，试计算运价。

（2）江西南昌有一批稻谷，重量为 70t，运往广东深圳，试计算运价。

（3）安徽合肥有一批板材，重量为 20t，目的地是江苏徐州，试计算运价。

（4）货物和运输情况见表 3-1，试计算运价。

表 3-1　货物和运输情况表

序　号	货 物 名 称	重量/t	始 发 地	目 的 地
1	化工	20	江西玉山	浙江台州
2	石材	18	江西玉山	浙江湖州

（5）辽宁丹东有 4 000 株树苗运往沈阳，要求两辆 20t 车，试计算运价。

（6）有一批散装块煤 500t，始发地是山西大同，目的地是河南郑州，试计算运价。

（7）有一批小食品 5t，从郑州运往南昌，试计算运价。

学习评价

被考评人					
考评地点					
考评内容	计算公路货物运输运费				
考评标准	内　容	分值/分	自我评价/分	小组评议/分	实际得分/分
	知道运费核算的程序	25			
	清楚运费计算的具体要求	25			
	会计算公路货运的运费	25			
	能准确计算货运业务的运费	25			
合　计		100			

注：1．实际得分=自我评价 40%+小组评议 60%。

2．考评满分为 100 分，60～74 分为及格；75～84 分为良好；85 分及以上为优秀。

任务三 签订公路货物运输合同

任务描述

公路货运合同指汽车承运人和托运人之间签订的明确相互权利关系的协议。公路货物运单是公路运输合同吗？为什么有的运输公司公司会单独签订运输合同，有的则以此作为双方签约的凭证呢？合同签订时要注意哪些问题呢？

任务目标

1．明白什么是公路运输合同，能叙述运输合同的主要内容。
2．知道公路货物运单在公路货物运输中的重要性，会填写货物运单。
3．知道货物运单各联的作用，会填写物品清单。

情景导入

2013 年 4 月 18 日，达信货运部与某农机公司货运车的驾驶员卫华在上海签订了一份四川省公路货物运输合同书。合同约定该车为达信货运部从上海、浙江等地承运鞋底、火花塞和冰柜等货物，目的地是成都。合同还对运费、运输时间等内容作了约定。合同签订后，该车在运输途中发生交通事故，使达信货运部托运的货物损失共计 21 810 元。此后，达信货运部依据公路货物运输合同向某农机公司提出赔偿要求。我们应该怎样签订公路运输合同呢？

知识储备

一、公路货物运输合同

（一）公路货物运输合同的概念、特点

公路货物运输合同是指汽车承运人与托运人之间签订的明确相互权利关系的协议，公路货物运输合同除具有一般货运合同的特点外，还有下列几个特点。

(1)承运人必须是经过国务院交通行政主管部门批准并持有运输经营许可证的单位和个人，国家交通行政主管部门必须对运输工具、司机进行管理，明确职责，以确保货物运输的安全。

(2) 具有门到门的优势和特点。公路汽车货物运输合同可以是全程运输合同，即交由公路承运人通过不同的运输工具一次完成运输的全过程。

(3) 承运人的许多义务是强制性的，如定期检修车辆，确保车辆处于适运状态；运费的计算和收取必须按照有关部门的规定，不得乱收费等。

（二）合同应包括的主要内容

(1) 货物的名称、性质、体积、数量及包装标准。

(2) 货物起运和到达地点、运距、收发货人名称及详细地址。

(3) 运输质量及安全要求。

(4) 货物装卸责任和方法。

(5) 货物的交接手续。

(6) 批量货物运输起止日期。

(7) 年、季、月度合同的运输计划（文书、表式、电报）提送期限和运输计划的最大限量。

(8) 运杂费计算标准及结算方式。

(9) 变更、解除合同的期限。

(10) 违约责任。

(11) 双方商定的其他条款。

（三）合同签订后，双方应履行的义务

合同签订后，双方应按合同规定履行各自的义务。

1. 托运方的义务

(1) 按合同约定时间准备好货物，在货物起运期内及时发货、收货，所装货物符合合同签订内容，装卸地点、货场具备承运方正常通车条件。

(2) 负责装卸时，应准备相应的劳力和装卸机具，按约定时间和质量要求搞好装卸。

(3) 装运散装货物，应提供计量设备，按规定标准装载。需要包装的货物，必须符合国家或相关部门规定的包装标准；国家未规定包装标准的货物，应在保证运输安全的原则下进行包装。

(4) 托运超限货物，应事先向承运方提供货物说明书，需要特殊加固车厢时，应负担所需费用。

2. 承运方的义务

（1）按合同规定的期限、数量和起止点，合理调派车辆，完成运输任务。

（2）负责装卸时，应严格遵守作业规程和装载标准，保证装卸质量。

（3）实行责任运输。安排装货的车辆，货箱要完整清洁，货物要捆扎牢固，苫盖严密。运输途中要定时检查，发现异常情况，及时采取措施，保证运输质量。

（4）装运鲜活、易腐等有特殊要求的货物，应承担专门约定的义务。在货物装卸和运输过程中，合同双方当事人都应按合同规定办好货物交接手续，做到责任分明。

（四）合同的变更与解除

在承运人未将货物交付收货人之前，托运人可以要求承运人中止运输、返还货物、变更到达地或者将货物交付给其他收货人，但应当赔偿承运人因此受到的损失。

当发生下列情况时，允许变更或解除运输合同：

（1）由于不可抗力使运输合同无法履行的。

（2）由于合同当事人一方的原因，在合同约定的期限内确定无法履行运输合同的。

（3）合同当事人违约，使合同的履行成为不可能或不必要的。

（4）经合同当事人双方协商同意解除或变更运输合同的。但承运人提出解除运输合同的，应退还已收的运费。道路运输变更申请书见表3-2。

表3-2 道路运输变更申请书

运 输 变 更 申 请 书

原运单号码	
受理变更序号	

提出日期： 年 月 日 时

变更事项及原运单记载事项	
托运人记事及特约事项	
承运人记事及特约事项	

申请变更人名称： 经办人： 电话： 地址：

［说明］ 托运人在货物起运前，或是在合同约定的期限内，因故需变更运输货物的名称、数量、起讫地点、运输时间、收发货人时，应填写本申请书向承运人提出（也可采用信函、电报等形式）。但是，在货物起运后，在可能的条件下，只允许变更货物到达地或收货人。如承运人要求变更运输日期、车辆种类和运行路线的，也应及时通知托运人并协商一致。

二、公路货物运单

公路货物运单是一种承运合同。运单是托运人与承运人之间为运输货物而签订的一种货运合同或货运合同的组成部分。运单既是确定托运人、承运人和收货人之间在运输过程中的权利、义务和责任的原始依据，又是托运人向承运人托运货物的申请书、承运人承运货物和收取运费、填制货票以及编制记录和理赔的依据。

（一）汽车货物运输运单的种类

道路货物运单分为甲、乙、丙3种。

（1）甲种运单适用于普通货物运输、大件货物运输、危险货物运输等货物运输和运输代理业务，见表3-3。

（2）乙种运单适用于集装箱汽车运输，见表3-4。

（3）丙种运单适用于零担货物运输，见表3-5。

表 3-3　道路货物运单（甲种）

道路危险货物运输专用章

××省道路货物运单
（甲　种）

本运单经承托双方签章后具有合同效力，承运人与托运人、收货人之间的权利、义务和责任界限适用于《汽车货物运输规则》及《汽车运价规则》等规定。

起运日期：　　年　　月　　日　　　　编号：浙×NO. 00000001

承运人		地址 邮编		电话 传真		车牌号		运输 证号		车型		挂车 牌照	
托运人		地址		电话		装货地点							
收货人		地址		电话		卸货地点							

货物名称及规格	包装形式	体　积 长×宽×高/cm	件数	实际重量 /t	计费重量 /t	计费里程 /km	货运周转量 /（t·km）	货物等级	运价率	运费金额	其他杂费		保价、保险	
											费目	金额	金额	运费
											装卸费			
											过路费			
											过桥费			
											公建金			
合　计														

货物运单签订地		结算方式		付款币种 / 计价单位		运杂费合计	万　千　百　拾　元　角　分
特约事项				托运人签章或运输合同编号 年　月　日	承运人签章 年　月　日	收货人签章 年　月　日	

装订线

第×联　×××

注：1. 运单规格为 18cm×28cm，（含 2cm 装订线），每本装订 25 份。

2. 运单一式四联，第一联存根，第二联托运人存查联，第三联承运人存查联，第四联随货同行联。

3. 运单区分，第一联黑线黑字，第二联红线红字，第三联蓝线蓝字，第四联绿线绿字。

表 3-4　道路货物运单（乙种）

××省道路货物运单
（乙种：适用集装箱汽车运输）

本运单经承托双方签章后具有合同效力，承运人与托运人、收货人之间的权利、义务和责任界限适用于《集装箱货车运输规则》及《集装箱汽车运价规则》等规定。

起运日期：　　年　　月　　日　　　　编号：浙×NO. 00000001

承运人		地址 邮编		电话 传真		车牌号		运输 证号		车型		挂车 牌照	
托运人		地址 邮编		电话 传真		接箱货 地点							
收货人		地址 邮编		电话 传真		卸箱货 地点							

集装箱箱型及数量	箱号	封志号	船名	航次	场站货位	卸船或进港日期	提空箱地	还空箱地	箱货交接方式

箱内货物名称及规格	包装形式	体　积 长×宽×高/cm	件数	实际重量 /t	计费重量 /t	计费里程 /km	箱运周转量/ （箱·公里）	货物等级	运价率	运费金额	其他杂费		保价、保险	
											费目	金额	金额	运费
											装卸费			
											过路费			
											过桥费			
											公建费			
合　计														

货物运单签订地		结算方式	付款币种 / 计价单位	运杂费合计	万　千　百　拾　元　角　分
特约事项			托运人签章或运输合同编号 年　月　日	承运人签章 年　月　日	收货人签章 年　月　日

装订线

第×联　×××

注：1. 运单规格为 18cm×28cm，（含 2cm 装订线），每本装订 25 份。

2. 运单一式四联，第一联存根，第二联托运人存查联，第三联承运人存查联，第四联随货同行联。

3. 运单区分，第一联黑线黑字，第二联红线红字，第三联蓝线蓝字，第四联绿线绿字。

表 3-5 道路货物运单（丙种）

××省道路货物运单

（丙种：适用汽车零担货物运输）

本运单经承托双方签章后具有合同效力，承运人与托运人、收货人之间的权利、义务和责任界限适用于《汽车货物运输规则》及《汽车运价规则》等规定。

起运日期：　　年　　月　　日　　　　编号：浙×NO. 00000001

起运站：	到达站：		经由：		全程		公里
托运人		地址		电话		邮编	
收货人		地址		电话		邮编	

货物名称及规格	包装形式	体积 长×宽×高/cm	件数	实际重量/t	计费重量/t	计费里程/km	运价率/（元/（千克·公里））	运费/元	站务费/元	装车费/元	中转费/元	仓理费/元	路桥费/元	保险、保价费/元	公建费	货位
保险、保价价格：元		合计														

货物运单签订地		起运日期：年 月 日	运杂费合计	万 千 百 拾 元 角 分	
特约事项		承运人签章 年 月 日	托运人签章 年 月 日	货运站收货人签章 年 月 日	

装订线　　第×联　×　×　×　×

运单编号，首位代表省（自治区、直辖市）的简称，第二位代表地市简称，与车辆牌照上的地区编码英文字母相对应，“NO.”后的数字编号由各省根据运单的用量自行确定采用 7 位或 8 位自然数。运单中的“道路危险货物运输专用章”尺寸为 4.5cm×15cm，字体为黑体字。甲、乙种运单第一联为黑色，第二联为红色，第三联为蓝色，第四联为绿色；丙种运单第一联为黑色，第二联为红色，第三联为黄色，第四联为蓝色，第五联为绿色。

（二）道路货物运单的使用流转程序

1. 甲、乙种道路货物运单的流转程序

第一联存根，作为领购新运单和行业统计的凭据；第二联托运人存查联，交托运人存查并作为运输合同当事人一方保存；第三联承运人存查联，交承运人存查并作为运输合同当事人另一方保存；第四联随货同行联，作为载货运行和核算运杂费的凭证，货物运达，经收货人签收后，作为交付货物的依据。

2. 丙种道路货物运单流转程序

第一联存根，作为领购新运单和行业统计的凭据；第二联托运人存查联，交托运人存查并作为运输合同当事人一方保存；第三联提货联，由托运人邮寄给收货人，凭此联提货，也可由托运人委托运输代理人通知收货人或直接送货上门，收货人在提货联收货人签章处签字盖章，收、提货后由到达站收回；第四联运输代理人存查联，交运输代理人存查并作为运输合同当事人另一方保存；第五联随货同行联，作为载货通行和核算运杂费的凭证，货物运达，

经货运站签收后，作为交付货物的依据。

丙种道路货物运单与汽车零担货物交接清单配套使用。

（三）托运人托运货物，应按以下要求填写运单

（1）一张运单托运的货物，必须是同一托运人、收货人、装货地点和卸货地点。

（2）易腐、易碎、易溢漏的液体和危险货物不能与普通货物以及性质互斥、运输条件不同的货物用同一张运单托运。

（3）托运人要求自行装卸的货物，经承运人确认后，在运单内注明。

（4）托运政府限运和须经国家有关部门查验的货物时，应附有关准运证明和检验证明，并在运单中注明。

（5）应使用钢笔或圆珠笔填写，字迹清楚，内容准确。

（6）已填运单如有更改，必须在更改处签字盖章。

（7）准确填写托运人和收货人的名称（姓名）和地址（住所）、电话、邮政编码。

（8）准确表明货物的名称、性质、件数、重量、体积以及包装方式。

（9）准确表明运单中的其他有关事项。

（10）一张运单托运的货物必须是属同一托运人，对拼装分卸的货物应将每一拼装或分卸情况在运单记事栏内注明。

（11）一张托运单托运的件货，凡不具备同品名、同规格、同包装的以及搬家货物，应提交物品清单，见表 3-6。

表 3-6 道路运输货物清单

货 物 清 单

起运地点________ 装货日期________

装货人名称________ 运单号________

封志号________

编号	货物名称及规格型号	包装方式	件 数	新旧程度	体 积 长×宽×高 /cm	重量 /kg	保险保价价格

托运人：（签章） 承运人：（签章） 年 月 日

（12）托运集装箱，应注明箱号和铅封印文号码；接运港、站的集装箱还要注明船名、航次或车站货、箱位，并提交装箱清单；集装箱运输贵重、易碎、怕湿等货物，每张运单至少 1 箱。

（13）轻泡货物及按体积折算重量的货物，要准确填写货物的数量、体积、折算标准、

折算重量及其有关数据。

（14）托运人要求自理装卸车的，经承运人确认后，在运单内注明。

（15）托运人委托承运人代递有关证明文件、化验报告或单据等，须在托运人记事栏内注明名称和份数。

（16）托运有特殊要求的货物，在运单托运人记事栏内注明商定的运输条件和特约事项。

（17）托运人必须准确填写运单的各项内容，字迹要清楚，对所填写的内容及所提供的有关证明文件的真实性负责，并须签字盖章：托运人或承运人改动运单时，亦须签字盖章证明。

（18）托运人未如实填写运单，错报、误填货物名称或装卸地点，造成承运人错送、装货落空以及由此引起的其他损失，托运人应负赔偿责任。

在公路汽车运输中，由于发货人与承运人一般具有长期的货运关系，托运人可利用电话等联络方式进行货物托运申请。在这种情况下，承运人必须了解所承运货物的重量、体积及有关管理部门发放的进出口许可证（批文）、装卸货目的地、收发货人详细地址、联络人及其电话等项情况。由承运人按托运人提供的资料填制《承运凭据》，交给司机到托运人指定的地点装运货物。

教师演示

公路货物运输合同技能训练步骤如图 3-8 所示。

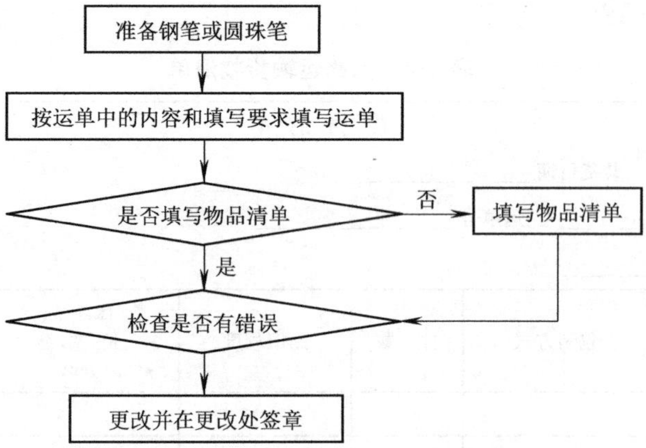

图 3-8　公路货物运输合同技能训练步骤

学生动手

根据下列内容填写货物运单。

（1）上海江成商贸有限公司向山东青岛第一酿酒厂购得 800kg 白酒和葡萄酒。由山东青岛某运输公司承运。货物内包装为玻璃瓶，外包装为纸箱，共 40 箱。

（2）浙江杭州某造纸厂向南昌某学校出售练习本，4 500kg。

> **想一想**
>
> 轻泡货物应怎样按体积折算成重量？

内包装牛皮纸，外包装为纸箱，共45件。由杭州运达运输公司承运。

（3）杭州达胜丝绸厂向北京迪饰商场出售丝绸衣物，共7t，纸箱包装，共200件，由杭州宏达运输公司承运。

（4）天津某化学制剂厂向北京某清洁用品公司出售硫酸5t，由北京第一运输公司承运。

（5）陕西某煤炭公司和运达汽车运输公司签订了一份货物运输合同运输煤炭，目的地是河南郑州发电厂，共200t。

学习评价

被考评人					
考评地点					
考评内容	签订公路货物运输合同				
考评标准	内　容	分值/分	自我评价/分	小组评议/分	实际得分/分
	能准确叙述运输合同的含义和内容	20			
	运单填写清晰，无涂改	20			
	运单填写正确，无错误	20			
	运单填写完整，无遗漏项目	20			
	货物清单填写完整	20			
合　计		100			

注：1. 实际得分=自我评价40%+小组评议60%。

2. 考评满分为100分，60～74分为及格；75～84分为良好；85分及以上为优秀。

任务四　公路零担货物运输作业

任务描述

公路零担货物运输作为道路货物运输的组织方式之一，在道路运输中占有重要地位。公路零担货物运输作为物流的一个重要组成部分，具有一车多主、集零为整、化整为零、分线运送、直达转运、方便快捷等特点，给人们的生产生活带来极大的便利，已经成为促进国民经济发展一支越来越重要的力量。

任务目标

1．知道零担货物运输的作业程序。

2．清楚各作业程序的作业内容和各作业内容的要点。

3．会操作零担货物运输过程中各岗位的作业。

情景导入

华宇物流集团是一家以公路货物运输为主业，集仓储、理货、包装和配送于一体，具有跨区域、网络化、信息化运营能力的大型民营物流集团，华宇物流集团的零担运输业务居全国同行之首。它开辟了货运专线156条，支线100多条，年货物吞吐能力达300万t、1 000万m^3。

知识储备

一、受理托运

受理托运是指零担货物承运人根据营运范围内的线路、站点、运距、中转车站、各车站的装卸能力、货物的性质及受运限制等业务规则和有关规定接受零担货物，办理托运手续。受理托运是零担货物运输作业中的首要一环。由于零担货运线路站点多，货物品类繁杂，包装形状各异，性质不一，因此受理人必须熟知营运范围内的线路、站点、运距、中转范围、车站装卸能力、货物的理化性质及收运限制等一系列业务规则及有关规定。图3-9所示是办理零担托运的营业厅。

图3-9　公路货运的营业厅

1. 受理托运的必备条件

（1）公布办理零担的线路、站点（包括联运、中转站点）、班期及里程运价。

（2）张贴托运须知、包装要求和限运规定。

2. 受理托运的方法

在受理托运时，可根据受理零担货物数量、运距以及车站作业能力采用不同的受理制度和方法，如随时受理制、预先审批制、日历承运制等，或站点受理、上门受理、预约受理等。

（1）随时受理制：这种受理制度对托运日期无具体的规定，在营业时间内，发货人均可随时将货物送到托运站办理托运。这一制度为货主提供了很大的方便。但这种受理制度也有其局限性，如事先不能组织货源、缺乏计划性，因此，货物在库时间长、设备利用率低。在实际零担货物运输中，这一受理制度常被作业量小的货运站、急运货运站，以及始发量小、中转量大的中转货运站采用。

（2）预先审批制：预先审批制要求发货人事先向货运站提出申请，车站再根据各个发货方向及站别的运量，结合站内设备和作业能力加以平衡，分别指定日期进货集结，组成零担班车。

（3）日历承运制：日历承运制是指货运站根据零担货物流量和流向规律，编写承运日期表，事先公布，发货人则按规定日期来站办理托运手续。

采用日历承运制可以有计划、有组织地进行零担货物运输，便于将去向和到站比较分散的零担货流合理集中，组织直达零担班车，可以均衡安排运站每日承担零担货物的数量，合理使用货运设备，便于物资部门安排生产和物资调拨计划，提前做好货物托运准备工作。

二、核对运单

承运人在接到托运单后应进行认真审核，检查各项内容是否正确，如确认无误，则在运单上签章，表示接受托运。

审核运单的具体要求如下：

（1）检查核对托运单的各栏有无涂改，对涂改不清的应重新填写。

（2）审核到站与收货人地址是否相符，以免误运。

（3）对货物的品名和属性进行鉴别，注意区别普零与笨零（同时注意它的长、宽、高能否适应零担货班的装载及起运站、中转站、到达站的装卸能力等），普通物品与危险品（如属危险品则应按危规办理）。

（4）对一批货物多种包装的应认真核对，详细记载，以免错提错交。

（5）对托运人在声明事项栏内填写的内容应特别注意货主的要求是否符合有关规定，能否承担相应责任。

（6）核对货物品名、件数和包装标志，是否与托运单相符。

（7）注意是否夹带限制运输货物或危险货物，做到逐件清点件数，防止发生差错。

（8）对长大、笨重的零担货物，要区别终点站，长大件不超过零担班车车厢的长度和高度；中途站长大件不超过零担车后门宽度和高度；笨重零担货物，不超过发站和到站的自有或委托装卸能力。

（9）单件重量，一般在人力搬运装卸的条件下，以不超过 40kg 为宜，笨重零担货物应按起运、中转、到达站的起重装卸能力受理。

三、检查货物包装

（1）货物包装是货物在运输、装卸、仓储、中转过程中保护货物质量必须具备的物质条件。货物包装的优劣，直接关系到运输质量和货物自身的安全，这就必须按货物的特性和要求进行包装，要达到零担货运关于货物包装的规定。如发现应包装的货物没有包装或应有内包装却仅有外包装的，应请货主重新包装。对包装不良或无包装但不影响装卸及行车安全的，经车站同意可予受理，但应请货主在托运单中注明包装不良状况及损坏免责事项。对使用旧包装的应请货主清除旧标志、旧标签。

（2）检查货物包装虽然十分琐碎，但却是较为重要的工作。如果在接受货物时检查疏忽，就会使原来已经残破短少或变质的货物进入运送过程，不仅加剧货物的损坏程度，也不能保证承运期间的安全，而且会转化为运输部门的责任事故，影响企业信誉，造成不应有的损失。检查货物包装时要按“看”、“听”、“闻”、“摇”的要求做。

1）看：包装是否符合相关规定要求，有无破损、异常。笨重货物外包装上面是否用醒目标记标明重心点和机械装卸作业的起吊位置。

2）听：有无异声。

3）闻：有无不正常的气味。

4）摇：包装内的衬垫是否充实，货物在包装内是否晃动。

四、过磅量方、检货司磅

1. 过磅量方

货物重量是正确装载、凭以核算运费和发生事故后正确处理赔偿费用的重要依据。因此必须随票过磅（量方），以保证货物重量的准确无误。

货物重量分实际重量、计费重量和标定重量。

（1）实际重量：货物的实际重量是根据货物过磅后（包括包装在内）的毛重来确定的。

（2）计费重量：可分为不折算重量和折算重量，不折算重量就是货物的实际重量。折算重量是根据体积折算的重量。

（3）标定重量：是对特定的货物所规定的统一计费标准。

同一托运人一次托运轻浮和实重两种货物至同一到站者，可以合并称重或合并量方折重计费（不能拼装者例外）。过磅或量方后，应将重量或体积填入托运单内。一张托运单的货物分批过磅、量方时，应将每批重量和长、宽、高体积尺寸记在托运单内，以备查考。然后将总重量和总体积填入托运单并告货主。

零担货物在过磅量方后，司磅、收货人员应在托运单上签字证明并指定货位将货物搬入仓库，然后在托运单上签注货位号，加盖承运日期戳，将托运单留存一份备查，另一份交还货主作为向财务核算部门付款开票的凭证。

2. *检货司磅*

（1）以杠杆式台秤、地秤过秤，使用前应进行检查。

1）摆放平稳，四角着实，台板保持灵活。

2）将游砣移至零点时，横梁保持平衡。

3）标尺与增砣的比率必须一致。

4）地秤的台板与秤枢间必须保持平衡、灵活。

（2）往衡器上放置或取下货件时，须关闭制动器。过秤时不准触动调整砣、砣盘，禁止以其他物品代替增砣。

五、扣、贴标签、标志

零担标签、标志是建立货物本身与其运输票据间的联系，是标明货物本身性质，也是理货、装卸、中转和交付货物的重要识别凭证。标签的各栏必须认真详细填写，在每件货物的两端或正侧两面明显处各扣（贴）一张。其标签、货票式样见表3-7。

表3-7 公路汽车行李、包裹、零担货物标签

车次	
起站	
到站	
票号	
总件数	
站发	
200 年 月 日	
公路汽车行李、包裹、零担标签	
站 至 站	
票号	总件数
站 201 年 月 日	

扣、贴标签的步骤如下：

（1）检查每件货物是否都有货物标识。

（2）运单和货物标识内容是否完全一致。

六、货物入库

1. 零担货物仓库

零担货物仓库要具备良好的通风、防潮、防火能力，要有一定的灯光设备，要具备安全保卫能力。一般情况下，仓库或货棚应设置在站台上，以便提高装卸效率。货物站台可以分为直线型和阶梯，直线型又分为一列式和双列式，如图 3-10 所示。

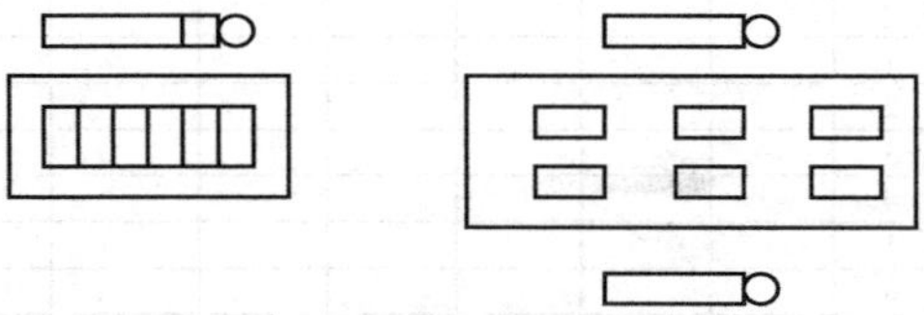

a)　　b)

图 3-10　零担货物仓库

a）一列式　b）双列式

2. 零担货物入库步骤

（1）验收入库

1）未办理托运手续的货物，一律不准进入仓库。

2）认真核对运单、货物，坚持照单验收入库。

3）货物必须按流向堆码在指定的货位上。

4）一批货物不要堆放两处，库内要做到层次分明，留有通道，互不搭肩，标签向外，箭头向上。

5）露天堆放的货物要注意下垫上盖。

（2）经常检查仓库四周，不可将有碍货物安全的物品堆放在仓库周围，保持仓库内外整洁。图 3-11 所示是在仓库内待运的货物。

图 3-11　在仓库内待运的货物

（3）货物在仓库待运期间，要经常进行检视核对，以票对货，票票不漏。

七、货物配载装车

1. 零担货物配载装车的原则

（1）中转先运、急件先运、先托先运。

（2）尽量采用直达式。必须中转的货物，要合理安排流向。

（3）充分利用车辆载货量和容积。

（4）严格执行货物混装限制的规定。

（5）加强预报中途各站的待运量，并尽可能使同站装卸的货物在质量及体积上相适应。

2. 装车的准备工作

（1）按车辆容载量和货物的形状、性质进行合理配载，填制货物交接单，见表 3-8。

填单时应按货物先远后近、先重后轻、先大后小、先方后圆的顺序填写，以便按顺序装车，对不同到达站和中转站的货物要分单填制。

表 3-8 汽车零担货物交接清单

××省汽车零担货物交接清单

NO.000001

本次	起运号	
	到达站	
	里程/km	

车属单位 ________ 车号（自编号）________ 司机（随车理货员）________

序号	受理站	中转站	终点站	运单号	货票号	托运单位	收货单位	货物名称	货物类别	包装	件数	重量/kg		备注
												实际重量	计费重量	
1														
2														
3														
4														
5														
6														
7														
8														
9														
10														
11														
12														
合计				票							件			

第×联 ××××

起运站发货人________ 制单 年 月 日 到达站收货人________ 年 月 日

注：1. 汽车零担货物交接清单由零担货物起运站开具，作为货物起运装车以及起运站与承运人、承运人与中转站、到达站进行货物交接时的有效凭证。同一到达站（中转站）的货物开具一份汽车零担货物交接清单。

2. 汽车零担货物交接清单一式四联，第一联为起运站存查；第二联为报核，作为起运站财务结算运费、站务费的核算依据；第三联为运费核算，随车同行到达站签收后作为承运人收取运费的核算依据；第四联为到达站存查。

（2）将整理后各种随货单证分附于交接清单后面。

（3）按单核对货物堆放位置，作好装车标记。

3. 装车

（1）检查零担车车体、车门、车窗是否良好，车内是否干净。

（2）将贵重物品放在防压、防撞的位置以保证运输安全。

（3）装车完毕后要复查货位，以免错装、漏装。

（4）驾驶员（或随车理货员）清点随车单证并签章确认。

（5）检查车辆关锁及捆扎情况。

图 3-12 所示是零担货物装车的场景。

图 3-12 零担货物装车

八、卸车交货

1. 零担货物交货时的注意事项

（1）不能以白条、信用交付货物。

（2）在交付货物时，收货人应持有货物运单和有关证明文件。

（3）在凭电话通知交付时，除应有收货人的货物运单外，并有货运站认可的提货经办人在货物运单上的签字。

如果收货人委托他人提货，则应有收货人向车站提供的盖有与收货人名称相同的印章的委托书，经车站认可后，由代提货人在货物运单上签章交付。

2. 零担货物交货的步骤

零担货物到站后，对普通到货零担及中转零担分别理卸，并根据仓库情况，将货物按流向卸入货位。

（1）车辆到站后，车站货运员向驾驶员索要货物交接单和有关单证。

（2）货运员向卸车人员说明有关要求和注意事项。

（3）卸车完毕，货运员和驾驶员办理交接手续，迅速发布到货公告或到货通知书，催促收货人前来提货。

教师演示

公路零担货物运输作业技能训练步骤如图 3-13 所示。

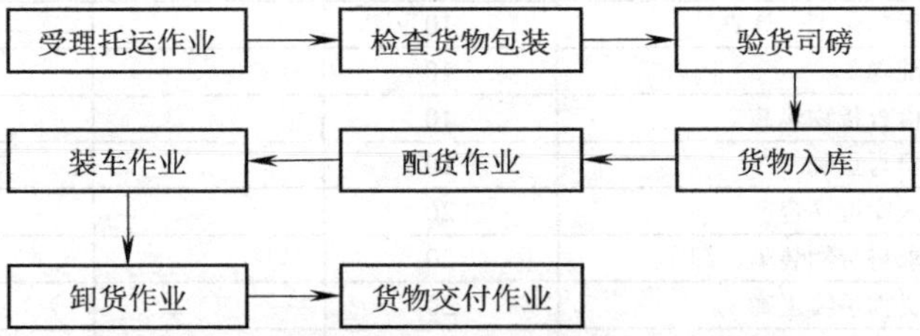

图 3-13　公路零担货物运输作业技能训练步骤

学生动手

1. 分组

学生分组，每组 11 人，一个流程结束之后交换角色训练。

（1）托运人 1 人。

（2）受理托运组 2 人，即核对运单 1 人，检查货物包装 1 人。

（3）验货司磅组 1 人。

（4）吊签入库组 2 人，即扣、贴货物标签、标志 1 人，货物入库 1 人。

（5）配货装车组 2 人。

（6）到站卸货和货物交付组 2 人。

（7）收货组 1 人。

2. 单据准备

公路货物丙种运单各联、货物标签和零担货物交接单。

3. 机械器具准备

磅秤一台、零担货运车一辆、叉车一辆、货物若干件。

4. 训练地点准备

公路零担货运站或模拟公路零担货运站。

5. 实施训练

学生按照“教师演示”的步骤及要求，进行公路零担货物运输作业的训练，分岗位完成作业流程，在训练过程中注意：

（1）在零担货运站训练时，听从安排，注意安全。

（2）在训练时，注意来往的车辆和装卸机械，不要在货场内玩耍、追逐打闹。

（3）在各项作业的操作中，按要求进行。

（4）训练时注意各种单据的流转。

学习评价

被考评人					
考评地点					
考评内容	公路零担货物运输作业				
考评标准	内　容	分值/分	自我评价/分	小组评议/分	实际得分/分
	核对运单仔细、认真	10			
	司磅准确	10			
	熟练检查货物包装	10			
	标签填写正确	10			
	货物入库堆垛合理	20			
	按要求将货物装车、卸车	20			
	交付货物手续正确	20			
合　计		100			

注：1．实际得分=自我评价40%+小组评议60%。

2．考评满分为100分，60～74分为及格；75～84分为良好；85分及以上为优秀。

任务五

公路整车货物运输作业

任务描述

整车运输同零担运输相比，作业过程简化了，没有了货运站的装卸分拣作业，一般是将整车货物从起点直接运到终点。整车运输对生产服务设施的要求不高，只要拥有一台运输车辆即可从事整车运输，因此整车运输是由大量分散的小型运输企业甚至个体车辆来完成的，企业的整体运作水平不高。我国传统公路运输业作为物流产业中的典型产业，向现代物流业转型具有十分重要的意义，但公路运输业向现代物流业的转型和发展任重而道远。

任务目标

1．知道整车货物运输受理作业的程序。

2．清楚受理作业的作业内容。

3．知道各作业内容的要点和工作职责。

4．能叙述调度工作和押运工作的主要内容。

5．熟练操作各项作业。

情景导入

2013年6月9日，杭州市大世界生物工程公司业务员找到了浙江顺德物流公司要求托运淀粉，托运的货物品名、数量、有关要求和运输方式见表 3-9，浙江顺德物流公司应该如何安排运输呢？

表 3-9　托运详情

托运人	收货人	货物品名	数量/t	客户要求	运输方式
杭州市大世界生物工程公司	北京天乐生物制药公司	淀粉	15	尽快送达	公路整车

知识储备

一、整车货物的受理托运

1. 托运人签填托运单

整车货物的托运单一般由托运人填写，也可以委托他人填写，但应在托运单上加盖与托运人名称相符的印章。托运单及托运单的填写见本单元任务三。

2. 托运单内容的审核和认定

货运员在收到托运人的运单后，要对托运单的内容进行审核，主要审核以下几个方面：

（1）审核货物的详细情况（名称、体积、重量、有关运输要求）以及根据具体情况确定是否受理。遇有下列情况的，承运人不予受理：

1）法律禁止流通的物品或各级政府部门指令不予运输的物品。

2）属于国家统管的货物或经各级政府部门列入管理的货物，必须取得准运证明方可出运。

3）禁运的危险货物。

4）未取得卫生检疫合格证明的动、植物。

5）未取得准运证明的超长、超高、超宽货物。

6）需要托运人押运而托运人不能押运的货物。

当市场部业务人员接到客户（厂家、客户或发货商等）的出货通知单后，就会将其复印几份分发给运营部、财务部等各相关部门负责人进行审单；审核全面无误后交开单员，根据出货明细（到站、收货人、联系电话等）开具单据；输单员将出货信息资料输入电脑，同时运营部根据出货日期和时间制订发货计划。运载部会根据出货量，安排车辆及理货计划，同时立即将信息传达到运载调度和其他相关部门人员作好出货前的工作准备。

（2）检查有关运输凭证：货物托运应向运输部门提供的证明文件和随货同行的有关票据单据，如动、植物检疫合格证，超限运输许可证等。

（3）审核货物有无特殊要求，如运输期限、押运人数或和托运方议定的有关事项。

3. 确定货物运输里程和运杂费

见本单元任务二。

4. 托运编号及分送

托运单认定后，编制托运单的号码，并将结算通知交货主。

二、验货

（1）运单上的货物是否已处于待运状态。

（2）装运的货物数量、发运日期有无变更。

（3）货物的包装是否符合运输要求。

（4）装卸场地的机械设备、通行能力是否完好。

三、货物的监装

在车辆到达厂家出货地点后，司乘和接货人员会同出货负责人一起根据出货清单，对货物包装、数量和重量等进行清点和核实；核对无误后进行装车环节服务。图 3-14 所示是整车货物装车的情景。交运物品清单见表 3-10。

图 3-14 整车货物装车

（1）车辆到达装货点，监装员要根据运单填写的内容和发货人联系并确定交货办法。一般情况下，散装货物根据体积换算标准确定装载量，件杂货以件计算。

（2）货物装车前，监装员检查货物包装有无破损、渗漏、污染等情况。监装员如果发现不适合装车的情况，应及时和发货人商议。如果发货人自愿承担由此引起的货损，则应在运单上做批注和加盖印章，以明确其责任。

（3）装车完毕后，应清查货位，检查有无错装、漏装。装车后要与发货人核对实际装车件数，确认无误后，办理交接签收手续。

表 3-10 交运物品清单

起运地点： 运单号码：

编号	货物名称及规格	包装形式	件　数	新旧程度	体积 长×宽×高	重量/kg	保险、保价价格

托运人签章： 承运人签章： 年　月　日

四、调度员调度车辆

1. 汽车计划与调度员的职责范围

（1）向组织内部司机分配停车场或车辆的使用，以完成载货的任务。

（2）根据行驶里程、使用的必要性来确定车辆。

（3）向司机分配钥匙、组织信用卡、记录单及货物文件。

（4）记录各车辆出发、返回时间及运输终点。

（5）与司机进行有关运输的交流。

（6）与客户进行有关货物特征的交流。

（7）认真贯彻执行运输组织原则，经济合理地使用运能，保证重点，安全、迅速、准确、便利地输送货物。

（8）根据运输量变化等情况，认真编制日班计划，经上级批准后下达。

（9）督促检查运输计划执行的情况，发现问题，及时解决；经常核实计划与实际执行的兑现情况；不断提高运输计划质量。

（10）提好大批团体的综合货源调查，认真分析研究，根据货物流量、流向变化情况，及时向有关领导汇报，提出加开、停运或增减车辆的建议。

（11）掌握临时开行及其他节假日大批货物的运输。

（12）汇总货物运输的有关资料。

2. 调度作业的操作流程

在接到出货信息后，联络配送车辆，如有完成任务的空载车辆将就近驶往出货地点；如附近车辆不便接货，调度将会调派合适车辆立即到出货地点。

（1）发布调度命令：调度命令的发布应按有关规定办理，并应做到：

1）指挥汽车运行的命令和口头指示，只能由调度员发布。汽车的加开、停运、折返、变更路径及车辆甩挂的命令，由调度员发布，其他人员无权发布。

2）在调度命令发布前，应详尽了解现场情况，书写命令内容、受令单位必须正确、完整、清晰，先拟后发，发布时要反复核对。

3）调度员发布行车命令，要一事一令，不得填写其他内容。遇有不正确的文字不准涂改，应圈掉后重新书写。

调度命令日期的划分，以零时为界。日循环及月循环命令号码的起讫时间，均以 18 时划分。各级调度命令应妥善保管一年。

上述调度命令，如涉及其他单位和人员时，应同时发给。

（2）登记调度命令：调度员发布调度命令时应先登记于调度命令登记簿内，然后发布。

在发、收调度命令时，需填写调度命令登记簿，见表 3-11。

表3-11 调度命令登记簿

月日	发出时刻	命令			复诵人姓名	接受命令人姓名	调度员姓名	阅读时刻（签名）
		号码	受令及抄知处所	内容				

3. 交付调度命令

调度员在向司机、运转车长发布调度命令时，如果司机不在，应发给有关乘务室负责转达。

在具备良好转接设备和录音装置的条件下，调度员可根据规定，使用无线调度电话，直接向司机发布口头指示。

五、押运作业操作流程

1. 掌握押运途中的路况和社会治安保卫力量情况

（1）熟悉道路情况，是柏油路还是水泥路，道路宽度如何，有多少个“Z”字形急转弯和多少个桥梁，沿途是否要穿过闹市区，还要注意雨雪天对道路造成的危害。

（2）向当地派出所详细了解近几年的沿途盗窃活动、当地车匪路霸活动等社会治安情况。

2. 拟订预案

在接到执行押运命令之后，保卫部门应迅速拟订预案。预案内容包括运送时间、地点、路线、执行押运任务的负责人和遇异常情况所采取的措施等。

3. 送请领导签发

填写押运登记表送领导审核、签发。

出发前，押运负责人要向全体押运人员讲明押运途中的有关注意事项。

4. 事前检查

详细检查车辆、警卫设备、通信器材等是否完好，手续是否齐全。

5. 依章行进

严格执行押运守则和途中的规章制度，严禁途中走亲访友，严禁携带易燃易爆物品和其他无关物品。要严格保密，不准向无关人员泄漏押运事项，严禁途中无故停留。押运途中，要时刻保持高度的警惕性，服从命令、听从指挥。需要在途中就餐时，应保证双人守卫、轮流就餐。

6. 沉着应急、妥善排障

（1）若车辆在途中发生故障被迫停驶时，押运负责人应根据停车位置和当时情况，指挥司机尽快抢修，排除故障。

（2）当车辆发生车祸丧失继续运行能力时，押运员要组织力量想方设法保护好现场。同时，派人与附近交通监理部门取得联系，请求帮助处理，并将发生的情况迅速报告上级领导，以便尽快派人派车处理善后事宜。

（3）当发生火灾时，指挥员应迅速组织灭火，奋勇抢救，同时要加强警戒，保护好现场。

7. 总结汇报

当押运任务完成后，要认真总结，吸取经验和教训，并将有关情况向领导汇报。

六、货物交付

（1）清点监卸。

（2）检查货票是否相符。

（3）收货人开具作业证明，签收。

（4）发现货物缺失，作记录，开具证明。

（5）处理货运事故。

七、整车货物交付要求

货物的交接是公路运输合同的履行过程，在此过程中，运输部门应遵守如下要求，以确保货物的及时、安全运输。

（1）货物运达目的地后，承运人知道收货人的，应及时通知收货人。收货人应当及时提（收）货物，收货人逾期提（收）货物的，应当向承运人支付保管费等费用。收货人不明或者收货人无正当理由拒绝受领货物的，承运人可以提存货物。

（2）货物运达承、托双方约定的地点后，收货人应凭有效单证提（收）货物，无故拒提（收）货物，应赔偿承运人因此造成的损失。

（3）货物交付时，承运人与收货人应当做好交接工作，发现货损货差，由承运人与收货人共同编制货运事故记录，交接双方在货运事故记录上，签字确认。

（4）货物交接时，承托双方对货物的重量和内容有质疑，均可提出查验与复磅，查验和复磅的费用由责任方负担。

教师演示

公路整车货物运输作业技能训练步骤如图3-15所示。

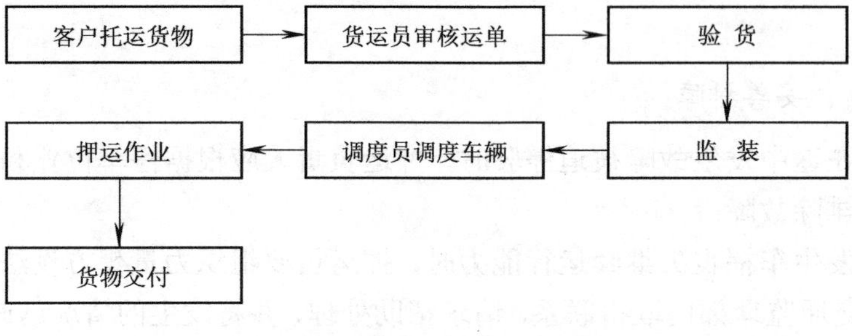

图3-15 公路整车货物运输作业技能训练步骤

学生动手

1. 分组

每7人一组，具体如下：货主1人，收货人1人，运单审核员1人，监装、监卸员1人，调度员1人，押运员1人，货物交付员1人。

2. 单据准备

汽车货物运单（甲种）、调度命令登记簿、交运物品清单。

3. 机械器具准备

汽车一辆、叉车一辆、整车待运货物若干。

4. 训练地点

汽车货运站（模拟汽车货运站）。

5. 实施训练

学生按照“教师演示”的步骤及要求，进行公路零担货物运输作业的训练，分岗位完成作业流程，在训练过程中注意：

（1）在货运站训练时，听从安排，注意安全。

（2）在训练时，注意来往的车辆和装卸机械，不要在货场内玩耍、追逐打闹。

（3）在各项作业的操作中，按要求进行。

（4）训练时注意各种单据的流转。

学习评价

<table>
<tr><td>被考评人</td><td colspan="5"></td></tr>
<tr><td>考评地点</td><td colspan="5"></td></tr>
<tr><td>考评内容</td><td colspan="5">公路整车货物运输作业</td></tr>
<tr><td rowspan="6">考评标准</td><td>内　　容</td><td>分值/分</td><td>自我评价/分</td><td>小组评议/分</td><td>实际得分/分</td></tr>
<tr><td>运单审核认真仔细</td><td>20</td><td></td><td></td><td></td></tr>
<tr><td>监装、监卸工作真确</td><td>20</td><td></td><td></td><td></td></tr>
<tr><td>调度工作的叙述真确</td><td>20</td><td></td><td></td><td></td></tr>
<tr><td>叙述押运工作内容清楚</td><td>20</td><td></td><td></td><td></td></tr>
<tr><td>货物交接正确</td><td>20</td><td></td><td></td><td></td></tr>
<tr><td colspan="2">合　　计</td><td>100</td><td></td><td></td><td></td></tr>
</table>

注：1．实际得分=自我评价 40%+小组评议 60%。

2．考评满分为 100 分，60～74 分为及格；75～84 分为良好；85 分及以上为优秀。

第四单元　航空货物运输作业

任务一　认识航空货物运输

任务描述

随着我国改革开放的不断深入及国际贸易的不断扩大，我国的国际航空货物运输业务量也迅速增长，因此中国民航业急需一些航空货运方面各个层次的技能型人才，让我们一起来了解航空货物运输吧。

任务目标

1．知道航空货物运输在我国运输领域中的地位和发展情况。
2．掌握有关航空器的知识和航线的有关内容。
3．能理解航空货物运输的有关名词。
4．清楚航空货物运输的特点和货运流程。
5．培养良好的职业操守，严谨的工作作风。
6．具有人际沟通和团队合作协调能力。

情景导入

飞机的发明及广泛应用使航空运输业得到了空前发展，许多工业发展所需的原料拥有了新的来源和渠道，大大减轻了人们对当地自然资源的依赖程度。特别是超音速飞机诞生以后，空中运输更加兴旺。那些不宜长时间大范围运输的动植物和难以长期保存的美味食品，也可以乘坐飞机跨越海洋，给世界各地的人们共赏共享。

知识储备

一、航空运输发展概述

1．飞人时代

人类一开始就渴望能像小鸟一样在天空中自由自在地飞翔，并用许多神话故事来表达自己的愿望。其中最著名的传说是：工程师代达罗斯和他的儿子伊卡洛斯被米诺斯国王监禁，这个能干的代达罗斯为他的儿子和自己各制造了一副翅膀，用的材料是蜡和羽毛。他们凭着翅膀飞了起来。代达罗斯成功地飞到了那不勒斯，但他的儿子由于飞行时欣喜若狂，忘记了父亲的警告，飞得离太阳太近，以致蜡融化而失去了翅膀，最后葬生海里。而 2000 多年前中国人发明的风筝，虽然不能把人带上天空，但它确实可以称为飞机的鼻祖。

2. 热气球时代

18 世纪初，巴西人德・古斯芒在葡萄牙国王面前几乎成功地表演了以热空气为动力的热气球的升空。虽然他的表演使王宫着了火，但却证明了这条路是可行的。但历史常常开玩笑，许多杰出的学者没想到的，一位造纸工人却想到了。他就是法国的约瑟夫・蒙特戈菲尔。他和他的兄弟进行的热气球表演开创了一个时代——热气球的时代，如图 4-1 所示。

图 4-1　热气球

3. 飞机的诞生和发展

20 世纪最重大的发明之一——飞机。荣誉永远属于经过了长期奋斗的莱特兄弟，如图 4-2 所示。这不仅因为他们发明了第一架能持续可操纵飞行的动力飞机，而且还因为他们使欧洲同行走上了成功的道路。欧洲航空的飞速发展与莱特兄弟的影响是分不开的。他们的名字及其“飞行者 1 号”在人类航空史上将永远占据显赫的位置。

在当时，大多数人认为飞机依靠自身动力的飞行完全不可能，而莱特兄弟却不相信这种结论，从 1900 年至 1902 年，他们进行了 1 000 多次滑翔试飞，终于在 1903 年制造出了第一架依靠自身动力进行载人飞行的飞机——“飞行者 1 号”（见图 4-3），并且获得试飞成功。他们因此于 1909 年获得美国国会荣誉奖。同年，他们创办了“莱特飞机公司”。这是人类在飞机发展的历史上取得的巨大成功。

飞机的发明，使人们在普遍受益的情况下又产生了新的不满足。飞机起飞需要滑跑，需要修建相应的跑道和机场。这就带来了诸多不便，于是有人开始探索可以进行垂直起落的飞行器，通称直升机。

图 4-2　莱特兄弟

图 4-3　第一架载人飞行的飞机——“飞行者 1 号”

20世纪20年代，飞机开始载运乘客，第二次世界大战结束初期美国开始把大量的运输机改装成为客机。自20世纪60年代以来，世界上出现了一些大型运输机和超音速运输机，逐渐推广使用涡轮风扇发动机。

自从飞机发明以后，飞机日益成为现代文明不可缺少的运载工具。它深刻地改变和影响着人们的生活。由于有了飞机，人类环球旅行的时间大大缩短了。16世纪，葡萄牙人麦哲伦率领一支船队从西班牙出发，足足用了3年时间，才穿越大西洋、太平洋，环绕地球一周，回到西班牙。飞机发明以后，人们在1949年又进行了一次环球旅行。一架B-50型轰炸机，经过4次漂亮的空中加油，仅仅用了94h，便绕地球一周，飞行37 700km。自超音速飞机问世以后，人们飞得更高更快。1979年，英国人普斯贝特只用14h 6min，就飞行36 900km，环绕地球一周。在不到一天的时间里，就可以飞到地球的各个角落，对于生活在20世纪以前的人类来说，这是一个奇迹。

回顾过去的两百年间，人类在科学技术上所取得的进步，我们不能不表示惊叹。在交通工具方面：从史蒂芬逊的“动力”号到今天的高速赛车；从最初的“无马马车”到今天风驰电掣的赛车；从富尔顿的“克莱蒙特”号到今天的万吨远洋巨轮；从齐伯林飞艇到莱特兄弟的“飞行者1号”再到今天的巨型喷气式客机和“土星5号”运载火箭、“阿波罗”飞船、航天飞机，一切都发生了根本的变化。人类一步一步地迈着坚实的脚步，踩着先辈的血迹，走过大陆、越过海洋、飞上天空、冲出大气层、登上月球，将一个又一个的梦想变成了现实。但是，一切都似乎刚刚开始一样，人类面临的问题似乎非但没减少，反而更多了。

议一议

未来的航空业会怎样发展呢?

二、航空运输的特点与作用

（一）航空运输的特点

航空运输是指采用商业飞机运输货物的商业活动，是目前国际上最安全、最迅速的一种运输方式。航空运输虽然起步晚，但发展十分迅速，这与它具有许多其他运输方式无法比拟的优点是分不开的。概括起来，航空运输主要有以下几个优点。

1. 较高的送达速度

这是航空运输的最大特点和优势。现代喷气式客机，巡航速度为800～900km/h，比汽车、火车快5～10倍，比轮船快20～30倍。距离越长，航空运输所能节约的时间越多，快速的特点也越显著。当今国际市场商品竞争异常激烈，市场行情瞬息万变，为了抢占市场机会获得更高的经济效益，就必须争取时间把货物运到急需的市场，这就需要依赖航空运输，才有可能使商品形成在国际市场上的竞争力。

2. 不受地面条件影响，可深入世界各地

飞机在空中飞行，受航线条件限制的程度比汽车、火车和轮船小得多。它可以将地面上任何距离的两个地方连接起来，可以定期或不定期地飞行，尤其在执行对灾区的救援、供应、边远地区的急救等紧急任务时，航空运输已成为必不可少的手段。

3. 安全、准确

喷气式客机的巡航高度一般在 10 000m 左右，飞行不受低空气流的影响，平稳舒适。与其他运输方式相比，航空运输的安全性较高。航空运输有其他运输无法比拟的优越性。由于航空运输管理制度比较完善，空运时间短，货物破损率低，被窃机会少，如使用空运集装箱来运送，则更为安全。另外，飞机航行有一定的班期，可按时到达目的地，因此航空运输是一种比较安全的运输方式，并且快速、准确。尽管航空运输费用一般比较高，但对体积大、重量轻的货物，采用航空运输反而有利。而且航空运费的计算起点比海运低，运送快捷准点。所以小件货物、鲜活商品、季节性商品和贵重商品适宜采用航空运输。但航空运输的主要缺点是飞机机舱容积和载重量都比较小，运载成本和运价比地面高。由于飞行常受气象条件的限制，这会影响其运输货物正常性和准点性。

（二）航空运输的作用

（1）航空运输是交通运输体系的一个重要组成部分。它和其他交通运输方式分工协作、相辅相成，共同满足社会对运输的各种要求。

（2）航空运输促进了全球经济、文化的交流和发展。航空运输本身是国家经济领域的一个重要行业，除了其自身的经济效益外，还带动了一批相关产业的发展，如旅游业等。总而言之，在整个物流业务活动中，航空运输具有很重要的作用。

三、航空器

航空器主要是指飞机。按照用途可以把飞机分为客机、货机和客货混合机。

1. 主要的客机型号

国内航空飞机主要有波音系列、麦道系列和空客系列。美国波音公司和欧洲空客公司是世界上两家最大的飞机制造商。波音是世界最大的航空航天公司，1997 年波音与麦道公司合并，主要有波音系列的 747、777、767、757 和麦道系列的 M11 等型号的客机。欧洲空客公司成立于 1970 年，如今已成为美国波音飞机公司在世界民用飞机市场上的主要竞争对手，主要有空客系列的 340、300、310、330。图 4-4 和图 4-5 所示的分别是波音 747 和空客飞机。

图 4-4　波音 747 飞机

图 4-5　空客飞机

2. 主要的货机型号

货机指以包机或定期航班的形式专门运输货物的飞机。很多干线飞机都有专门的货机型号。

如B747-400F、B757-200F、A300-600F、A330-200F等，都是全货机。全货机一般设计为集装设备型的货舱，飞机货舱底部均设置滚轴及固定系统，可以放置集装板和集装箱。最大的B747-400F货机，可以放下39个集装板。A300-600F货机可以装载50t货物，放21个集装板和23个集装箱。

3. 主要的客货混合机型号

（1）前仓运客后仓运货，如B747Combi。

（2）上仓运客下仓运货，一般航班飞行飞机。各类型飞机的载量见表4-1。

表4-1 各类型飞机的载量

机　型	载　量
B737	货仓 1.45t / 8m³
B727	货仓 3.3t / 18m³
A310	货仓 7.8t / 15m³
A300	货仓 10t / 58m³
DC-10	货仓 14t / 80m³
B747E	货仓 15t / 102m³
B747Combi	货仓 35t / 195m³
B737 全货机	15.1t / 102m³
DC-8 全货机	48.8t / 271m³
B747 全货机	104.7t / 591m³

四、航线

1. 航线的含义

航空器在空中飞行，必须有合适于航空器航行的通路，经过批准开辟的连接两个或几个地点，进行定期和不定期飞行、经营运输业务的航空交通线即为航线。

2. 主要的运输枢纽

目前，世界航空货运已形成一个全球性的运输网和若干运输枢纽。

亚洲：北京、上海、东京、香港、马尼拉、曼谷、新加坡、雅加达、仰光、加尔各答、孟买、新德里、卡拉奇、德黑兰、贝鲁特、吉达。

欧洲：伦敦、巴黎、法兰克福、苏黎世、罗马、维也纳、柏林、哥本哈根、华沙、莫斯科、布加勒斯特、雅典、里斯本。

北美洲：纽约、华盛顿、芝加哥、蒙特利尔、亚特兰大、洛杉矶、旧金山、西雅图、温哥华、火奴鲁鲁。

非洲：开罗、内罗毕、约翰内斯堡、布拉柴维尔、拉各斯、阿尔及尔。

拉丁美洲：墨西哥城、加拉加斯、里约热内卢、圣地亚哥、利马。

大洋洲：悉尼、奥克兰、帕皮提。

3. 世界主要的货运机场

法国戴高乐机场、德国的法兰克福机场（见图4-6）、荷兰阿姆斯特丹的斯希普霍尔机场、英国的希思罗机场、美国

图4-6 德国的法兰克福机场

的芝加哥机场、日本的成田机场（见图 4-7）、中国香港的赤腊角机场（见图 4-8）等，都是现代化、专业化程度较高的大型国际货运空中枢纽。每年的货运量都在数 10 万 t 以上。

图 4-7　日本的成田机场

图 4-8　中国香港的赤腊角机场

五、我国航空货物运输的发展

我国的航空货运业是伴随着整个航空运输的崛起而发展起来的。近年来，国民经济持续增长，人民生活水平日益提高，社会稳定，对外贸易扩大，有力促进了航空货运的发展，航空货运逐渐成为航空运输的重要组成部分。图 4-9 所示是广州的白云机场。

目前，我国航空货运业以客机腹舱载货为主、货机为辅。近年来，我国航空货运技术发展迅速，地面货运设施，货物分拣、装卸等设备得到改善，大部分航空公司建立了专门的货运部门，配备了相应的人员和设备，货运计算机管理系统得到广泛的应用，货运代理市场健康有序。目前，我国民航已基本形成了包括货运舱位、地面设施、专业人员、管理规章和货运代理的航空货运体系，为我国航空货运业的大发展奠定了坚实的基础。图 4-10 所示是在机场等待运输的货物。

图 4-9　广州白云机场

图 4-10　在机场等待运输的货物

六、我国航空货运存在的问题

（1）由于市场需求的地区差异，货源分布不均衡，且单向性较突出，特别是中西部和北部地区货源缺乏。

（2）货邮航线网络布局不够完善，航线航班需要科学合理安排，货运吨位管理薄弱，提供的运力结构与市场需求构成有一定差距。

（3）由于处在初始阶段，货运经营水平低、管理粗放、货运组织和协调工作力度弱，工作效率和服务质量亟待改进。

（4）货运设施比较简陋、设备数量不足、功能不够完善，尤其不能满足对特殊物品的储运要求，更是缺乏先进的货运计算机管理。

（5）从业人员素质有待提高，无论是货运营销还是机场的货物处理，各个环节都需要补充专业技术和管理人员。

（6）货运规章制度不够健全，需要抓紧制定和完善相应规章。

七、航空运输中的有关术语

（1）承运人：是指包括接受托运人填开的航空货运单、保存货物记录的航空承运人，从事承运货物或者提供该运输的任何其他服务的所有航空承运人。

（2）代理人：是指在航空货物运输中，经授权代表承运的任何人。

（3）托运人：是指为货物运输与承运人订立合同，并在航空货运单或者货物记录上署名的人。

（4）收货人：是指承运人按照航空货运单或者货物运输记录上所列名称而交付货物的人。

（5）托运书：是指托运人办理货物托运时填写的书面文件，是据以填开航空货运单的凭据。

（6）航空货运单：是指托运人或者托运人委托承运人填制的，是托运人和承运人之间为在承运人的航线上承运货物所订立合同的证据。

八、航空运输作业的流程

航空运输作业的流程如图4-11所示。

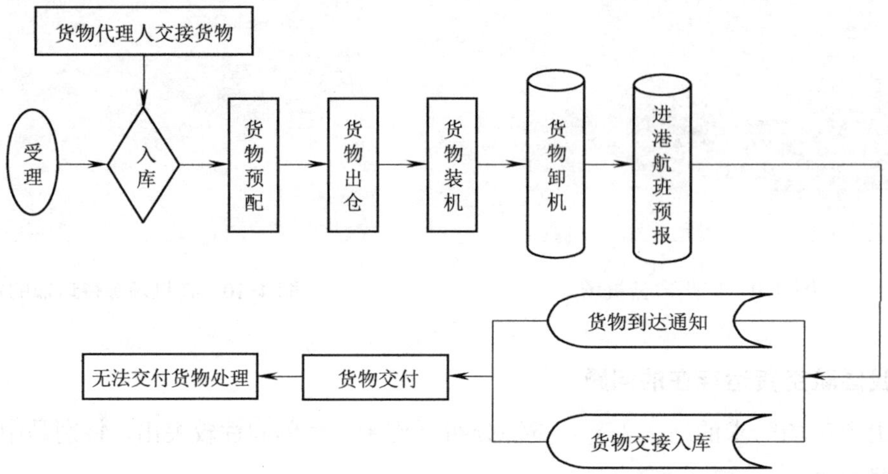

图4-11　航空运输作业的流程

教师演示

第一步：查阅下列资料。

（1）航空运输的发展过程。

（2）有关的航空器的知识。

（3）世界知名的航线。

（4）航空货物运输的货物种类。

（5）有关航空运输的术语。

第二步：通过视频或带领学生实际参观航空货物运输站，了解航空货物运输的过程。

学生动手

（1）根据查阅的资料，写出查阅报告：总结出航空货物运输的特点；说出航空器未来的发展方向；列出适合航空货物运输的货物；说出世界知名的航线。

（2）根据参观航空货运站的情况，画出航空货物运输的流程图。

举一反三

（1）查阅交通运输、物流运输以及民航货物运输规则的书籍。

（2）浏览以下网站：

http:// www.xbus.cn（西安公交网）

http:// www.hfairport.com（合肥机场网站）

http:// www.china-customs.com（海关综合信息资讯网）

学习评价

被考评人					
考评地点					
考评内容	认识航空货物运输				
考评标准	内　容	分值/分	自我评价/分	小组评议/分	实际得分/分
	调查内容完整	25			
	查阅资料的内容正确、完整	25			
	参与讨论积极	25			
	调查报告内容条理清晰	25			
合　计		100			

注：1．实际得分=自我评价 40%+小组评议 60%。

2．考评满分为 100 分，60～74 分为及格；75～84 分为良好；85 分及以上为优秀。

任务二

计算航空货物运输运费

任务描述

航空货物运输速度快是其他运输方式无法与航空运输相比的，其时效性强已成为当前运输市场上商品竞争的有利因素。但是航空运输运费和其他运输方式的运费计算方法有很大区别，主要是航空运输的运费种类比较多，选择运费适合的航空运输形式是节约运输成本的一种基本能力。

任务目标

1．知道航空货物运输运费和运价的含义。

2．能确定货物的计费重量。

3．明确货物航空运价的类型和选用方法。

4．会计算航空货物运费。

情景导入

小王是兰州人，目前在深圳工作。一天，他接到家中电话，说母亲生病需要一种特效药，兰州购买不到，让他在深圳购买后迅速寄回兰州。小王买到药之后，到航空货运部门办理托运药品的手续。药品的重量是350g，货运公司收费40元。这个收费合理么？航空货运的收费依据是什么呢？

知识储备

一、航空货物运价

1．航空货物运价的概念

航空货物运价是指出发地机场至目的地机场之间的航空运输价格，不包括机场与市区间的地面运输费及其他费用。

> **小知识**
>
> 航空货物运费是指根据适用运价计算得到的发货人或收货人应当支付的每批货物的运输费用，包括地面费用。

2．航空货物运价的特点

（1）航空货物运价是指从一机场到另一机场，而且只适用于单一方向。

（2）航空货物运价不包括其他额外费用，如提货、报关、接交和仓储费用等。

（3）航空货物运价通常使用当地货币公布（国内货物运价的货币单位是人民币）。

（4）航空货物运价一般以公斤为计算单位。

（5）航空运单中的运价是按出具运单之日所适用的运价。

二、航空货物运输运价的种类

根据航空货物运输价格的影响因素，归纳起来，目前航空货物运输市场中主要有以下几种常见的运价。

1. 普通货物运价

这种价格适用于各种货物，以货物重量计算运费，如北京至国内航线货物运价表中的运价。航空公司通常对普通货物设置货物重量等级，根据不同的货物重量等级采用不同的运输价格，货物重量越大，运价越优惠。

（1）基础运价（代号 N）：民航局统一规定各航段货物基础运价，基础运价为 45kg 以下的普通货物运价，金额以 0.1 元为单位。

（2）重量分界点运价（代号 Q）：国内航空货物运输建立 45kg 以上、100kg 以上、300kg 以上 3 级重量分界点及运价。

2. 指定物品运价（代号 C）

指定物品运价适用于某一航线上明确分类的特定物品的运价，如一些批量大、季节性强、单位价值低的货物。许多指定物品运价还同时包括对大宗货物运价的折扣。

指定物品运价因航线而异，航空公司通过提供指定物品运价来鼓励顾客采用航空运输，以达到充分利用吨位、解决方向性运输不平衡的问题，以提高运载率、降低运输成本。

例如，某航空公司指定运价中货物的类别如下：

（1）海鲜类、水产品、普通植物、食品、冷冻制品和鲜花。

（2）禽苗、海鲜苗及虾类货物。

（3）服装、服装辅料、纺织品、布匹、鞋类、鞋材、皮料和皮类制品。

（4）除（3）类外的普通货物。

急件、鲜活易腐物品、贵重物品、活体动物、枪械弹药、押运货物和生物制品等特种货物实行等级运价，按 N 运价的 150%计收。

3. 等级运价（代号 S）

等级运价是指航空公司对某些特定货物提供的折扣运价或额外运价。例如，航空公司对发行的报纸提供普通运价的 50%折扣运价；对急件、生物制品、珍贵植物和植物制品、活体动物、骨灰、灵柩、鲜活易腐物品、贵重物品、枪械、弹药、押运货物等特种货物实行等级货物运价，按照基础运价的 150%计收运费。

4. 最低运费（代号 M）

每票国内航空货物最低运费为人民币 30 元。

5. 集装运价

集装运价适用于采用集装箱运输的货物。由于集装箱运输可以显著减少包装和搬运费用，其运价可以大大低于普通货物运价。这种运价适用于各种货物，但是货物必须装进集装箱。集装运价规定了基准重量，其作用类似于最低运费。托运人要按照基准重量支付运费，不管其货物是否达到这一重量。如果托运人的货物超过这一基准重量，超过部分支付额外的运费，但是运价要低于大宗的普通货物运价或指定物品运价。

6. 协议运价

协议运价是航空公司鼓励客户使用航空运输的一种运价。航空公司与客户签订协议，客户保证在协议期内向航空公司交运一定数量的货物，航空公司依照协议向客户提供一定数量的运价折扣。这种运价使得双方都有收益，对在一定时期内有相对稳定货源的客户比较有利。

7. 联运运价

如果在始发站和目的站之间需要多个航空公司承运，则采用联运运价。联运运价一般是国家颁布的价格。

8. 预定舱位运价

如果客户优先预定舱位，则采用预定舱位运价。对于预定舱位，有的航空公司采用缴纳一定数量的保证金后给予预留吨位，然后采用普通运价。

9. 其他特殊运价

如危险品运输等需要特殊服务的物品运输，则采用特殊运价。

附录I、附录J分别是以上海和厦门为起点到全国各地的指定运价和基础运价。

小知识

国内航空货物运价使用规则

1）直达货物运价优先于分段相加组成的运价。

2）指定商品运价优先于等级货物运价和普通货物运价。

3）等级货物运价优先于普通货物运价。

三、计费重量的确定

1. 体积重量

将货物的体积按一定的比例折合为重量，此重量称为体积重量。每千克（kg）的货物其体积超过6 000cm^3或366in^3时，以体积重量为计费重量。

体积重量的计算方法为：

（1）测量出货物的最长、最宽和最高部分的尺寸（单位为cm或in），三者相乘算出体积，尾数四舍五入。在货运站丈量货物的外包装时，要比箱子的实际尺寸多出1～2cm，如果箱子有突出部分，按突出部分的长度来计算。

（2）将体积折算成重量。轻泡货物以每6 000 cm^3折合1kg计重：计费重量（kg）=长（cm）×宽（cm）×高（cm）/6 000。

议一议

在铁路、公路、航空货运运费的计算中，轻泡货的折算有什么异同？

2. 计费重量

航空公司规定，在货物体积小、重量大时，按实际重量计算；在货物体积大、重量小时，按体积计算。在集中托运时，一批货物由几件不同的货物组成，有轻泡货也有重货。其计费重量则采用整批货物的总毛重或总的体积重量，按两者之中较高的一个计算。

四、国内航空货物运计费规则

（1）货物运费计费以“元”为单位，元以下四舍五入。

（2）最低运费，按重量计得的运费与最低运费相比取其高者。

（3）按实际重量计得的运费与按较高重量分界点运价计得的运费比较取其低者。

（4）分段相加组成运价时，不考虑实际运输路线，不同运价组成点组成的运价相比取其低者。

教师演示

航空货物运输运费的计算技能训练步骤如图 4-12 所示。

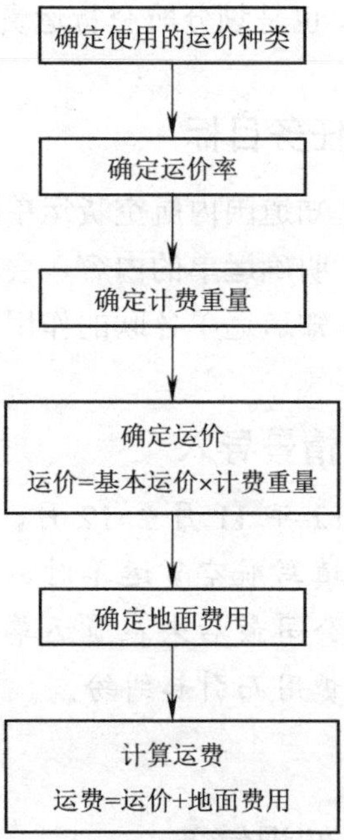

图 4-12　航空货物运输运费的计算技能训练步骤

学生动手

（1）从上海运送一批仪器到北京，属于普通货物，计费重量 180kg。计算运价。

（2）一批服装从厦门到哈尔滨，属于普通货物，计费重量 67kg。计算运价。

（3）从上海到兰州的一批水果，属于指定货物计费重量 89kg。计算运价。

（4）从厦门到广州运送 30kg 的药品。计算运价。

举一反三

根据航空货运站的货运实例进行练习。

学习评价

被考评人					
考评地点					
考评内容	计算航空货物运输运费				
考评标准	内　容	分值/分	自我评价/分	小组评议/分	实际得分/分
	知道运费核算的程序	25			
	正确确定运价的种类	25			
	正确计算运价	25			
	正确计算运费	25			
合　计		100			

注：1. 实际得分=自我评价 40%+小组评议 60%。

2. 考评满分为 100 分，60～74 分为及格；75～84 分为良好；85 分及以上为优秀。

任务三 填写航空货运单

任务描述

航空货运单就是航空货物运输中的货物运输合同，它是明确托运方和承运方权利和义务的文件，也是划分航空货运责任的证明。航空货运单的填写是航空货物运输的一项基本技能。

任务目标

1. 知道国内航空货运单在航空货物运输中的作用。
2. 明确运单的内容，会填写运单。
3. 知道运单各联的作用。

情景导入

2012年11月至12月，大通国际运输有限公司为纬嘉运动器材有限公司空运一批货物。在填写航空货运单时，双方口头约定运费是“运费到付”方式支付，但纬嘉运动器材有限公司最后未在货运单上签章。货到后，纬嘉运动器材有限公司拖欠运费、仓储费及其他费用而引起纠纷。

知识储备

一、航空运单的作用

（1）航空运单是发货人与航空承运人之间的运输合同：与海运提单不同，航空运单不仅证明航空运输合同的存在，而且航空运单本身就是发货人与航空运输承运人之间缔结的货物运输合同，在双方共同签署后产生效力，并在货物到达目的地交付给运单上所记载的收货人后失效。

（2）航空运单是承运人签发的已接收货物的证明：航空运单也是货物收据，在发货人将货物发运后，承运人或其代理人就会将其中一份交给发货人（即发货人联），作为已经接收货物的证明。除非另外注明，它是承运人收到货物并在良好条件下装运的证明。

（3）航空运单是承运人据以核收运费的账单：航空运单分别记载着属于收货人负担的费用，属于应支付给承运人的费用和应支付给代理人的费用，并详细列明费用的种类和金额，因此可作为运费账单和发票。承运人往往也将其中的承运人联作为记账凭证。

二、航空运单的基本内容

（1）填单地点和日期。

（2）出发地点和目的地点。

（3）第一承运人的名称和地址。

（4）托运人的名称和地址。

（5）收货人的名称和地址。

（6）货物品名和性质。

（7）货物的包装方式和件数。

（8）货物的重量、体积或尺寸。

（9）运输说明事项。

（10）托运人的声明。

三、国内航空运单的格式

表 4-2 是中国民用航空货运单。

表 4-2　中国民用航空货运单

<table>
<tr><td>出发站</td><td colspan="2"></td><td>到达站</td><td colspan="3"></td></tr>
<tr><td>收货人名称</td><td colspan="3"></td><td>电话</td><td colspan="2"></td></tr>
<tr><td>收货人地址</td><td colspan="6"></td></tr>
<tr><td>发货人名称</td><td colspan="6"></td></tr>
<tr><td>发货人地址</td><td colspan="6"></td></tr>
<tr><td>空陆转运</td><td>自</td><td>至</td><td>运输方式</td><td colspan="3"></td></tr>
<tr><td rowspan="2">货物品名</td><td rowspan="2" colspan="2">件数及包装</td><td colspan="2">重量</td><td rowspan="2" colspan="2">价值</td></tr>
<tr><td>计费</td><td>实际</td></tr>
<tr><td></td><td colspan="2"></td><td></td><td></td><td colspan="2"></td></tr>
<tr><td>航空运费：（每公斤¥　　）</td><td>¥</td><td colspan="3">储运注意事项</td><td rowspan="6" colspan="2">收运站
日期
经手人</td></tr>
<tr><td>地面运输费：（每公斤¥　　）</td><td>¥</td><td rowspan="5" colspan="3"></td></tr>
<tr><td>空陆转运费：（每公斤¥　　）</td><td>¥</td></tr>
<tr><td>中转费：（每公斤¥　　）</td><td>¥</td></tr>
<tr><td>其他费用：</td><td>¥</td></tr>
<tr><td>合计：</td><td>¥</td></tr>
</table>

四、国内航空运单各联的用途

航空运单一式八联。其中正本三联，副本五联。三联正本具有同等法律效力。

第一联，甲联：正本，蓝色，为托运人联。作为托运人支付货物运费，并将货物交由承运人运输的凭证。

第二联，乙联：正本，绿色，为财务联。作为收取货物运费的凭证交财务部门。

第三联，丙联：副本，白色，为第一承运人联。由第一承运人留交其财务部门作为结算凭证。

第四联，丁联：正本，粉红色，为收货人联。在目的站交收货人。

第五联，戊联：副本，黄色，为货物交付联。收货人提取货物时在此联签字，由承运人留存，作为货物已经交付收货人的凭证。

第六联，己联：副本，白色，为目的站联。由目的站机场留存，也可作为第三承运人联，由第三承运人留交其财务部门作为结算凭证。

第七联，庚联：副本，白色，为第二承运人联。由第二承运人留交其财务部门作为结算凭证。

第八联，辛联：副本，白色，为代理人联（存根联）。由货运单填置人留存备查。

货运单的三联正本具有同等法律效力，一联交承运人；一联交收货人；一联交托运人。分别由托运人签字或盖章，由承运人接受货物后签字或盖章。

货运单的承运人联应当自填开次日起保存两年。

五、航空运单的填写

航空运单由托运人填写，连同货物交给承运人。如承运人依据托运人提供的托运书填写货运单并经托运人签字，则该货运单应当视为代托运人填写。托运人应当对货运单上所填关于货物的说明或声明的正确性负责。

（1）出发站、到达站：填写出发站和到达站的全称。国内航空公司的名称和代号见表4-3。

表4-3　国内航空公司的名称和代号

国内航空公司的名称和代号

航空公司名称	代　　号	航空公司名称	代　　号
中国国际航空公司	CA	中国东方航空公司	MU
中国新华航空公司	XW	厦门航空有限公司	MF
中国西北航空公司	WH	新疆航空公司	XO
中国南方航空公司	CZ	云南航空公司	3Q
中国西南航空公司	SZ	四川航空公司	3U
中国北方航空公司	CJ	上海航空公司	FM
通用航空公司	GP	长城航空公司	G8
中原航空公司	Z2	武汉航空公司	WU
海南航空公司	HU	贵州航空公司	G4
长安航空公司	2Z	深圳航空公司	4G
南京航空公司	3W	福建航空公司	IV
山东航空公司	SC		

（2）收货人、托运人的姓名、单位、地址、邮政编码和电话：填写单位或个人的全名、详细地址、邮政编码、电话。保密单位应写邮政信箱号码或单位代号。

（3）件数：填写实际的件数及包装种类。

（4）货物品名及包装：填写货物的具体品名，而非表示货物类别的笼统名称以及包装材料。

小看板

一票货物是指凭一份航空运单运输的运往一个目的地的一件或多件货物。

（5）储运注意事项：填写货物特性和储运注意事项，如“易碎”、“防潮”等；货物到达后的提取方式；个人托运物品的详细内容和数量等。

（6）其他：填制货运单后，如遇运价调整，运费多不退、少不补。托运人如有异议，可将货物退运，按新运价重新托运。

教师演示

第一步：填写出发站和到达站的全称。

第二步：填写单位或个人的全名、详细地址、邮政编码、电话。保密单位应写邮政信箱号码或单位代号。

第三步：填写实际的件数及包装种类。

第四步：填写货物的具体品名（而非表示货物类别的笼统名称）以及包装材料。

第五步：填写货物特性和储运注意事项，如“易碎”、“防潮”等；货物到达后的提取方式；个人托运物品的详细内容和数量等。

第六步：填写其他项。例如，填制货运单后，如遇运价调整，运费多不退、少不补，托运人如有异议，可将货物退运，按新运价重新托运。

学生动手

根据教师的要求，填写货运单。

（1）从北京运送一批服装到上海，纸箱包装，共5件，计费重量370kg，填写货运单。

（2）一批服装从上海到柳州，纸箱包装，共3件，计费重量52kg，填写货运单。

（3）从成都到北京的一批水果，纸箱包装，共7件，计费重量360kg，填写货运单。

（4）从上海运送一批电子物品到南京，纸箱包装，共1件，计费重量39kg，填写货运单。

（5）从上海运送一批化学物品到成都，塑料桶包装，共5件，计费重量72kg，填写货运单。

（6）刘小红将一批旧手机配件交上海市航空服务有限公司天龙分公司处托运，始发站上海，目的站济南，收货人夏亮，计费重量9kg，货物品名为配件，付款总额为100元（包括航空运费56元、地面运费10元、其他费用26元、保险费8元）。

学习评价

被考评人					
考评地点					
考评内容	填写航空货运单				
考评标准	内　容	分值/分	自我评价/分	小组评议/分	实际得分/分
	知道运单各联的作用	25			
	运单填写清晰，无涂改	25			
	运单填写正确，无错误	25			
	运单填写完整，无遗漏项目	25			
合　计		100			

注：1. 实际得分=自我评价40%+小组评议60%。

2. 考评满分为100分，60～74分为及格；75～84分为良好；85分及以上为优秀。

任务四

航空货物运输受理入库作业

任务描述

对于航空货运的承运人，应当根据运输能力，按货物的性质和急缓程度有计划地收运货物。如果遇有特殊情况，如政府法令、自然灾害、停航或者货物严重积压时，承运人可暂停收运货物。如果是国家法律、法规和有关规定禁止运输的物品，要严禁收运。凡是限制运输的物品，应符合规定的手续和条件后才可以收运。

任务目标

1．知道航空货物运输受理和入库的作业流程。

2．明确航空货物运输受理入库作业各岗位作业的要求。

3．会在各岗位进行作业操作。

4．培养良好的职业操守，严肃、认真、准确、一丝不苟的工作态度，按规章程序办事的工作作风。

情景导入

浙江杭州电脑城小王从广州买了一批计算机主板，他选择航空货运的方式运送，目的地为杭州，航空货运站受理了这项业务，那么航空货运站从接受这批货物到这批货物出港需要做哪些工作呢？

知识储备

一、营业员的工作岗位要求

（1）工作内容是负责出发货物的接收、运送工作。图4-13所示是营业员工作的营业大厅。

图4-13 营业大厅

（2）牢固树立“安全第一”思想，按章操作，确保安全运输万无一失。

（3）热情接待货主，回答问询准确，使用文明用语。

（4）按规定认真检查托运证明和证件。

承运人在收运货物时，应当查验托运人的有效身份证件。凡国家限制运输的物品，必须查验国家有关部门出具的准许运输的有效凭证。

（5）按规定认真检查航空运单，有仓储员签字后方可制单。

（6）准确制单，向货主收款时应唱收唱付，做到票款相符并及时送交营业款。

（7）按规定领取票证，严格交接制度，保证票证安全。

（8）认真填写值班日记，将待办事项交接清楚。

（9）工作结束后，做好业务资料的收集、存档工作。

（10）主要工作权限是有权拒绝收运不符合航空运输包装要求的货物。有权拒绝收运仓储员未对货物实际重量认可的货物。

二、仓储员的工作岗位要求

（1）仓储员的工作目标是负责货物的仓储工作。图4-14所示是仓储员在仓库搬运货物。

（2）牢固树立“安全第一”思想，坚持制度，按章操作，确保安全运输万无一失。

（3）按规定对进出仓库的货物逐件认真核对、登记，做到单货相符，并按规定码放货物。

（4）加强管理，严禁闲杂人员进入仓库，坚持每天清仓一次，做好库内清洁卫生工作。

小知识

按规定以下货物不能接收：

① 体积每件货物的长宽高之和不得小于40cm。

② 非宽体飞机载运的货物，每件货物重量不超过80kg，体积不超过40cm×60cm×100cm。

③ 宽体飞机载运的货物，每件货物重量不超过250kg，体积不超过100cm×100cm×140cm。

（5）按时开、关货运仓库大门。

图4-14　仓储员在仓库搬运货物

（6）按规定认真检查货物包装是否符合航空运输要求，对包装不合格的货物，请货主进行修整合格后，方可收运。

（7）对交运货物准确点数、计重，并在货物托运书上签字。

（8）按规定认真检查代理人交接的货物。做到货物、货单品名、包装、重量相符。必要时对交接货物进行复称。

（9）经常检查仓库“五防”设施是否完好，做好、做足仓库“五防”工作，防患于未然。

想一想

什么是仓库的“五防”？

（10）主要工作权限是可以拒绝收运不符合航空运输包装要求的货物，有权对代理人的交接货物进行复称。对重量不符货物有权要求代理人补差价。

三、制单员的工作岗位要求

（1）负责货运单、发票等单据的领取、使用、交接、登记和保管。

（2）负责根据航空货物托运书填制航空运单。其中的各项费用严格按照民航总局及物价局的规定进行计算。

（3）货运单填制后，由托运人进行复核、签字，以保证各项内容正确无误。

（4）填制延伸服务费的专用发票，向托运人收取各项费用。

（5）根据货主要求进行订舱、准确热情答复货主关于货物运费及货物出港情况的查询。

（6）为客户提供优质、热情的服务，树立公司的良好形象。

教师演示

航空货物运输受理入库作业模拟训练的主要训练项目为营业员受理作业内容训练及仓储员作业内容训练。

第一步：营业员受理作业训练。

营业员受理作业步骤如图4-15所示。

第二步：仓储员作业训练。

仓储员作业训练步骤如图4-16所示。

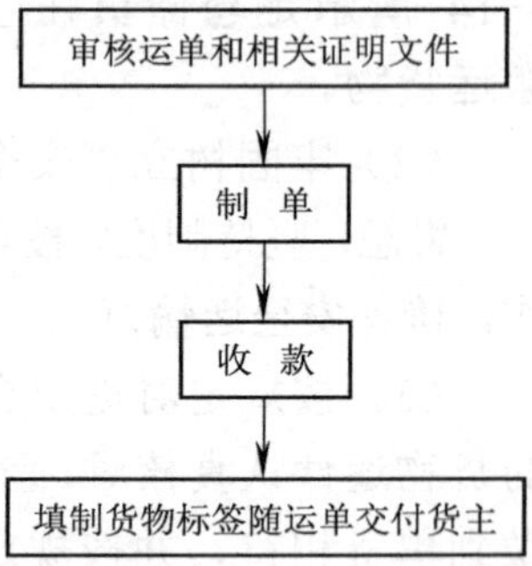

图4-15　营业员受理作业步骤

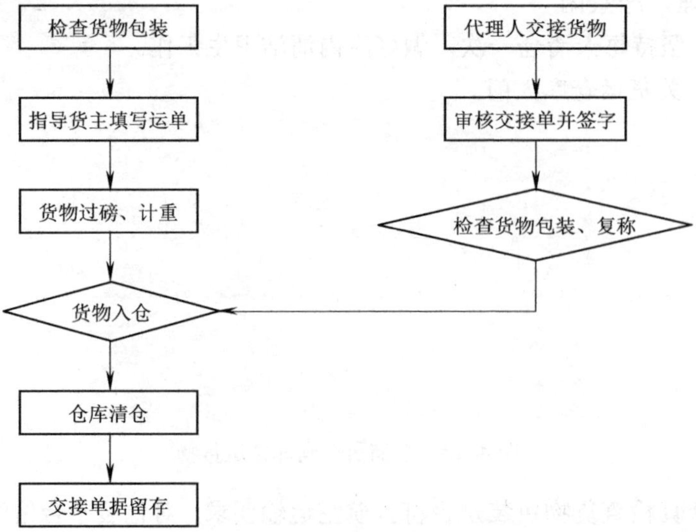

图4-16　仓储员作业训练步骤

学生动手

1. 分组

以 7 人为一组，分工如下：托运人 1 人，货运员 1 人，营业员 2 人（1 人审核托运书、证明文件，制单；1 人收款，填制货物标签随货单交付货主），仓储员 3 人（1 人检查货物包装，审核过磅；1 人将货物入仓；1 人仓库清仓）。

2. 单据准备

航空货运单、货物标签。

3. 机械器具准备

磅秤、卷尺、若干包装好的货物。

4. 训练地点

航空货运站（模拟航空货运站）。

5. 实施训练

按“教师演示”重复操作。

6. 训练注意事项

（1）在训练前明确各岗位的工作职责。

（2）训练时不迟到、不早退。

（3）训练时，禁止使用不文明用语。

学习评价

被考评人					
考评地点					
考评内容	航空货物运输受理入库作业				
考评标准	内　　容	分值/分	自我评价/分	小组评议/分	实际得分/分
	清楚工作岗位的职责	25			
	训练认真	25			
	使用文明用语	25			
	有团队合作精神	25			
合　　计		100			

注：1. 实际得分=自我评价 40%+小组评议 60%。

2. 考评满分为 100 分，60～74 分为及格；75～84 分为良好；85 分及以上为优秀。

任务五

航空货物运输的出港作业

任务描述

航空公司货物运输的出港作业主要是在出发库完成的，涉及配装、监装和搬运工作，这三项工作一定要协调一致，才能使货物顺利出港。

任务目标

1．知道航空货物运输出港作业的流程。

2．明确出港作业各个岗位的工作要求。

3．培养良好的职业操守，严肃、认真、准确、一丝不苟的工作态度，按规章程序办事的工作作风。

4．具有人际沟通和团队合作协调能力。

情景导入

大庆地处我国黑龙江省，很多大庆人喜欢选择航空货物运输运送货物。在大庆人选择出港运输的货物中，当地的地产货所占比重较大，如“水虫子”、毛纱等产品。当托运人把这些货物送达航空货运站后，通过哪些程序才可以到达飞机上？相关的工作人员怎样操作呢？

知识储备

一、出港作业内容

（1）配装员根据航班动态和可用载量，进行预制“货邮舱单”。

（2）配装员根据预制舱单指挥装卸队把预配货物装板。

（3）制作正式的货邮舱单业务袋。

（4）在航班起飞 60min 前，与装卸队共同押运货物通过安检。

（5）指挥、监督外场装卸队按规定的顺序装机。图 4-17 所示是货物进入机舱作业的情景。

图 4-17　货物进入机舱作业的情景

（6）如果要调整货物平衡，应在航班起飞 20min 前进行。及时卸下指定货物、邮件及更改货邮舱单，并通知载重平衡室拉下货物的件数和重量。

（7）在航班起飞后 15min 之内，货运员督促装卸队把拉卸货物押运回仓库。

（8）根据拉货情况更改的货邮舱单，并报告查询室，同时填制临时拉货补运清单和货运代单。

统计当天货物交接和发运情况，整理业务单据装订存档。

二、货物出港流程图

货物出港流程图如图 4-18 所示。

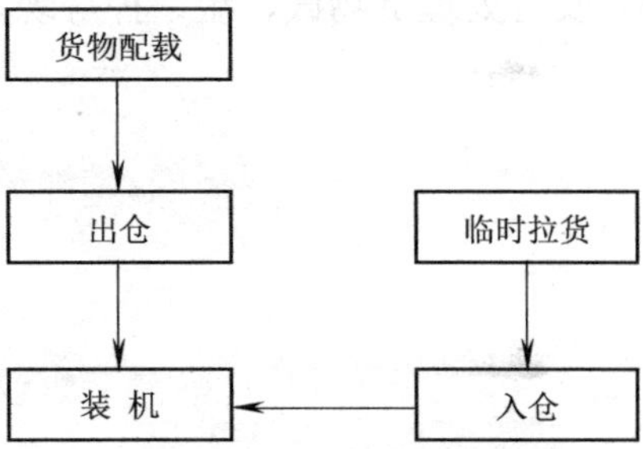

图 4-18 货物出港流程图

三、各岗位的岗位工作要求

1. 配载员出港作业的岗位工作要求

（1）牢固树立“安全第一”思想，坚持制度，按章操作，确保安全运输万无一失。

（2）根据货物的急缓程度，按规定对货物进行配载，合理选择货物中转点，做好中转货物的订舱、跟踪、服务工作，核算次日待运货量，防止货物积压。

（3）出发航班应提前 1h 做好对单出仓工作。

（4）准确核对进出港货物的件数，严禁发生漏配、错配和漏卸等现象。

（5）准确计算航班配载量，根据货舱容积，注意大小，轻重搭配，充分利用载量，配足配好货物，严防超载。

（6）认真填制货邮舱单，不多撕、漏撕承运人联，装订好放在业务袋内，送交值机室。配出的货物及时销号。

（7）如航班拉货，要及时做好清点、称重、填写代单、通知发货人、及时通知查询室发电报等各项工作。

（8）主动了解有关航站货物待运情况，向其他航站提供运力，争取货源，提高航班货物载运量。

（9）认真负责，正确行使工作职责，按业务规定和值机装载指令组织装飞机，确保装载平衡。

（10）按规定时间送飞机，确保出港航班正常。

（11）负责仓库与机坪间的货物运送及机坪停放期间的货物安全，防止遗失、损坏。

（12）严格按货物指示标志，组织搬运人员装卸、摆放货物，装机货物应大小搭配，尽量装满货舱。拉卸货物应根据货物的急缓程度，尽量整单拉卸，并及时通告值机室和配载室。

（13）在装机前对货物包装再次进行检查。

（14）规范填写值班日记，将待办事项交接清楚。

2. 装卸员作业工作要求

（1）严格按配货计划装载货物，防止多装、漏装或错装。图 4-19 所示是货物卸机作业的情景。

（2）对出发货物的外包装状态要进行认真、细致的检查，发现问题及时纠正或报告出发库。

（3）按章操作，正确使用特种车辆等设备。

（4）及时处理货物破、湿、掉等现象，检查平板车、棚车、大板底架是否超长拖带。

图 4-19　货物卸机作业

（5）检查货物的包装状态，禁止将渗漏、破损及易燃易爆等货物装上飞机。

（6）轻拿轻放，杜绝野蛮装卸。

3. 出发货物装卸作业程序

出发货物装卸作业程序如图 4-20 所示。

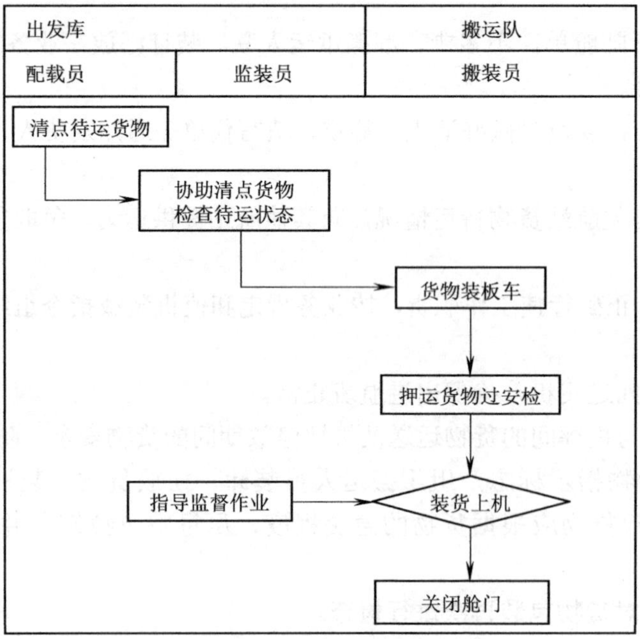

图 4-20　出发货物装卸作业程序

教师演示

第一步：出港作业配载监装员工作训练。

出港作业配载监装员工作训练步骤如图 4-21 所示。

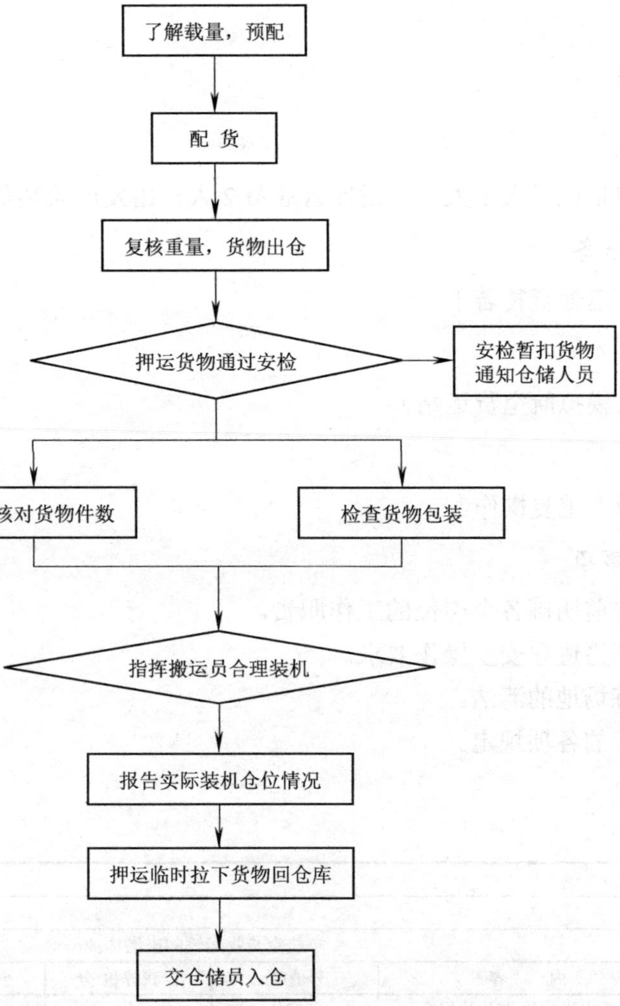

图 4-21　出港作业配载监装员工作训练步骤

第二步：出港作业装卸员工作训练。

出港作业装卸员工作训练步骤如图 4-22 所示。

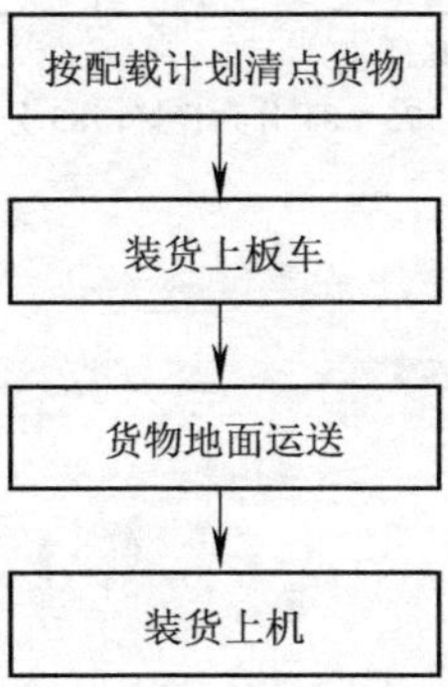

图 4-22　出港作业装卸员工作训练步骤

学生动手

1. 分组

每组7人，包括托运人1人、出发库营业员2人、出发库监装员2人、搬运员2人。

2. 机械器具准备

计算机一台、运输货物若干。

3. 训练地点

航空货运站（模拟航空货运站）。

4. 实施训练

按“教师演示”重复操作。

5. 训练注意事项

（1）实际操作前明确各个岗位的工作职责。

（2）训练时严格遵守安全操作要求。

（3）保持训练场地的清洁。

（4）遵守仓库的各项规定。

学习评价

被考评人					
考评地点					
考评内容	航空货物运输的出港作业				
考评标准	内容	分值/分	自我评价/分	小组评议/分	实际得分/分
	熟悉出港货物作业的程序	20			
	营业员工作训练符合标准	20			
	仓储员工作训练符合标准	20			
	监卸员工作训练符合标准	20			
	装卸员工作训练符合标准	20			
合计		100			

注：1. 实际得分=自我评价40%+小组评议60%。

2. 考评满分为100分，60～74分为及格；75～84分为良好；85分及以上为优秀。

任务六 航空货物运输的进港作业

任务描述

仰望蓝天，一架架飞机在空中向地面俯冲，飞机就要降落了。航空货运站的工作人员又要忙碌了。

任务目标

1．明确货物进港作业的流程和各岗位的工作内容。

2．会在各岗位进行作业操作。

情景导入

2013年9月，随着国庆节和中秋节的临近，深圳宝安国际机场货量节节攀升，深圳机场迎来了航空货物运输的黄金期。在进港方面，中秋应节食品——月饼、糖果、茶叶、烟酒等源源不断地进入深圳，货量增长同样迅猛。国内到港货物总量已经达到了751t，这么高的货运量，怎样有序地使货物进港呢？

一、航空货物进港货物流程

航空货物进港货物流程如图4-23所示。

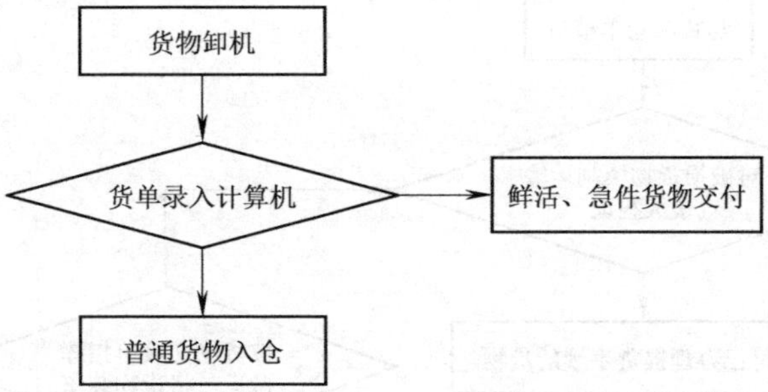

图4-23　航空货物进港货物流程

二、航空货物进港货物作业要求

1. 监卸员作业要求

（1）准备卸机：

1）了解每个航班的具体降落时间。

2）提前10min到达外场等候。

3）及时交接到达业务袋。

（2）货物押运入库：

1）检查货物的码放情况。

2）严密监视货物的作业现场。

3）卸机完毕检查货舱，防止漏卸。

4）货物在押运过程中注意防止滑落、撞损、雨淋及其他人为破坏。

2. 搬运员作业要求

（1）卸货前必须先检查货舱，不正常运输情况、渗漏事件及时报货运监装员并做好记录。

（2）检查货物状态，破损货物做好卸货记录。
（3）防止野蛮卸货和货物滑落，码放禁止超高。
（4）严禁将行李混入货物。
（5）轻拿轻放，不允许野蛮装卸。
（6）入库货物码放有序，便于盘查和提取。

教师演示

第一步：进港作业仓储员工作训练。

进港作业仓储员岗位工作训练步骤如图 4–24 所示。

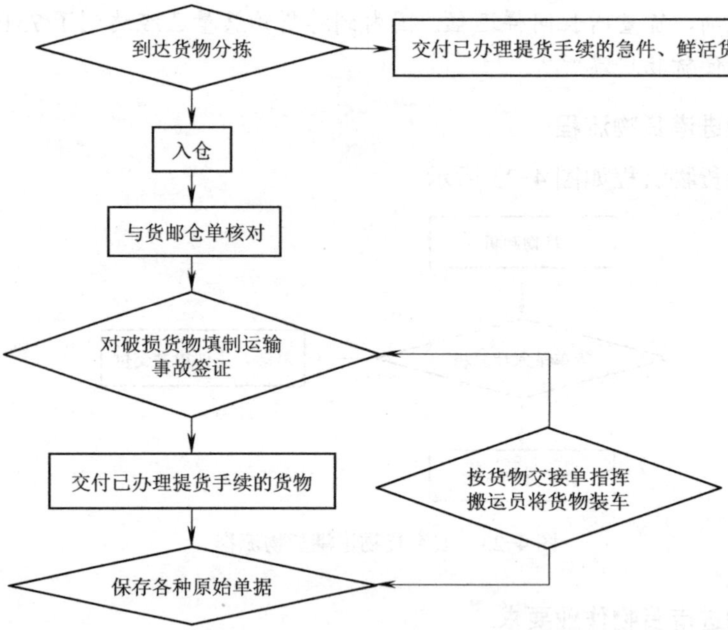

图 4–24 进港作业仓储员工作训练步骤图

第二步：进港作业监卸员训练。

进港作业监卸员训练步骤如图 4–25 所示。

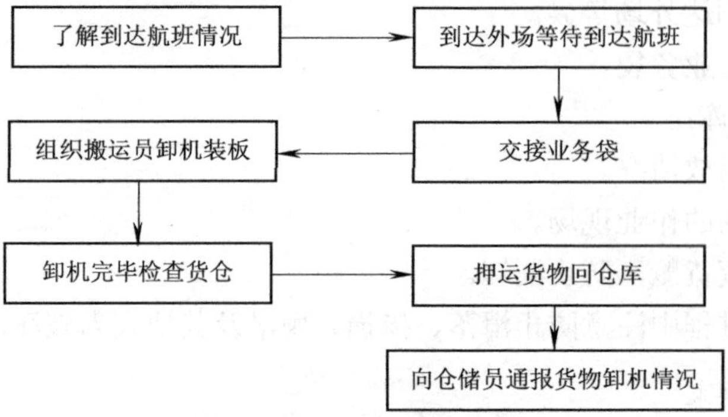

图 4–25 进港作业监卸员训练步骤

第三步：到达货物装卸作业训练。

到达货物装卸作业程序如图 4-26 所示。

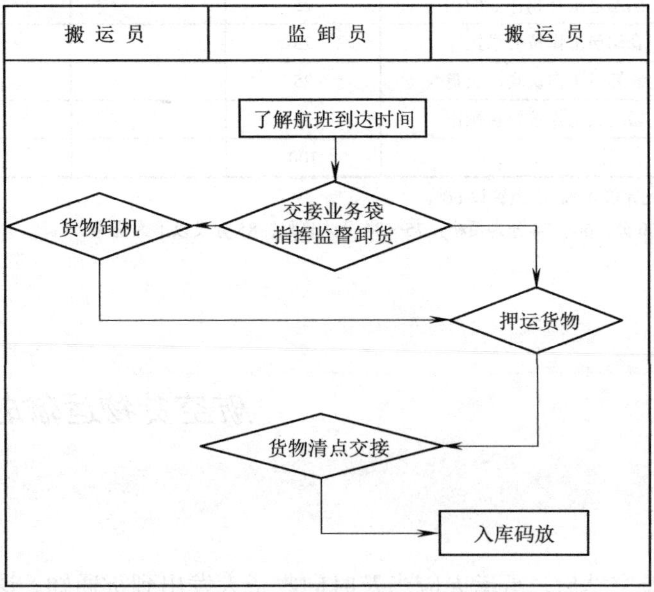

图 4-26　到达货物装卸作业程序

学生动手

1. 分组

每组 6 人，包括到达库仓储员 2 人、到达库监装员 2 人、搬运员 2 人。

2. 实施训练

按“教师演示”重复操作。

3. 训练注意事项

（1）在训练前明确货物进港作业程序。

（2）训练时严格按照安全操作要求进行。

（3）保持训练场地的清洁。

（4）遵守仓库的各项规定。

（5）训练时不迟到、早退。

学习评价

被考评人	
考评地点	
考评内容	航空货物运输的进港作业

（续）

	内　容	分值/分	自我评价/分	小组评议/分	实际得分/分
考评标准	熟悉进港货物作业的程序	25			
	仓储员工作按要求操作	25			
	监卸员工作认真，负责	25			
	搬运员工作按要求操作	25			
合　计		100			

注：1. 实际得分=自我评价 40%+小组评议 60%。
2. 考评满分为 100 分，60～74 分为及格；75～84 分为良好；85 分及以上为优秀。

任务七　航空货物运输的到达接收作业

任务描述

货物运至到达航空站后，承运人应当及时向收货人发出到货通知。该通知包括电话和书面两种形式。而急件货物的到货通知必须在货物到达后 2h 内发出，普通货物的到货通知应当在 24h 内发出。航空货运的这些规定，保障了托运人和收货人的权益，也要求各岗位的工作人员遵守岗位的工作职责。

任务目标

1. 知道航空货物运输到达作业的流程。
2. 明确到达作业的各个岗位的工作要求。
3. 清楚无法交付的货物处理方法和程序。
4. 培养良好的职业操守，严肃、认真、准确、一丝不苟的工作态度，按规章程序办事的工作作风。
5. 具有人际沟通和团队合作协调能力。

情景导入

2012 年 7 月 20 日上午，上海港机公司电话通知上海顺达物流公司，表明其 7 月 21 日需快递一份文件至北京参加投标。上海港机公司仅在运单上填写了托运人及收件人的详细情况。托运的货物标书送机场货运站时，过磅重量为 8kg，7 月 21 日上午货物出港，7 月 21 日晚，托运的标书到达北京货运站。但是货运站的营业员没有及时通知收货人，直到 7 月 23 晚收货人接到通知，标书才被运送到达地点。标书被延误两天送达，未能在 7 月 23 日投标截止日前运到，致使上海港机公司丧失了投标机会，蒙受了较大的经济损失及可能得到的利润。

知识储备

一、营业员接收作业

1. 到达库营业员工作程序

到达库营业员工作步骤如图 4-27 所示。

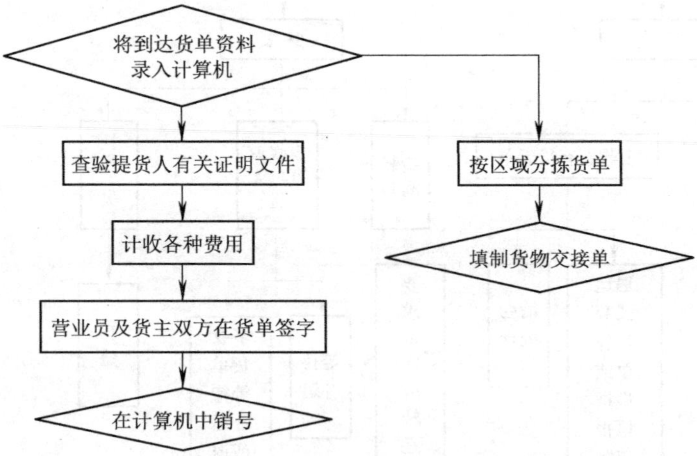

图 4-27　到达库营业员工作步骤

2. 到达库营业员工作内容

（1）负责航班货物到达的各项处理工作。

（2）热情接待收货人，回答问询准确，使用文明用语。

（3）货物到达后，按规定及时发出提货通知，急件货物应尽量采用电话通知。

（4）认真检验提货证明、证件，防止货物被冒领。发放货物时应逐件核对，确认无误后，方可交给货主，并请货主在运单上签收。

（5）准确核算、收取货物保管费及其他费用。货物提取后，及时销号，妥善保管单证。

（6）及时核对、清点库存货物，发现问题及时报告，确保到达库内单货一致。

（7）填写值班日记，将待办事项交接清楚。

二、查询员接收作业

1. 查询员对货物不正常运输的处理工作程序

货物不正常运输的处理工作程序如图 4-28 所示。

2. 货物查询工作的要求

（1）托运人或收货人可在出发地或目的地查询货物的运输情况。查询时要求出示货运单或提供货运单号码、出发地、目的地、货物名称、件数、重量和托运日期等内容。

（2）对发货人或收货人的查询应当及时给予答复。凡应当在当地查明的，必须在受理后

2 天内查明答复；凡应当向他站查询的，必须在当日（至迟次日）发出查询电、函。查询电文应当抄报上级业务部门，重大问题应当及时上报。

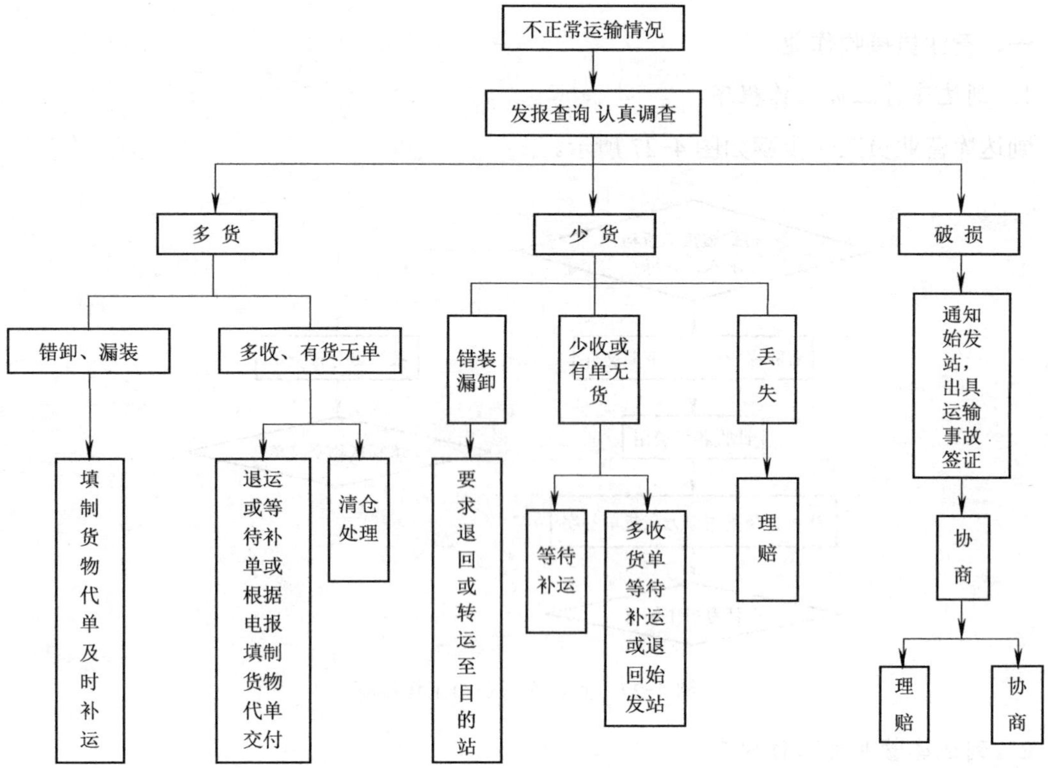

图 4-28 货物不正常运输的处理工作程序

（3）凡发生货物少收、破损、短少、单货不符等不正常运输情况，接收站应当在飞机到达后 2h，至迟不得超过 4h 发电向有关航站查询，并做好事故记录，由装运站负责查明情况，答复查询站。在发出查询单或查询电报之前，应当先在本站认真查找和核实，在确实没有时应及时发出。

（4）货物发生错运或错卸，造成差错的责任站发现后，应当立即通知有关站查处。发现错收、多收货物的航站，应当立即主动采取补救措施，及时运回原出发站或直接运往到达站，并电告有关站。

（5）对他站的查询，要认真调查，及时处理。凡是电报查询的，应在 24h 内答复。信函查询的，应在 3 天内答复。

（6）查询工作一定要落实，业务量大的地方要有专人负责办理，业务领导要加强检查。查询电文的发出和答复，应当由经办人员签字，并对查询和答复内容负责。

教师演示

航空货运的到达接收作业训练步骤如图 4-29 所示。

学生动手

1. 分组

每组 5 人，包括收货人 1 人、到达库营业员 2 人、仓储员 1 人、查询员 1 人。

2. 机械器具准备

装卸机械一台、货物若干。

3. 单据准备

航空货物运单（收货人联）。

4. 实施训练

按“教师演示”重复操作　。

5. 训练注意事项

（1）实际操作前明确各个岗位的工作职责。

（2）训练时严格遵守安全操作要求。

（3）保持训练场地的清洁。

（4）遵守仓库的各项规定。

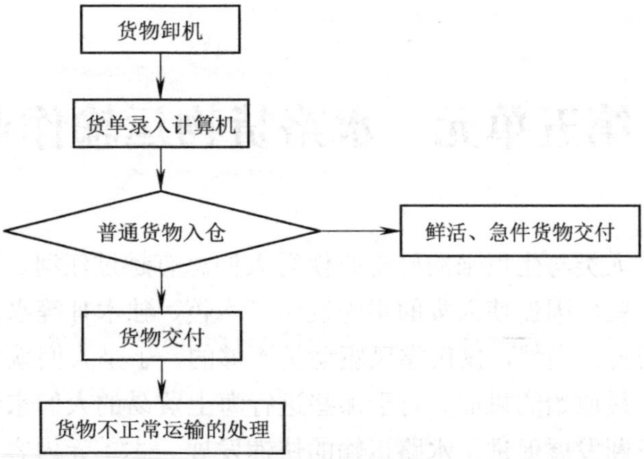

图 4-29　航空货运的到达接收作业训练步骤

学习评价

被考评人					
考评地点					
考评内容	航空货运的到达接收作业				
考评标准	内　容	分值/分	自我评价/分	小组评议/分	实际得分/分
	熟悉货物接收作业的程序	25			
	工作认真、态度亲切	25			
	查询工作及时、正确	25			
	不正常货物的处理程序正确	25			
合　　计		100			

注：1. 实际得分=自我评价 40%+小组评议 60%。

2. 考评满分为 100 分，60～74 分为及格；75～84 分为良好；85 分及以上为优秀。

第五单元　水路货物运输作业　5

人类与生俱来的好奇心使得人们总有越过江河、湖泊甚至大海去探索新天地的愿望。正是这些原因促使人类的祖先发明了木筏、独木舟等水上交通工具，并借助帆来利用丰富的风力资源。当然，仅仅靠风驱动是不够的，于是人们就发明了桨。把帆和桨装在独木舟上，就成了最原始的帆船。对于那些进行海上贸易的人们来说，对帆船的要求就更高了，因此，船的不断发展促进了水路运输的快速发展。本单元内容主要介绍我国内河航运的有关知识。

任务一　认识水路货物运输

任务描述

内河航运相对于铁路、公路运输来说具有成本优势及较强的经济性，其节能性也符合国家节能减排战略。我国将继续加大对内河航运的投资，内河航道投资占整体交通行业的比例从 2005 年的 1.75%上升至 2011 年的 2.75%。内河航运基础设施建设的投资加大对内河航运提供了坚强的后盾。作为基础运输服务行业，随着我国沿海产业向内陆的转移、城镇化发展以及西部大开发政策对内陆经济的快速推动，未来内河航运的市场潜力巨大。

任务目标

1. 明确水路运输在我国运输领域中的地位、现状及其未来的发展趋势。
2. 清楚水路货物运输的 4 种工具。
3. 知道水路运输经营的运营方式，具有良好的职业操守、严谨的工作作风。
4. 具有人际沟通和团队合作协调能力。

情景导入

2011 年，GDP 增长最快的前 10 名的省份中包括长江上游的重庆、四川、贵州、云南以及长江中游的湖南、湖北两省。与此同时，内陆地区的进出口贸易额大幅增加，重庆 2011 年进出口额增长率超过 100%，四川、贵州的进出口额也排名靠前。从绝对量上看，内陆仍与沿海地区如广东、江苏、上海有较大差距，短期内增长的空间非常大。因此，随着内陆经济和贸易逐步向沿海省份靠拢，对于原材料和大宗商品的需求快速增长，推动内河航运需求。

知识储备

一、水路运输的发展

人类使用船舶作为水上交通工具，几乎也同人类文明史一样悠久。从远古的独木舟发展到现代化的运输船舶，大体经历了舟筏时代、帆船时代和轮船时代。这三个时代是按驱使船舶前进的动力不同进行划分的，即：舟筏时代是以人力通过桨、橹和竹篙等工具驱使船舶前进的；帆船时代船舶的行进则主要依靠自然风力对悬挂于船桅上的篷帆的吹动作用作为动力的（见图 5-1）；轮船时代的船舶，则是以机械力通过推进装置驱使船舶前进。

然而，三个时代的划分并不是截然分明的，有时还相互协同作用。如帆船在利用风力的同时，少不了人力划桨来协助，特别是在风力微弱的时候，人力甚至成为帆船行进的主要动力。早期的轮船在使用机械动力的同时，常常挂起风帆借用风力，以加快船舶行使的速度。

舟筏时代与帆船时代在水上交通史中，无疑占有十分漫长的时期，但在水上交通史上最具创造性的时代，当然是轮船的出现。

图 5-1　帆船

轮船是指以机械为动力的船舶的通称，因早期机动船以蒸汽机为动力，用明轮为推进装置而得名。在螺旋桨推进器发明以前，以蒸汽机作动力的船舶大多用桨轮作为推进器。桨轮是一种装有许多桨片的巨大的轮子，桨片有固定的和活动的两种形式。早期轮船的桨轮都采用固定式桨片，一艘轮船一般有两个桨轮，对称地装置在船的两舷，两桨轮之间以轴相连，也有把桨轮装置在船尾的。由于桨轮上半部露出水面，所以桨轮又称明轮，装有明轮的机动船称为明轮船，简称轮船。当船上的蒸汽机带动桨轮转动时，桨轮周缘的桨片就不断地向后拨水，使船舶前进。后来，螺旋桨推进器取代了明轮推进器，但出于习惯，“轮船”这一名称却一直被沿用下来。

其实，以明轮作为船舶的推进装置，我国古代早有发明和应用，只是驱动明轮转动的不是蒸汽机而是人力。公元 552 年，梁朝水军将领徐世谱就曾使用一种“水轮船”与叛乱的侯景作战。唐德宗时的杭州知府李皋受到农民脚踏龙骨水车的启发，制造了一种桨轮船作战舰，在船舷左右各装一个桨轮，用横轴相连，轴上装有踏板，起航时叫士兵用力踩踏踏板，使船舷外的两个桨轮转动，桨轮上的桨片，好像许多把桨，不断地拨水，使船身前进。这件事在《旧唐书》卷 131 中有专门记载。桨轮船以轮代桨，成为一种半机械化的先进船舶，这是船舶推进装置的一大创新，比欧洲早了近 1 000 年。虽然仍使用人力，但却大大提高了推进效率。它与以风力为动力的篷帆船相比，有着许多优越之处，它不受风力、风向的影响或影响很小，在行船速度方面，也要比帆船快得多。图 5-2 所示是唐朝时期的四车桨轮船。

图 5-2　唐朝时期的四车桨轮船

桨轮船到南宋初期得到进一步发展。公元1130年，以洞庭湖为根据地的钟相、杨幺起义军，在与宋朝官军的水战中，就制造了大量的桨轮船作为战舰，称为“车船”。这种车船的结构大致与李皋的桨轮船相仿，但其桨轮数量不只是两个，而是按船只大小不同而轮数不一，一般有11个桨轮，大型车船的桨轮有24个之多，而且船尾还装有尾轮。此外，桨轮外面都装有护轮板，使桨轮隐蔽其间，以防敌人袭击和撞毁。每个桨轮上安装8个桨片，轮与轴连，轴上装踏脚板，轴转轮也转，“以轮激水，其行如飞” 。杨幺起义失败后，南宋朝廷也开始制造车船，规模更大，种类也更多。小型车船可容数10人，大型车船则可容700～800人之多。并按船体的大小而定车（桨）轮数，有2车、4车、5车、8车、23车以及24车等。这种车船成为当时南宋水军的先进战舰。宋将曾以此舰在采石矶击败了企图渡江南犯的金兵。

以车船作为战舰，沿用了相当长的时期。元末明初，陈友谅同朱元璋在鄱阳湖决战时，陈友谅水军使用的也是车船。及至清朝道光年间爆发的鸦片战争中，中国方面也曾使用车船抗击英舰的进犯，英国的侵略军当时还以为是中国人看见其明轮战舰后仿制的，却不知中国人早在一千多年前就已经发明使用了。只是中国的人力桨轮船尽管比帆船大有进步，最终还是敌不过英人的以蒸汽机驱动桨轮的战舰。据英国著名科技史专家李约瑟博士分析，中国在中世纪时期制造的桨轮船估计已达到50马力，航速平均3.5～4.0n mile/h。

在国外，自18世纪中叶蒸汽机发明后，许多人都试图把蒸汽机作为动力用于船舶的行驶，以代替原始的风帆，并进行了大量的探索。

有比较可靠记载的是法国人乔弗莱，他于1783年7月制成了世界上最早的近代明轮——“波罗斯卡非”号，以两个直径为5m的巨大桨轮作为推进器。然而就在轮船于索思河上试航15min后，蒸汽锅炉发生了爆炸。这艘世界上最早问世的明轮船以失败告终。

1802年，对蒸汽机很有研究的英国机械工程师薛明敦，在一个名叫邓达斯的人的资助下，制成了一艘蒸汽明轮船，该船的桨轮装在船尾，以一台10马力（1马力=735.499W）的单缸蒸汽机驱动。并在苏格兰格拉斯哥附近的一条运河上试航成功，这是世界上第一艘试航成功的蒸汽机轮船。然而，因运河公司怕轮船激起的水浪损坏两侧堤岸，这艘船没能投入运营。

世界上第一艘用于实际运输的轮船是美国人富尔顿制造成功的。他于1793年开始致力于蒸汽轮船的研究，并观看过薛明敦的蒸汽轮船试航，得到不少启发。1807年，他在詹姆士·瓦特的支持下，终于在美国制造成功“克莱蒙特”号蒸汽轮船，该船长45.72m，宽为9.14m，排水量为100t，两个直径4.6m的巨大桨轮装在船舷两侧，船中央安装着当时最先进的船用蒸汽机。8月18日，“克莱蒙特”号在纽约附近的哈得逊河上进行试航，以6.4km/h的速度平稳地在哈得逊河上逆流而上，到达纽约州首府奥尔巴尼后再调头顺流而下，回到纽约，往返航程91.4km，试航获得圆满成功。

后来，富尔顿把“克莱蒙特”号投放到哈得逊河上进行实际运营，开辟了从纽约到奥尔巴尼的定期航班，载客运货，为社会服务。从此，轮船作为一种新的运输工具写进了世界交通史。富尔顿则被后人尊为轮船的发明人，载入史册。其实，他只能算是蒸汽轮船的改进者而不是发明人，但轮船运输却是由他开创的。

内燃机的发明，为轮船的航行提供新的了更为先进有效的动力。这触发了一场轮船制造技术的革命。从此，轮船的制造技术越来越高，航运能力越来越强，规模越来越大。与现代舰船相比，早期的轮船无论从排水量、运载量、航速、续航能力还是船舶本身的装备看，都显得十分简陋。但正是这些早期的蒸汽轮船及其制造者们，揭开了人类航运交通史的新篇章。

二、我国内河航运的现状

（一）我国主要的内河航道

我国水网密布、湖泊众多，长江横贯东西，京杭运河纵穿南北，河流总长 43 万 km，内河水运省份 23 个，通航里程达 12.3 万 km，居世界第一位。

我国的内河运输主要分布在长江水系、珠江水系和京杭运河，货运量分别占全国总量的 40%、15.5%和 21.5%。

1. 长江水运干线

长江水运干线，上起云南水富，下至上海长江口，经重庆、涪陵、万州、巴东、宜昌、岳阳、武汉、九江、安庆、芜湖、南京、南通，全长 2 838km，是我国唯一贯穿东、中、西部的交通大通道，是沿江经济快速发展的重要依托。

经过多年来的建设，南京至长江口通航水深由 7m 提高到 10m，可通航 3 万吨级海轮，5 万吨级海轮可乘潮通航，第五代集装箱船和 10 万吨级散货船乘潮可进入上海港；南京至武汉可通航 5 000 吨级海轮；武汉至重庆可通航 1 000～1 500 吨级驳船或 3 000～9 000 吨级船队；重庆以上可通航 500～1 000 吨级船舶。

2. 珠江水运干线

珠江水运干线由上游西南水运出海南线右江通道、中线红水河通道、北线柳黔江通道经西江接珠江三角洲航道网组成，是沟通我国西南、华南地区出海大通道。

通过“十五”期间的建设，珠江水运干线通航条件得到了明显改善，通过能力得到较大提高，有力地推动了珠江三角洲深水航道网和港口群的发展，综合运输网络结构得到了合理调整，珠江流域投资环境得到了极大改善，促进了社会经济的发展，已成为“泛珠三角”和“东盟”经济合作区物流及外贸运输的重要通道，为国家实施西部大开发战略和广东率先基本实现现代化作出了积极的贡献。

“珠流南国，得天独厚”。内河水运正处于发展的最佳机遇期。珠江这条绿色大通道将为东部现代化、西部崛起、流域腾飞和泛珠三角经济区的共同繁荣再展宏图。

3. 京杭运河

距今已有 2 480 多年历史的京杭运河是世界上开凿最早、规模最大、流程最长的人工河流，对我国古代政治、经济、军事、文化的发展，起了巨大的推动作用。

解放前，京杭运河已破败不堪，多处河段淤塞，不能通航，运量甚微。解放后，尤其是改革开放以来，人民政府投入大量资金，对运河进行了大规模的整治，渠化了运河航道，建设了设施完善的通航船闸，使千年的古运河，焕发了勃勃生机，成为世界上运量最大、最繁忙的人工运河。目前，京杭运河通航河段近900km，其中山东段173km，江苏段612km，浙江段100km，全线共有梯级17个，通航船闸35座。它承担着北煤南运和矿建材运往长江三角洲地区的运输任务。2004年，京杭运河的年货运量达2亿t。图5-3所示的是京杭运河水系图。

图5-3　京杭运河水系图

（二）我国内河运输的发展

内河运输以传统的大宗散货为主，煤炭、金属矿石、矿建材料、石油及其制品、非金属矿石五大货类的运量占内河货物运输总量的84.8%。改革开放以来，在我国由计划经济逐步向市场经济过渡时期，为了与国民经济和社会发展相适应，为促进内河航运的发展，繁荣内河航运市场，中央和地方政府有关部门实行了“有水大家行船”的政策。这一政策开放搞活了内河航运市场。个体运输户、集体运输企业所占运输市场份额逐年上升，全国内河运力也持续增长，截至2011年，全国内河运力规模达到8 700万载重吨，船舶平均吨位突破500吨，是2003年的3倍。但我国内河运输的发展形势从客观上说仍是比较严峻的。由于宏观管理失控，只讲放开，忽视管理，致使船舶运力发展的幅度远远超过经济发展和货源的增长速度，以致带来全国众多航运企业货源不足、运价不到位、经济效益滑坡、亏损面加大等问题，运输市场非常混乱。

三、水路运输工具

水路运输工具又称浮动工具（也称浮动器），包括船、驳、舟、筏。船和驳是现代水路运输工具的核心。船是指装有原动机的，而驳则是没有动力装置的。物流领域使用的货船主要有以下几种。

1. 集装箱船

集装箱船是专用装载集装箱或混装集装箱的高速货船。一般不配备装卸设备，具有瘦长的船体外形，为了减少风浪影响，一般都采用球鼻首船型，如图 5-4 所示。

图 5-4　集装箱船

2. 滚装船

滚装船是用来专门装运以载货车辆为货物单元的船舶，是一种快速运输货物的新型船舶，如图 5-5 所示。

图 5-5　滚装船

3. 油船

油船又称油轮，是用来专门装运散装石油（原油及石油产品）类、液体货物类的船舶，是远洋运输中的特大型，大型船舶，如图 5-6 所示。

图 5-6　油船

4. 液化气船

液化气船是专门用来装运液化了的天然气和石油气体的船舶，如图 5-7 所示。

图 5-7 液化气船

四、水路运输经营的运营方式

1. 自营

轮船公司本身购买或建造船舶，自行经营航线业务。通常须是规模较大的海运公司，才有能力自营。

2. 租船运营

公司本身并无船舶，而以租船的方式，自船东处取得船舶，从事货物船运或转租运营。

3. 委托经营

小型轮船公司将船舶委托大轮船公司或有经验的代理人代为运营。通常付给代理费、货运佣金或给付代营费作为受委托人的报酬，而盈亏仍由船东自行负责。

4. 联合运营

各轮船公司在某一航线组织海运联盟，采取联合运营，同一航线或数航线的所有货运公平分配装运，或运费收入公平分配，但各公司仍保持其独立性。

5. 自运

大规模的生产事业，为运送本身的货物，而自行购船或租船自行运营。

6. 船务代理

以船东或租船人的名义代办客货招揽、船务处理、装卸货物及进出口手续等，以收取佣金或手续费为报酬的业务为船务代理。

7. 航业经纪

代办各项业务，以收取佣金为报酬，但其经营范围较广，包括船舶买卖、代理船方或货方洽办租船业务以及从事海事案件的处理等。

教师演示

第一步：通过网络或图书查阅下列相关资料。

（1）水路运输的现状及发展趋势。

（2）水路货物运输的工具的情况。

（3）水路运输经营的运营方式。

第二步：带领学生参观水路货物运输站点、码头，观察所见到的各种水路货物运输工具，记录各种工具的特点及特征。

学生动手

（1）根据查阅的资料，写出查阅报告：列出水路运输的现状、发展阶段和特点，未来水路的发展趋势；列出我国水路运输发展各阶段的特点；列出水路货运运输工具的特征以及主要运输的货物；总结水路运输经营的运营方式和特点。

（2）根据参观内河货运站的情况，写出参观报告。

（3）注意事项：资料的查阅范围要广泛，内容要全面。在调查收集资料时要做到认真细致，注意文明礼貌。在站场、码头参观时，注意安全，并遵守站场、码头的有关规定。

举一反三

查阅有关中国近代航运史资料、中国航运发展报告、长江航运等杂志和书籍。

学习评价

被考评人					
考评地点					
考评内容	认识水路货物运输				
考评标准	内　容	分值/分	自我评价/分	小组评议/分	实际得分/分
	调查内容完整	25			
	查阅资料的内容正确、完整	25			
	参与讨论积极	25			
	有团队合作精神	25			
合　计		100			

注：1. 实际得分＝自我评价 40%＋小组评议 60%。

2. 考评满分为 100 分，60～74 分为及格；75～84 分为良好；85 分及以上为优秀。

任务二 签订水路货物运输合同

任务描述

水路货物运输合同，是指国内沿海港口、沿海与内河港口，以及内河港口之间由承运人收取运费，负责将托运人托运的货物经水路由一港运至另一港的合同。学习签订水路货物运输合同是十分有必要的。

任务目标

1. 知道水路货物运输合同的含义和内容。
2. 清楚水路运单在水路货物运输中的作用。
3. 掌握运单的内容，会填写运单。
4. 知道货票各联的作用。

情景导入

2013年7月28日，南海公司与能强建材公司在海口市签订水上货物运输合同，约定南海公司派“津浩”轮承运能强建材公司2000t煤，从厦门港运至三亚港，运价40元/t，“津浩”轮拟于7月30日抵港受载，装港4天，合同还对船舶在港时间、滞期费和违约责任等作了规定。合同未尽事宜，由双方协商解决，或按交通部颁布的水路运输规则处理。你可以根据这项水路货物运输业务填写水路运单吗？

知识储备

一、水路运输合同

（一）水路运输合同格式

水路运输合同格式见表5-1。

表 5-1　水路运输合同格式

本表经承运人签盖运输合同专用章后，具有月度运输合同效力，有关承运人与托运人、收货人之间的权利、义务关系和责任界限，按《水路货物运输规则》及运杂费用的有关规定办理。

月度水路货物托运计划表

____年____月

起运地：　　　　提出日期____年___月___日　　　　编号：

货　名	到达港（地）	换装港（地）		收货人	托　运　量		核　定　量		备　注
		第一	第二		重量	体积	重量	体积	
特约事项									

提计划单位：　　　　托运人（签章）　　　　承运人（签章）

地址：　　　　电话：

[说明]双方当事人在托运计划表上签字盖章后，合同成立，托运人应同时并送交填好的货物运单。

（二）水运货物运输合同样本

水运货物运输合同样本

根据经济合同法和××省海上运输管理规定的要求，××（简称甲方）向××省交通厅海运局（简称乙方）计划托运货物，乙方同意承运，特签订本合同，共同遵守，互相制约，具体条款经双方协商如下。

1. 运输方法

乙方调派吨位船舶一艘（船舶吊货设备），应甲方要求由××港运至××港，按现行包船运输规定办理。

2. 货物集中

甲方应按乙方指定时间，将货物于××天内集中于××港，货物集齐后，乙方应在5天内派船装运。

3. 装船时间

甲方联系到达港同意安排卸货后，经乙方落实并准备接收集货（开集日期由乙方指定）。

装船作业时间，自船舶抵港已靠好码头时起于××h 内装完货物。

4. 运到期限

船舶自装货完毕办好手续时起于××h 内将货物运到目的港。否则按《水路货物运输规则》第 3 条规定承担滞延费用。

5. 起航联系

乙方在船舶装货完毕起航后，即发报通知甲方做好卸货准备。如需领航时亦通知甲方按时派引航员领航，费用由乙方负担。

6. 卸船时间

甲方保证乙方船舶抵港锚地，自下锚时起于××h 内将货卸完。否则甲方按超过时间向乙方交付滞延金 0.075 元/t，在装卸货过程中，因天气影响装卸作业的时间，经甲方与乙方船舶签证，可按实际影响时间扣除。

7. 运输质量

在乙方装船时，甲方应派员监装，指导工人按章操作，装完船封好舱，甲方可派押运员（免费一人）随船押运。乙方保证原装原运，除因船舶安全条件所发生的损失外，对于运送货物的数量和质量均由甲方自行负责。

8. 运输费用

按省水运货物一级运作率以船舶载重吨位计，货物运费××元，空驶费按运输的 50%计，全船运费为××元，一次计收。

港口装船费用，按省港口收费规则有关费率计收。卸船等费用，由甲方直接与到达港办理。

9. 费用结算

本合同经双方签订后，甲方应先付给乙方预付运输费用××元。乙方在船舶卸完后，以运输费用凭据与甲方一次结算，多退少补。

10. 附则

本合同甲乙双方各执正本一份，副本×份，并向工商行政管理局登记备案。如有未尽事宜，得按××省交通厅海上运输管理规定和经济合同法的有关规定协商办理。

二、货物运输合同的签订

（1）水路货物运输合同，除短途驳运和摆渡零星货物，双方当事人可以即时结清者外，应当采用书面的形式。大宗物资运输，可按月签订货物运输合同。对其他按规定必须提送月度托运计划的货物，经托运人和承运人协商同意，可以按月签订货物运输合同或以货物运单作为运输合同。零星货物运输和计划外的整批货物运输，以货物运单作为运输合同。

（2）按月度签订的货物运输合同，经双方在合同上签认后，合同即告成立。如承、托运双方当事人无需商定特约事项的，可以用月度托运计划表代替运输合同，经双方在计划表上签认后，合同即告成立。在实际办理货物承托运手续时，托运人还应向承运人按批提出货物运单，作为运输合同的组成部分。以货物运单作为运输合同的，经承、托运双方商定货物的集中时间、地点，由双方认真验收、交接，并经承运人在托运人提出的货物运单上加盖承运日期戳后，合同即告成立。货物运单的格式，江海干线和跨省运输的由交通部统一规定；省（自治区、直辖市）内运输的由省（自治区、直辖市）交通主管部门统一规定。

（3）按月度签订的货物运输合同，应具备下列基本内容：

1）货物名称。

2）托运人和收货人名称。

3）起运港和到达港，海江河联运货物应载明换装港。

4）货物重量，按体积计费的货物应载明体积。

5）违约责任。

6）特约条款。

三、货物运输合同的履行

1. 托运人应当承担的义务

（1）托运的货物必须与货物运单记载的品名相符。

（2）在货物运单上准确地填写货物的重量或体积。对起运港具备符合国家规定计量手段的，托运人应按照起运港核定的数据确定货物重量；对整船散装货物，托运人确定重量有困难时，可以要求承运人提供船舶水尺计量数，作为托运人确定的重量。对按照规定实行重量和体积择大计费的货物，应填写货物的重量和体积。对笨重长大货物，还应列出单件货物的重量和体积（长、宽、高）。

（3）需要包装的货物，必须按照国家或国家主管部门规定的标准包装；没有统一规定包装标准的，应在保证运输安全和货物质量的原则下进行包装；需要随附备用包装的，应提供备用包装。

（4）正确制作货物的运输标志和必要的指示标志。

（5）在托运货物的同时，按照合同规定的结算方式付清运输费用。

（6）实行保价运输的个人生活用品，应提出货物清单逐项声明价格，并按声明价格支付规定的保价费。

（7）国家规定必须投保的货物，托运人应在托运时投保货物运输险。对于每件价值在700元以上的货物或每吨价值在700元以上的非成件货物，实行保险与负责运输相结合的补偿制度，托运人可在托运时投保货物运输险，具体办法另行规定。

（8）按规定必须凭证运输的货物，应当提供有关证件。

（9）按照货物属性或双方商定需要押运的货物，应派人随船押运。

（10）托运危险货物必须按危险货物运输的规定办理，不得匿报品名、隐瞒性质或在普通货物中夹带危险货物。

2. 承运人应当承担的义务

（1）应按商定的时间和地点调派适航、适载条件的船舶装运，并备妥相应的护货垫、隔物料；但按规定应由托运人自行解决的特殊加固、苫垫材料及所需人工除外。

（2）对承运货物的配积载、运输、装卸、驳运、保管及交接工作，应谨慎处理，按章作业，保证货运质量。

（3）对经由其他运输工具集中到港的散装运输、不计件数的货物，如具备计量手段的，应对托运人确定的重量进行抽查或复查；如不具备计量手段的，应在保证质量的前提下，负责原来、原转、原交。对按体积计收运输费用的货物，应对托运人确定的体积进行抽查或复查，准确计费。

（4）对扫集的地脚货物，应做到物归原主；对不能分清货主的地脚货物，应按无法交付货物的规定处理。

（5）组织好安全及时运输，保证运到期限。

（6）按照船舶甲板货物运输的规定，谨慎配装甲板货物。

（7）按照规定的航线运输货物，到达后，应由到达港发出到货通知，并负责将货物交付给指定的收货人。

四、货物运输合同的变更和解除

1. 凡发生下列情况之一者，允许变更或解除月度货物运输合同

（1）订立运输合同所依据的国家计划被变更或取消。

（2）由于不可抗力使运输合同无法履行。

（3）合同当事人一方由于关闭、停产、转产而确实无法履行合同。

（4）由于合同当事人一方违约，使合同履行成为不必要或不可能。

（5）在不损害国家利益和不影响国家计划的前提下，经当事人双方协商同意。

变更或解除月度货物运输合同应当采用书面形式（包括文书、电报或变更计划表等），并应在货物发送前，由要求变更或解除的一方向对方提出。月度货物运输合同只能变更。货物运输合同变更要求书见表5-2。

2. 以货物运单作为运输合同的，允许按下列规定变更或解除运输合同

（1）货物发运前，承运人或托运人征得对方同意，可以解除运输合同。承运人提出解除合同的，应退还已收的运输费用，并付给托运人已发生的货物进港短途搬运费用；托运人提出解除合同的，应付给承运人已发生的港口费用和船舶待时费用。

（2）货物发运后，承运人或托运人征得对方同意，可以变更货物的到达港和收货人。同一运单的货物不得仅变更其中的一部分，并且只能变更一次。对指令性运输计划内的货物要求变更时，除必须征得对方同意外，还必须报下达该计划的主管部门核准。由于航道、船闸障碍、海损事故、自然灾害、执行政府命令或军事行动，货物不能运抵到达港时，承运人可以到就近港口卸货，并及时通知托运人或收货人提出处理意见。合同中订有特约变更条款的，应按双方商定的变更条款办理。

表 5-2　货物运输合同变更要求书

货物运输合同变更要求书

＿＿＿＿＿年＿＿＿月＿＿＿日

<table>
<tr><td rowspan="2">变更事项</td><td colspan="2">到达港（地）</td><td colspan="2">换装港（地）</td><td colspan="2">收货人</td></tr>
<tr><td colspan="2"></td><td colspan="2"></td><td colspan="2"></td></tr>
<tr><td rowspan="5">原票据记载事项</td><td>起运港（地）</td><td>托运人</td><td>换装港（地）</td><td colspan="2">到达港（地）</td><td>收货人</td></tr>
<tr><td></td><td></td><td></td><td colspan="2"></td><td></td></tr>
<tr><td rowspan="2">货名</td><td rowspan="2">件数</td><td rowspan="2">包装</td><td colspan="2">托运人确定</td><td rowspan="2">承运日期</td></tr>
<tr><td>重量</td><td>体积</td></tr>
<tr><td></td><td></td><td></td><td colspan="2"></td><td></td></tr>
<tr><td>记事</td><td colspan="6"></td></tr>
</table>

提出变更单位：　　　　　　　　　　　　　　　　公章：

注：托运人要求变更到达港、换装港和收货人时，可随附提货凭证及其他有效证件，向到达港或换装港承运人提出，同一运单的货物只能变更一次但不得变更其中的一部分。

五、水路运单

水路运单是承运人或其代理人在接受发货人或货物托运人的订舱时，根据发货人的口头或书面申请货物托运的情况，据以安排货物运输而制订的单证。该单证一经承运人确认，便作为承、托双方订舱的凭证。运单是运输合同的证明，是承运人已经接收货物的收据。

1. 水路运单的内容

（1）承运人、托运人和收货人名称。

（2）货物名称、件数、重量和体积（长、宽、高）。

（3）运输费用及其结算方式。

（4）船名、航次。

（5）起运港、中转港和到达港。

（6）货物交接的地点和时间。

（7）装船日期。

（8）运到期限。

（9）包装方式。

（10）识别标志。

（11）相关事项。

2. 运单填制要求

（1）一份运单，填写一个托运人、收货人、起运港和到达港。

（2）货物名称填写具体品名，名称过繁的，可以填写概括名称。

（3）规定按重量和体积择大计费的货物，应当填写货物的重量和体积（长、宽、高）。

（4）填写的各项内容应当准确、完整和清晰。

（5）承运人接收货物应当签发运单，运单由载货船舶的船长签发的，视为代表承运人签发。

（6）运单签发后，承运人、承运人的代理人、托运人、到达港港口经营人、收货人各留存一份，另外一份由收货人收到货物后作为收据签还给承运人。承运人可以视情况需要增加或者减少运单份数。

3. 水路货物运单

（1）水路货物运单见表5-3。

表5-3　水路货物运单

______水路货物运单

年______月______日

> 本运单经承托双方签章后，具有合同效力，承运人与托运人、收货人之间的权利、义务关系和责任界限均按《水路货物运输规则》及运杂费用的有关规定办理。

交接清单号码______　　运单号码______

船名　航次	起运港		到达港		到达日期	收货人
托运人 全称		收货人 全　称				
托运人 地址、电话		收货人 地址、电话				
托运人 银行、账号		收货人 银行、账号			（承运人章）	（章）

发货符号	货名	件数	包装	价值	托运人确定		计费重量		等级	费率	金额	应收费用		
					重量/t	体积（长、宽、高）/m	重量/t	体积/m^3				项目	费率	金额
												运费		
												装船费		
合　计														

运到期限（或约定）	托运人（公章） ______月______日	总　计	
特约事项	承运日期 起运港承运人章	核算员	
		复核员	

（2）货物运单的有关说明：

1）此货物运单主要适用于江、海干线和跨省运输的水路货物运输。

2）水路货物运单、货票一式 6 份，顺序如下：

第一份：货票（起运港存查联）。

第二份：货票（解缴联）起运港→航运企业。

第三份：货票（托运人收据联）起运港→托运人。

第四份：货票（船舶存查联）起运港→船舶。

第五份：货票（收货人存查联）起运港→船舶→到达港→收货人。

第六份：货物运单（提货凭证）起运港→船舶→到达港→收货人→到达港存。

3）除另有规定者外，属于港航分管的水路运输企业，由航运企业自行与托运人签订货物运输合同的，均使用航运企业抬头的水路货物运单。

4）货物运单联需用厚纸印刷，货票各联用薄纸印刷，印刷墨色应有区别：解缴联为红色，收据联为绿色，其他各联为黑色。

5）要印控制号码或固定号码。

6）到达港收费，另开收据。

教师演示

第一步：填写运输业务的合同。

第二步：填写货物运单训练。

学生动手

根据以下业务以托运人和承运人的不同角色填写货物运单。

（1）上海海天服装有限公司在青岛购得一批衬衫，价值 10 万元，交由青岛港运抵上海港。货物共 100 件，每件约重 27.5kg。

（2）东山化工公司与一家私营企业中天化工原料供应站签订了一份合同，合同约定由东山化工公司供对方苯甲酸钠 7t。由烟台港发运，到站宁波港，收货人为中天化工公司，货物包装为桶装，共 30 件，价值 13.2 万元。

学习评价

被考评人					
考评地点					
考评内容	签订水路货物运输合同				
考评标准	内容	分值/分	自我评价/分	小组评议/分	实际得分/分
	合同的内容完整	25			
	合同条理清楚	25			
	运单填写完整	25			
	运单填写清晰	25			
合计		100			

注：1. 实际得分＝自我评价 40%＋小组评议 60%。

2. 考评满分为 100 分，60～74 分为及格；75～84 分为良好；85 分及以上为优秀。

任务三 水路货物运输作业

任务描述

水路货物运输和陆路运输有很大的区别，但是水路运输和铁路、公路一样，也有受理托运、运送、交付的过程。

任务目标

1．知道水路货物运输作业的流程及各个流程中作业项目的内容。

2．能操作各个岗位的作业内容。

情景导入

广达公司和建材公司在海口市签订水运合同，广达公司派“广运”轮承运建材公司 2 000t 煤，从厦门港运至三亚港，“广运”轮于 2005 年 8 月 6 日抵厦门港，于当日开始装煤，至次日装货完毕。经厦门理货公司理货，煤重量为 2 003t，并由厦门港东渡装卸公司出具“水运货物交接清单”，“广运”轮于 8 月 8 日离开厦门港，并于 8 月 15 日从广州驶往三亚港。8 月 17 日，“广运”轮抵三亚港锚地，于 20 日靠三亚港 7 号码头卸煤，建材公司收货时发现煤积水过多，即向“广运”轮提出异议。三亚港为此作出货运记录：“该轮煤在卸船过程中，湿水量比较严重。”“广运”轮大副也在货运记录上注明：“厦门下雨 2 天及货主要求立即装煤，水分较大。”建材公司经委托三亚商检局进行水尺计重测算及水分化验，检验结果为：自“广运”轮船舱卸出的煤总重量为 1 946t。“广运”轮大副在水尺计重记录表上签字认可。在这次水运业务中，涉及水路货物运输作业的很多作业内容。那么，在本次水路运输作业过程中，哪些作业过程有错误呢？

知识储备

一、受理托运作业

发货人（货主、货运代理）在托运货物时，应按承运人的要求填写货物托运单，以此作为货物托运的书面申请。货物托运单是发货人托运货物的原始依据，也是承运人承运货物的原始凭证。根据客户的指令进行托单的录入，主要包括：①货物名称。②重量、件数，按体积计费的货物应载明体积。③包装。④运输标志。⑤起运港和到达港，海江河联运货物应载明换装港。⑥托运人、收货人名称及其详细地址。⑦运费、港口费和有关的其他费用及其结算方式。⑧承运日期。⑨运到期限（规定期限或商定期限）。⑩货物价值。⑪双方商定的其他事项。

根据受理途径的不同，受理方式可分为：①直接受理。②电话受理。③传真受理。④网上受理。承运人在接到托运单后，应进行认真审核托单的审核主要是指对受理的托单进行的审核工作，审查人员确认完所有受理的托单后方能处理下一步的工作。检查各项内容是否正确，如确认无误，则在运单上签章，表示接受托运。

托运人应当及时办理港口、海关、检验、检疫、公安和其他货物运输所需的各项手续，并将已办理各项手续的单证送交承运人。因托运人办理各项手续和有关单证不及时、不完备或者不正确，造成承运人损失的，托运人应当承担赔偿责任。

二、装船作业的要求

（1）装船前，承运人应将船舱清扫干净，检查管系，准备好垫隔物料，港口经营人应准备好保障安全质量的防护措施。

（2）承运人与港口经营人在船边进行货物交接。对于按件承运的货物，港口经营人应为承运人创造计数的条件，工班作业结束后，承运人和港口经营人应办清当班交接手续。

（3）除承运人和港口经营人双方另有协议外，装船时应做到大票分隔、小票集中，每一大票货物应接单装船、一票一清，同一收货人的几票货物应集中在一起装船，每一大票货物或每一收货人的货物，装船开始及终了时，承运人应指导港口作业工作做好垫隔工作。

（4）装船作业时，承运人应派人看舱，指导港口作业人员按计划的装货顺序、部位装舱，堆码整齐。整船散装货物应按有关规定检验测定装前、装后水尺，并记录在货物交接清单上。如发现货物残损、包装不合标准要求、破裂或标志不清等情况，应编制货运记录。

（5）港口经营人应在每一票货物装完时，检查库场、舱口、作业线路有无漏装、掉件，发现漏装及时补装，发现掉件及时拣归原批。对装船中洒漏的地脚货物，属于散装货物要随时收集进舱归原批。属于代装货物应扫集整理、灌包，并通知承运人安排舱位，分别堆簇；同时在货物交接清单内注明灌包地脚货物的件数。

（6）装船作业时，港口经营者要严格遵守操作规程和货运质量标准，合理使用装卸工具，轻搬轻放。做到不倒关、不浠舱、破包不装船、重不压轻、木箱不压纸箱、箭头向上、堆码整齐。散装货物应按承运人要求平舱。图 5-8 所示是散装货物装船情况。

图 5-8　散装货物装船情况

（7）计划配装的货物，如因故必须退装时，按下列规定办理：

1）必须按运单、货名、件数退装，不得将几张运单的货物，不分货名、合并笼统退装若干件数。

2）一张运单的货物全部退装，应将运单抽出，并在货物交接清单内划去。

3）一张运单的货物退装一部分时，应将退装的件数、吨数，按运单、货名编制货运记录，并在货物交接清单内注明实装件数、吨数；退装货物另行装船，由造成退装的责任方会同托运人进行处理。

（8）货物装船时，如发生实装数量与运单记载数量不符时，承运人与港口经营人编制货运记录。港口经营人事后发现货物漏装，应另行办理托运手续，费用由责任方承担；并在运单特约事项中注明原承运船舶的船名、航次、原运单号码、原发货件数和重量等。

（9）装船完毕，通过港口库场装船的货物，由承运人和港口经营人在货物交接清单上签章；船边直接装船的货物，由承运人和托运人在货物交接清单上签章。未办妥交接手续，船舶不得开航。

（10）货运记录编制和事故处理。货运记录和普通记录的编制，按《水路货物运输规则》办理。编制记录要认真、准确、客观地反映真实情况，以便作为处理事故，查询货物的依据。编制记录应遵守下列规定：

1）在交接或交付货物的当时编制，任何一方不得拒编，也不得事后要求补编。

2）记录内各栏应逐项填写清楚，如有更改应由交接双方在更改处盖章。

3）一张运单或作业委托单有数种品名时，应分别写明情况。

4）内容应如实填写，不得凭想象或假设，不得用揣测、笼统词句；情况要记录得详细、准确、具体。

水路货运记录见表 5-4。

表 5-4　水路货运记录

货 运 记 录

编号：

交　货　方		接　货　方	
运/提单号码	作业合同号码	船名	航次
交接时间	交接地点	车号	
起运港	中转港	到达港	
货物名称	包装方法	识别标志	集装箱号
记录内容			

交货方（签章）　　　　　　　　接货方（签章）

年　月　日　　　　　　　　年　月　日

［说明］规格：长 27cm，宽 19cm。

三、卸船作业要求

（1）承运人应及时向港口经营人提供卸船资料。对船边直取的货物，应事先通知收货人做好接运提货的准备工作。港口经营人应根据承运人提供的资料以及与作业委托人签订的作业合同，安排好泊位（浮筒、趸船）、库场、机械工具和劳力编制卸船计划。

（2）承运人应派人指导卸货。港口作业人员应接受承运人指导，按实际装载顺序、运单、标志卸船，整批货物，应做到一票一清。几票集中装船的零星货物，应做到集中卸船。承运人发现港口经营人混卸或违章操作，应予制止，制止不听的应编制货运记录。

（3）卸船时，如在船上发现货物残损、包装破裂、翻钉、松钉、包装完整内有碎声、分票不清、标志不清、装舱混乱以及积载不当等情况，港口经营人应及时与承运人联系，检查确认，编制货运记录证明，不得拒卸或原船带回。

（4）卸船时，港口经营人应按规定的操作规程、质量标准操作，合理使用装卸机具。在卸船时要做到不拖关、不挖井、不推垛、不落水，分清原残、工残，并按双边交接的有关规定，在货物堆码、做关标准、理货计数等方面创造条件，使交接双方易于计数交接，做到理货数字一班一清、一票一清、全船数字清。每一张运单或一个收货人的货物卸完后，应由库场员复点核实。

（5）承运人和港口经营人在卸船作业中，应随时检查舱内、舱面、作业线路有无漏卸货物或掉件，港口经营人应将漏卸、掉件和地脚货物按票及时收集归原批。卸船结束后，港口经营人应将舱内、甲板、码头、作业线路、机具、库场的地脚货物清扫干净。

（6）货物卸进港区仓库，由承运人与港口经营人在船边进行交接。收货人船边直取货物，由承运人与收货人进行交接。卸船完毕，承运人和港口经营人、或者承运人和收货人应在货物交接清单上签章。未办妥交接手续，船舶不得离港。

四、到达交付作业要求

（1）收货人在接到到货通知后，应当及时提货，不得因对货物进行检验而滞留船舶。货物运抵到达港后，承运人应当在24h内向收货人发出到货通知。到货通知的时间，信函通知的，以发出邮戳为准；电传、电报、传真通知的，以发出时间为准；采用数据电文形式通知的，收件人指定特定系统接收数据电文的，以该数据电文进入该特定系统的时间为通知时间；未指定特定系统的，以该数据电文进入收件人的任何系统的首次时间为通知时间。承运人交付货物时，应当核对证明收货人单位、身份以及经办人身份的有关证件。

（2）承运人发出到货通知后，应当每10天催提一次，满30天收货人不提取或者找不到收货人，承运人应当通知托运人，托运人在承运人发出通知后30天内负责处理该批货物。托运人未在规定期限内处理货物的，承运人可以将该批货物作无法交付货物处理。

（3）除另有约定外，散装货物按重量交接，其他货物按件数交接。散装货物按重量交接的，承运人与托运人应当约定货物交接的计量方法，没有约定的应当按船舶水尺数计量，不能按船舶水尺数计量的，运单中载明的货物重量对承运人不构成其交接货物重量的证据。散装液体货物装船完毕，由托运人会同承运人按照每处油舱和管道阀门进行施封，施封材料由托运人自备，并将施封的数目、印文、材料品种等在运单内载明；卸船前，由承运人与收货人凭舱封交接。

（4）船边直取货物，由承运人向收货人交付。卸进港区的货物，收货人凭运单（提货凭证）以及进口作业委托单到港区提货。港口经营人应当认真核对提货单证，与收货人当场对货物的数量和质量进行交接。收货人收到货物无异议时，应在提货单证上签章。交接时发现货物短缺、残损，双方应及时编制货运记录。

承运人和港口经营人在交付货物时，如发现标志脱落或模糊不清，应当查明收货人后方可交付。一张远单的货物分批交付时，应当在有关提货单证上逐次批注清楚。一张运单的货物分卸几个港区或几个库场，在交付时港口经营人应核对清楚，防止错交、错转。

（5）不能交付的货物按附录K“关于港口、车站无法交付货物的处理办法”办理。

教师演示

水路货物运输作业流程如图5-9所示。

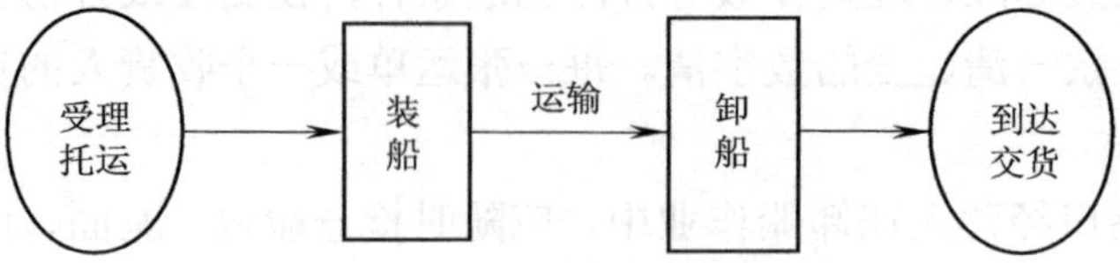

图5-9 水路货物运输作业流程

学生动手

1. 分组

学生分成4组，每组4～5人，分别为受理托运组、装船组、卸船组、货物到达交付组。循环训练，保证每个人可以在每个岗位都进行训练。

2. 单据准备

水路运单、运输合同、货运记录单、证明收货人单位或者身份的有关证件。

3. 机械器具准备

装卸车辆1台、运输的货物若干。

4. 训练地点

货运码头。

5. 实施训练

按“教师演示”重复操作。

6. 训练注意事项

（1）熟悉每个角色的工作职责和工作要求，严格按照训练程序进行。

（2）严格遵守岗位职责，一丝不苟。

（3）单据填写规范、认真、熟练。

（4）各项作业的操作规范，注意安全。

学生评价

被考评人					
考评地点					
考评内容	水路货物运输作业				
考评标准	内　　容	分值/分	自我评价/分	小组评议/分	实际得分/分
	受理作业的单据输入正确	25			
	装船作业操作规范	25			
	卸船作业按要求操作	25			
	货物交付作业认真、仔细	25			
	合　　计	100			

注：1．实际得分＝自我评价 40%＋小组评议 60%。

2．考评满分为 100 分，60～74 分为及格；75～84 分为良好；85 分及以上为优秀。

第六单元　管道运输基本知识

任务

认识管道运输

任务描述

管道运输是随着石油的生产而产生和发展的。它是一种特殊的运输方式，与普通货物的运输形态完全不同：普通货物运输是货物随着运输工具进行移动；而管道运输的运输工具是固定不动的，只是货物在管道内移动。换言之，它是运输通道和运输工具合二为一的一种专门运输方式。

任务目标

1．知道管道运输的含义和使用设备。

2．明白管道运输的特点和在运输业中的地位。

3．能叙述管道运输的发展过程。

4．能根据图片资料说出我国管道的布局情况，可以简述我国的西气东输工程的情况。

情境导入

提起管道运输，我们就会想起石油、天然气等物质，就会想起我国的西气东输工程。可是你知道吗？未来的管道运输还能够运送集装箱，甚至能够进行旅客的运输。由此可见，管道运输是运输业新兴而又有潜力的行业。

知识储备

一、管道运输的基本知识

1．管道运输的概念

管道运输是利用管道输送流体货物的一种运输方式。其运输形式是靠物体在管道内顺着压力方向循序移动实现的，与其他运输方式的重要区别在于管道设备是静止不动的。

一般情况下，管道运输的流体货物包括原油、成品油、天然气（包括油田伴生气）和煤、铁等固体料浆。

管道运输是国民经济综合运输的重要组成部分之一，也是衡量一个国家的能源与运输业是否发达的特征之一。目前，长距离、大管径的输油气管道均由独立的运营管理企业来负责经营和管理。

2. 管道运输的种类

（1）管道按所运货物种类分为原油管道、成品油管道、天然气管道和固体料浆管道。前两者通常统称为油品管道或输油管道。

> **小看板**
>
> 管道运输的主要对象是石油和天然气，其次是煤炭。而我们常见的各种水管，也可看做是一种简单的管道运输，但人们通常不把它包括在管道运输技术的范畴之内。

（2）管道运输按铺设工程可分为架空管道、地面管道和地下管道，其中以地下管道应用最为普遍。视地形情况，一条管道也可能三者兼而有之。

（3）管道运输按地理范围可分为：油矿至聚油塔或炼油厂，称为原油管道；从炼油厂至海港或集散中心，称为成品油管道；从海港至海上浮筒，称为系泊管道。

此外，管道运输同铁路运输、公路运输一样，也有干线和支线之分。

3. 管道运输的特点

管道运输具有以下几个特点。

（1）运量大：一条输油管线可以源源不断地完成输送任务。根据其管径的大小不同，其每年的运输量可达数百万吨到几千万吨，甚至超过亿吨。

（2）占地少：运输管道通常埋于地下，其占用的土地很少。运输系统的建设实践证明，运输管道埋藏于地下的部分占管道总长度的95%以上，因而对于土地的永久性占用很少，分别仅为公路的3%，铁路的10%左右，在交通运输规划系统中，优先考虑管道运输方案，对于节约土地资源，意义重大。

（3）管道运输建设周期短、费用低：国内外交通运输系统建设的大量实践证明，管道运输系统的建设周期与相同运量的铁路建设周期相比，一般来说要短1/3以上。历史上，我国建设大庆至秦皇岛全长1 152km的输油管道，仅用了23个月的时间，而若要建设一条同样运输量的铁路，至少需要3年时间；新疆至上海市的全长4 200km天然气运输管道，建设周期也不超过2年，但是如果新建同样运量的铁路专线，建设周期在3年以上，特别是地质地貌条件和气候条件相对较差，大规模修建铁路难度将更大，周期将更长，统计资料表明，管道建设费用比铁路低60%左右。

（4）管道运输安全可靠、连续性强：由于石油天然气易燃、易爆、易挥发、易泄漏，采用管道运输方式，既安全又可以大大减少挥发损耗。同时，由于泄漏导致的对空气、水和土壤污染也可大大减少，也就是说，管道运输能较好地满足运输工程的环保要求。此外，由于管道基本埋藏于地下，其运输过程恶劣多变的气候条件影响小，可以确保运输系统长期稳定地运行。

（5）管道运输耗能少、成本低、效益好：采用管道运输石油，每吨千米的能耗不足铁路的 1/7，在大量运输时的运输成本与水运接近，因此在无水条件下，采用管道运输是一种最为节能的运输方式。管道运输是一种连续工程，运输系统不存在空载行程，因而系统的运输效率高，理论分析和实践经验已证明，管道口径越大，运输距离越远，运输量越大，运输成本就越低。以运输石油为例，管道运输、水路运输、铁路运输的运输成本之比为 1:1:1.7。

（6）灵活性差：管道运输不如其他运输方式灵活（如汽车运输），除承运的货物比较单一外，它也不能随便扩展管线。对一般用户来说，管道运输常常要与铁路运输、汽车运输、水路运输配合才能实现“门到门”的运输服务。此外，由于运输量明显不足时，运输成本会显著地增大。

管道运输的上述特点，使得管道运输主要担负单向、定点、量大的流体状货物（如石油、油气、煤浆和某些化学制品原料等）运输。管道运输由于具有连续性强、运输量大、不多空驶、适应性强、建设周期短、资金回收快和永久性占地少等一系列优点，因而就决定了它在 5 种运输方式中，占有一定的重要地位。它不仅是干线运输的特殊组成部分，最适宜于输送液体、气体的运输方式，而且还可以减轻其他运输方式，特别是铁路运输的压力。同时，还可以促进石油工业的发展和保证炼油厂布局的展开。从我国的情况看最为明显，例如，大庆油田在 1970 年以前，原油靠滨洲、平齐、哈大、京山等铁路外运，1971 年以后，大庆至大连、大庆至秦皇岛两条管道建成投产后，腾出了铁路运力运送煤炭和其他物资。管道运输在全国运输体系中发挥了越来越大的作用。1990 年，管道运量占现代运输方式总运量的 1.5%，原油的管道运量已占原油总运量的 80%左右，陆上原油运输已基本上由管道承担了。在各种现代化的交通运输方式中，管道运输的地位和作用已日益显现出来。

二、国内外管道运输的发展

1. 国外管道运输的发展

现代管道运输于 19 世纪中叶始于美国。最初试用铸铁管输油，但因漏油严重未成功。1865 年，美国修建近万米长的 50mm 管径的熟铁管管道输送原油成功。第二次世界大战期间，美国率先敷设了长距离大口径原油管道——大口径管道。

随着二次大战后石油工业的发展，管道的建设进入了一个新的阶段，各产油国竞相开始兴建大量石油及油气管道（见图 6-1）。20 世纪 60 年代开始，输油管道的发展趋于采用大管径、长距离，并逐渐建成成品油输送的管网系统。同时，开始了用管道输送煤浆的尝试。

20 世纪 70 年代，世界各国相继兴建了许多长距离、大口径输油管道和输气管道，如前苏联和波兰等 5 国共同兴建的友谊输油管道，美国纵贯阿拉斯加管道（见图 6-2），横贯加拿大输气管道等。它们的长度均超过 100 万 m，甚至达到近 1 000 万 m；管径已由数百毫米增大到最大为 1 220mm。20 世纪 80 年代，前苏联兴建的原油管道、天然气管道（见图 6-3），最大管径已达 1 420mm。

目前，全球的管道运输承担着很大比例的能源物资运输，包括原油、成品油、天然气、油田伴生气和煤浆等。其完成的运量常常大大高于人们的想象（例如在美国接近于汽车运输的运量）。

图 6-1　位于沙特阿拉伯朱艾马赫的运输液化石油气的管道

图 6-2　美国阿拉斯加管道远景

图 6-3　西伯利亚天然气输送管

2. 我国管道运输的发展

管道在我国是既古老又年轻的一种运输方式。约在公元前 200 多年，我国已使用竹管输送卤水。公元 2 世纪，我国劳动人民就创造了用竹管送水的方法，后来在四川省中部发明了用竹管输送天然气和卤水，推动了井盐工业的发展。到 10 世纪末期，四川自流井输送天然气的竹管道就有 10 多条，总长达二三百公里。但以钢管为材料，备有机械动力装置的现代化管道运输，在旧中国则根本没有。

新中国成立以后，随着石油和天然气生产的发展，管道运输也得到了发展。20 世纪 50 年代初，首先在甘肃玉门油田铺设了一些短距离的输油管道。1958 年，我国修建了从克拉玛依油田到独子山炼油厂的第一条原油干线管道，揭开了我国长距离管道运输的历史。这条双线输油管道，全长 300km，管径 159mm，这是我国建设的第一条长输管道。但是大规模的油气管道建设，则是在 20 世纪 70 年代以来随着石油工业的大发展而展开的。我国的石油天然气管道工业的发展是随着我国石油工业的创建而发展起来的。

作为输送原油和成品油最主要的方式之一，管道运输的发展与能源工业，尤其是石油工业的发展密切相关。20 世纪 60 年代以后，随着我国石油工业的蓬勃发展，大庆、胜利等油田的建设，管道运输得到了较大发展。到 1994 年底时，以（大）庆铁（岭）、铁（岭）大（连）、铁（岭）秦（皇岛）、东（营）黄（岛）和鲁（山东临邑）宁（江苏仪征）五大干线为主的全国原油长输管道输送的原油已达总产量的 89.31%，天然气管道输送的天然气占总产量的 60.97%; 全国管道总里程达到 16 800km。图 6-4 和图 6-5 所示是任丘—北京石油管道路线图以及东营—南京的输油管道路线图。

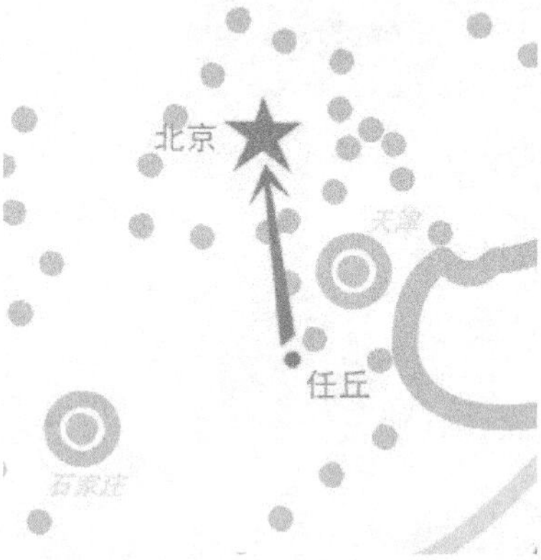

图 6-4　任丘—北京石油管道路线图

图 6-5　东营—南京的输油管道路线图

目前，世界上长输管道的总长度已超过了 200 万 km，我国现在仅有长输管道不足 2 万 km（包括海上天然气管道约 900km），不到世界长输管道总长度的 1%。我国的原油储量在世界排第 5 位，原油产量在世界也排第 5 位，管道运输与我国经济发展极不适应。

1996 年，我国陆上和海上原油年产量达到 1.57 亿 t，天然气产量达到 170 多亿 m^3，原油加工能力为 2.2 亿 t，但进入“八五”以来，我国原油的年均产量增长 300 万 t 的幅度，远远不能满足国内每年需求增长 1 000 万 t 的缺口。1993 年，我国已由原油、成品油出口国变为纯进口国。21 世纪初，国内原油供应缺口继续增大。

未来的 10 年是我国管道工业的黄金期，除了得益于我国经济的持续快速发展和能源结构的改变之外，正在建设的中俄输气管线、内蒙古苏格里气田开发后将兴建的苏格里气田外输管线、吐库曼和西西伯利亚至我国的输气管线等，不仅为我国，也为世界管道业的发展提供了机遇。

三、我国管道运输的分布特点

1. 原油管道的布局

我国的原油运输在 20 世纪 60 年代主要依靠铁路。铁路运输占 66%，管道运输只占 25%，水路运输占 9%。到 20 世纪 80 年代初期，原油管道运输已占到 61%，而铁路运输下降到 14%，水路运输占 25%。目前，管道运输和水路运输已分别提高到 65%和 31%，而铁路运输下降到 4%。到 20 世纪末，原油运输将主要依靠管道运输和水路运输，并将以管道运输为主，2003 年我国原油管道达到 15 915km。我国原油管道布局有以下特点。

（1）我国石油工业主要分布在东北、华北和东部沿海地区，因而，原油管道也主要集中在这里，约占总长度的 76%，且直径在 529mm 以上的大型管道占 2/3 以上。

（2）许多管道从油田直接通往炼油厂。据统计，由管道供应原油的炼油厂约占全国炼油能力的 70%。还有一些管道通往海港、长江沿岸和铁路车站，形成管道与海运、河运、铁路等联运的综合运输系统。

（3）我国一些大油田是逐步发展起来的，管道的建设是根据油田开发的需要分阶段建设的，因此在一些方向上形成了复线管道，如大庆至铁岭就铺设了两条 720mm 的管道。

（4）由于我国原油凝固点高（20～34℃）、黏度大（20～100cP，1cP=10^{-3}Pa・s）、含蜡多（10%～25%），需采用管道加热输送方法，因此管道沿线除布置加热泵站外，有的管道还要布置辅助加热站。施工时还应考虑清蜡设施。

2. 成品油管道的布局

由于我国的炼油工业主要分布在东北地区和东部沿海一带，使得我国各地区成品油的需产很不平衡，造成大量的成品油长途调运。如东北地区成品油产量占全国的 33%以上，而当地成品油消费只占全国的 9.5%，大量的成品油需通过沈大铁路运往大连港海运，或经由京山铁路运往京津两市和华北、中南地区以及四川等地。又如华东地区成品油除供应本地区需要外，还供应河南、湖北、陕西和河北等省；华北地区的成品油主要供给北京、天津和山西等省市；如图 6-6 所示的秦皇岛油港。中南地区的成品油主要供给广东、广西、云南、贵州、四川和湖南等省、区；西南地区的成品油基本上靠外地供应。2003 年成品油管道达到 6 525km，海底管道达到 2 126km。

图 6-6　秦皇岛油港

四、我国的天然气管道运输

1. 我国天然气管道的发展和布局

我国第一条天然气管道是1963年修建的，从四川石油沟到重庆，全长55.6km，称巴渝输气管道。以后，随着气田的陆续开发，天然气管道也不断发展，先后建成从川东垫江县卧龙河—重庆—泸州—威远—成都—德阳—中坝为干线的输气管道，并相应建设了一些支线管道；四川境内输气管道全长已达1 700余km，从而把四川的主要气田贯穿起来。四川省天然气管道发展快，是与其丰富的天然气资源分不开的。四川天然气产量约占全国总产量的40%左右，主要供应泸州、成都、云南安边、贵州赤水等天然气化工厂，以及四川长寿维尼龙厂，自贡炼盐厂和成都、重庆的市民用气。图6-7所示是四川天然气管道路线图。

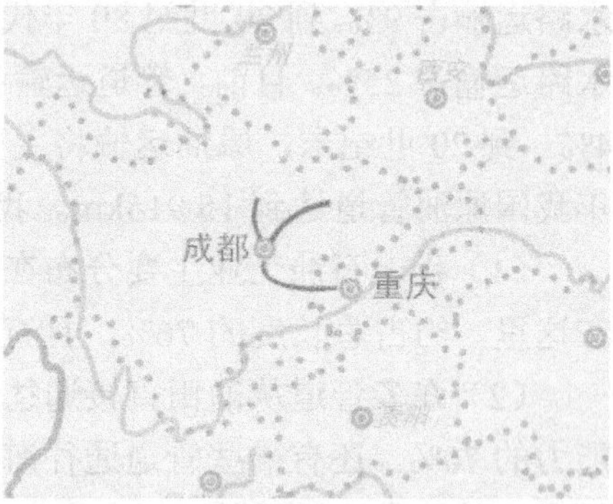

图6-7 四川天然气管道路线图

除了四川天然气田建设的管道外，20世纪70年代以来，大庆油田、胜利油田、辽河油田、任丘油田和大港油田等生产大量石油伴生气的油田，也相应修建了一些输气管道。如大庆油田的南一压气站至龙凤石化总厂和卧里屯的天然气管道；胜利油田的孤岛至辛店，滨南至东营、至河口、至孤岛的管道；辽河油田的兴隆台至鞍钢，兴隆台至盘锦化肥厂管道；大港油田的大港至天津和大港至沧州化肥厂的管道，为石油伴生气的利用创造了条件。

近年来，为了合理开发和利用中原油田天然气资源，修建了中原油田至沧州输气管道，一期工程全长362km已完成，保证了沧州化肥厂工业用气和天津市的生活用气。中原油田至开封输气管道工程，全长149km也已交付使用。值得提出的是，建设过程中首先使用引进的水平定向站，穿越1 321m的黄河一次成功，是管道穿越技术的重大飞跃。地方投资兴建的开封至郑州，全长75km的输气管道和中原油田至安阳全长103km的输气管道也已竣工。还有正在建设中的辽河油田至本溪化肥厂输气管道（全长79km），辽河油田至锦州输气管道（全长27km）。2005年，我国的天然气产量呈现出快速增长的势头，全国累计天然气产量为499.5亿m^3，同比增长21.9%，尤其是在11月份和12月份，产量增幅高达35.4%和31.1%。

2. 西气东输工程

“西气东输”有广义和狭义两个概念。从广义上讲，我国中西部地区有六大含油气盆地，包括塔里木、准噶尔、吐哈、柴达木、鄂尔多斯和四川盆地，预测天然气资源量为2.24×10^5亿m^3，占全国天然气资源总量3.8×10^5亿m^3的58.9%。根据天然气的资源状况和目前的勘探形势，国家决定启动西气东输工程，加快建设天然气管道，除了建成的陕京天然气管线外，还要再建设3条天然气管线，即塔里木—上海、青海涩北—西宁—甘肃兰州、重庆忠县—湖北武汉的天然气管道，以尽快把资源优势变成经济优势，满足东部地区对天然气的迫切需要。从更大的范围看，正在规划中的引进俄罗斯西西伯利亚的天然气管道将与现在的西气东输大动脉相连接，还有引进俄罗斯东西伯利亚地区的天然气管道也正在规划，这两条管道也属“西气东输”之列。从狭义上讲，西气东输又是特指新疆塔里木—上海长江三角洲的输气工程。这条管道全长 4 200km，管径 1 118mm，途径新疆、甘肃、宁夏、陕西、山西、河南、安徽、江苏、上海 9 个省区，年输气能力 120 亿 m^3，固定资产投资 384 亿元。再加上城市管网、工业利用等相关项目建设，整个工程的投资规模高达 1 200 亿元。西气东输天然气的目标市场为位于长江三角洲的上海市、江苏省和浙江省以及管道沿线的河南省和安徽省。西气东输管道工程走向图，如图 6-8 所示。

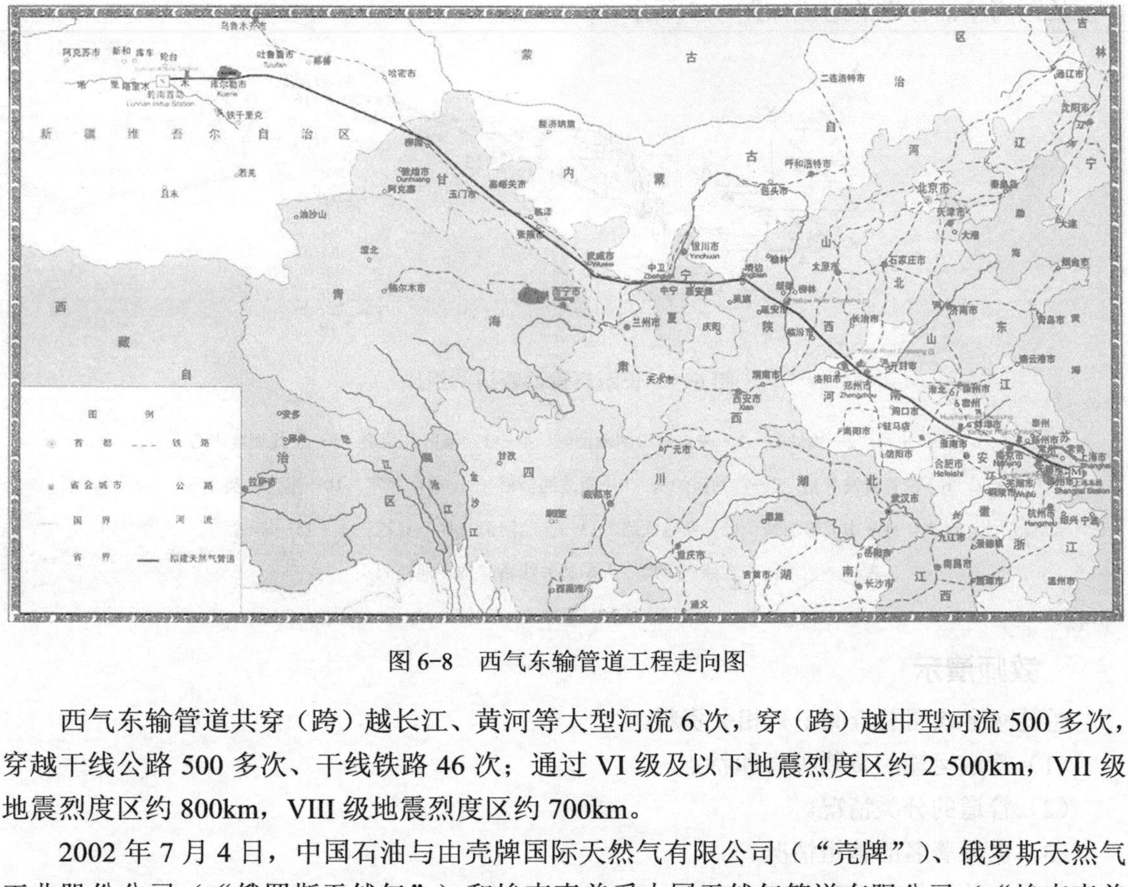

图 6-8　西气东输管道工程走向图

西气东输管道共穿（跨）越长江、黄河等大型河流 6 次，穿（跨）越中型河流 500 多次，穿越干线公路 500 多次、干线铁路 46 次；通过 VI 级及以下地震烈度区约 2 500km，VII 级地震烈度区约 800km，VIII 级地震烈度区约 700km。

2002 年 7 月 4 日，中国石油与由壳牌国际天然气有限公司（“壳牌”）、俄罗斯天然气工业股份公司（“俄罗斯天然气”）和埃克森美孚中国天然气管道有限公司（“埃克森美孚”）等 6 家国际能源公司组成的国际投资集团签订了《西气东输工程合营框架协议》，同时，西气东输工程正式全线开工建设。2003 年 10 月 1 日第一次投产成功，先期实现了向河南、安徽、江苏和浙江供气，2004 年 1 月 1 日如期实现向上海商业供气。

五、管道设备系统

长距离输油管道由输油站和管线两大部分组成。输送轻质油或低凝点原油的管道不需加热，油品经一定距离后，管内油温等于管线埋深处的地温，这种管道称为等温输油管，它无须考虑管内油流与周围介质的热交换。对易凝、高黏油品，不能采用这种方法输送，因为当油品黏度极高或其凝固点远高于管路周围环境温度时，每公里管道的压降将高达几个甚至几十个大气压，这种情况下，加热输送是最有效的办法。因此，热油输送管道不仅要考虑摩擦阻力的损失，还要考虑散热损失，输送工艺更为复杂。

输油站包括首站、末站和中间泵站等。

输油管道的起点称为首站，输油管道沿途设有中间泵站，输油管道末站接受输油管道送来的全部油品，供给用户或以其他方式转运，故末站有较多的油罐和准确的计量装置。

输油管道的线路（即管线）部分包括：管道，沿线阀室，穿越江河、山谷等的设施和管道阴极防腐保护设施等。为保证长距离输油管道的正常运营，还设有供电和通信设施。

长距离输油管道的组成如图 6-9 所示。

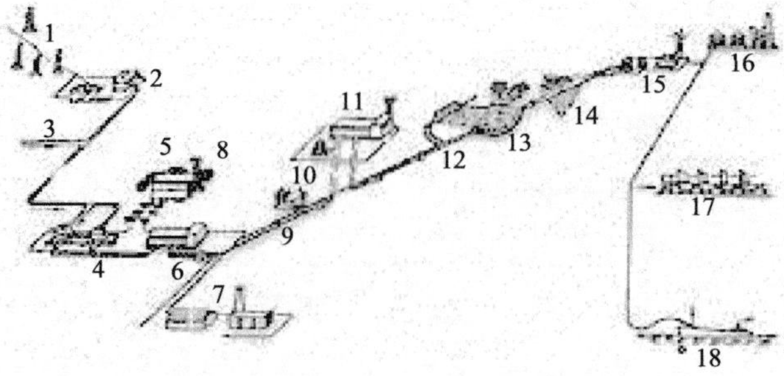

图 6-9 长距离输油管道的组成

1—井场 2—输油站 3—来自油田的输油管 4—首站灌区和泵房 5—全线调度中心
6—清管器发放室 7—首站锅炉房 8—微波通信塔 9—线路阀室 10—维修人员住所
11—中间输油站 12—穿越铁路 13—穿越河流 14—穿越工程 15—车站
16—炼油厂 17—火车装油线桥 18—油轮码头

教师演示

通过网络或图书查阅下列相关资料。

（1）管道运输的货物种类和特点。

（2）管道的分类情况。

（3）世界著名的管道情况。

（4）有关西气东输工程的内容。

学生动手

根据查阅的资料，撰写查阅报告：总结出管道运输的特点；列出管道运输的发展过程；列出西气东输工程的概况；画图示意输油管道中的主要设备；列出我国主要管道线路的情况。

举一反三

查阅有关交通运输概论、中国管道运输行业分析、运输管理学等方面的资料。

学习评价

被考评人					
考评地点					
考评内容	认识管道运输				
考评标准	内　容	分值/分	自我评价/分	小组评议/分	实际得分/分
	调查内容完整	25			
	查阅资料的内容正确、完整	25			
	参与讨论积极	25			
	有团队合作精神	25			
	合　计	100			

注：1．实际得分＝自我评价 40%＋小组评议 60%。

2．考评满分为 100 分，60～74 分为及格；75～84 分为良好；85 分及以上为优秀。

第七单元　物流运输保险

现代物流运输业无论从规模和工具来说都有了很大的改变和发展。以水运为例，货轮发展到数十万吨级，其载运量之巨大使危险更加集中，一旦发生事故，将使货主、船主蒙受巨大损失。因此，当灾害事故发生后，对已经造成的货物损失，就需要采取各种经济措施来进行弥补，运输保险业务随之出现并逐渐发展，为促进和方便物流运输业的发展发挥了积极作用。

任务一　认识物流运输保险业务

任务描述

运输、物流行业的发展，使货物运输过程中充满了各种各样的风险。当企业无法自行承担某些经营风险时，他们会选择购买货物运输保险，通过保险理赔减少经济损失，确保自身销售收入与利润的“安全性”。随着快速增长的货运险市场和市场主体的持续增加，中国货运保险市场潜力将越来越大，中国货运市场今后将保持高速增长，从而将带动货运保险业务继续快速发展。运输行业的加温与外资保险公司的进入，也将使货运保险市场的竞争更趋激烈。

任务目标

1. 明确货物运输保险的概念和特征。
2. 知道各种运输保险的保险责任。
3. 清楚货物运输保险业务的运作流程。

情境导入

小王从事物流行业，但只从事汽车运输工作，发货量比较大，每天 10 多车。按照目前这种情况，他知道货物运输保险的目的是为了在货物运输途中出现损失时有个保障。但是他不知道在货物运输过程中应该投保货物险还是投保车辆险？你能帮助他了解货物运输保险的具体情况吗？

知识储备

一、货物运输保险的概念和种类

（一）货物运输保险的概念

货物运输保险是以运输过程中的货物作为保险标的，当保险标的在运输过程中由于意外或灾难事故造成被保险人的损失时，由保险公司提供经济补偿的一种保险业务。

货物运输保险最初只限于水上运输，所以一般把它归属于水险的范围。但随着贸易和交通业的不断发展，运输保险也从水险扩展到包括陆运、空运在内的各种货物运输保险。

（二）货物运输保险的分类

货物运输保险的种类，可以从不同的角度来划分。

1. 按照运输工具不同可分为水上货物运输保险、陆上货物运输保险和航空货物运输保险

（1）水上货物运输保险：承保用水上运输工具承运货物的一种运输保险。水上运输工具包括轮船、驳船、机帆船、木船和水泥船等。

（2）陆上货物运输保险：承保除水上运输工具和飞机以外的所有其他运输或手段运载货物的运输保险，运输工具包括机动的、人力的、畜力的，如火车、汽车和驿运等。

（3）航空货物运输保险：承保以飞机为运输工具运载货物的运输保险。

2. 按照适应范围的不同可分为国内货物运输保险和进出口货物运输保险

（1）国内货物运输保险：按运输工具的不同对国内货物运输保险进行分类是最常见的一种分类方法。

1）国内水路货物运输保险。承保沿海、内河水路运输的货物，分基本险和综合险两种。基本险承保货物在运输过程中因遭受自然灾害或意外事故造成的损失；综合险除承保基本险责任外还负责包装破裂、破碎、渗漏、盗窃和雨淋等危险。

2）国内铁路货物运输保险。承保标的为国内经铁路运输的货物，分基本险和综合险两种。基本险承保货物在运输过程中因遭受自然灾害或意外事故造成的损失；综合险除承保基本险责任外，还负责包装破裂、破碎、渗漏、盗窃、提货不着和雨淋等造成的损失。

3）国内公路货物运输保险。保障范围包括自然灾害和意外事故，还综合承保雨淋、破碎和渗漏等造成的损失。

4）国内航空货物运输保险。保障范围包括自然灾害和意外事故，还综合承保雨淋、破碎、渗漏、盗窃和提货不着等造成的损失。

5）鲜活易腐货物特约保险。

6）国内沿海货物运输舱面特约保险。

（2）进出口货物运输保险：进出口货物运输保险主要分海洋、陆上、航空和邮包4类。

本书主要介绍国内铁路货物运输保险、国内公路货物运输保险、国内航空货物运输保险和国内水路货物运输保险。

二、货物运输保险的特征

货物运输保险属于损害保险范围，是财产保险的一种，但又有区别，它同一般财产保险相比具有以下几个方面的特点。

1. 保险标的处在运输过程中具有流动性

普通财产保险（如企业财产和家庭财产保险）的保险标的通常处于相对静止的状态；而货物运输保险中的保险标的则经常处于运动状态之中，不固定在一个地方，没有严格的地域限制。

2. 货物运输保险的责任期限以保险标的实际所需的运输途程为限

普通财产保险的保险期限一般按照自然时间界限计算确定，而货物运输保险是运程保险，规定保险责任期限以运程为起讫，即从发货人仓库起运时开始，到达收货人仓库时为止，一般不受时间限制。

3. 保险标的保障范围广

由于运输工具和运输方式的不同，承保货物在运输过程中不断移动，流通环节多，风险也自然多，货物运输保险责任范围也比较广泛。

4. 国内货物运输保险一般都是定值保险

所谓定值保险，是指保险价值事先经投保人和保险人双方约定并载明于保险合同，作为保险金额进行保险。一旦发生保险单内的危险所致损失，即按约定的保险价值来处理赔偿，不必追究当时的实际价值是多少，不受出险时同类货物价格变动的影响。因为货物的流动性大，起运中转和目的地的价格可能不一样，货物发生损失时价值很难确定，故宜采取定值保险方式。

5. 保险标的由承运人控制

普通财产保险的保险标的多数情况下是在被保险人的直接照看和控制之下。然而，货物运输保险则不同，货物一般交由承运人，货物一经起运，保险责任便开始，保险标的完全在承运人的控制之下。

三、货物运输保险责任

货物在运输途中可能遭遇到的灾害与事故种类繁多，但保险人只对保险货物在运输过程中遭受保险单中规定的和事先特别约定的自然灾害或事故意外所造成的损失承担赔偿责任。货物运输保险的险别是保险人与被保险人考虑双方权利和义务的基础，也是保险公司承包责任大小，被保险人交付保险费多少的依据。

（一）国内公路货物运输保险责任

1. 保险标的范围

（1）凡在国内经公路运输的货物均可为国内公路货物运输保险的标的。

（2）下列货物非经投保人与保险人特别约定，并在保险单（凭证）上载明，不在保险标的范围以内：金银、珠宝、钻石、玉器、首饰、古币、古玩、古书、古画、邮票、艺术品、稀有金属等珍贵财物。下列货物不在保险标的范围以内：蔬菜、水果、活牲畜、禽鱼类和其他动物。

2. 基本责任

公路货物运输保险的基本责任有以下内容：

（1）火灾、爆炸、雷电、冰雹、暴风、洪水、破坏性地震、地陷、崖崩、滑坡、泥石流造成的损失。

（2）由于运输工具发生碰撞、倾覆所造成的损失。

（3）在发生上述灾害事故时，因混乱而造成货物的散失以及因施救和保护货物而支付的直接的、合理的费用。

（4）因受震动、碰撞、挤压而造成的破碎、弯曲、凹瘪、折断、开裂或包装破裂使货物散失的损失。

（5）凡符合安全运输规定而遭受的雨淋损失。

3. 责任免除

由于下列原因造成保险货物的损失和费用，保险人不负赔偿责任。

（1）战争或军事行动，核事件或核污染。

（2）保险货物本身的缺陷、自然损耗以及由于偷窃、提货不着、串味、污染、霉变所造成的损失。

（3）托运人或被保险人的故意行为。

（4）其他不属于保险责任范围内的损失。

4. 责任起讫

自保险货物在起运地装上保险凭证注明的运输工具时起，至达到保险凭证注明目的地卸离该运输工具时止。

（二）国内水路货物运输保险责任

1. 保险标的范围

（1）凡在国内江、河、湖泊和沿海经水路运输的货物均可为国内水路货物运输的标的。

（2）下列货物非经投保人与保险人特别约定，并在保险单（凭证）上载明，不在保险标的范围以内：金银、珠宝、钻石、玉器、首饰、古币、古玩、古书、古画、邮票、艺术品、稀有金属等珍贵财物。

（3）下列货物不在保险标的范围以内：蔬菜、水果、活牲畜、禽鱼类和其他动物。

2. 保险责任

水路货物运输保险责任有基本险和综合险两种。

（1）基本险：

1）火灾、爆炸、雷电、冰雹、暴风、暴雨、洪水、海啸、崖崩、突发性滑坡和泥石流。

2）船舶发生碰撞、搁浅、触礁和桥梁码头坍塌。

3）因以上两款所致船舶沉没失踪。

4）在装货、卸货或转载时因意外事故造成的损失。

5）按国家规定或一般惯例应承担的共同海损的牺牲、分摊和救助费用。

6）在发生上述灾害事故时，因纷乱造成货物的散失以及因施救或保护货物所支付的直接的、合理的费用。

（2）综合险：综合险是指除包括基本险责任外，保险人还负责赔偿的部分。

1）因受碰撞、挤压而造成货物破碎、弯曲、凹瘪、折断和开裂的损失。

2）因包装破裂致使货物散失的损失。

3）液体货物因受碰撞或挤压致使所用容器（包括封口）损坏而渗漏的损失，或用液体保存的货物因液体渗漏而造成该货物腐烂变质的损失。

4）遭受盗窃的损失。

5）符合安全运输规定而遭受雨淋所致的损失。

3. 责任免除

（1）战争、军事行动、扣押、罢工、哄抢和暴动。

（2）船舶本身的损失。

（3）在保险责任开始前，被保险货物已存在的品质不良或数量短差所造成的损失。

（4）被保险货物的自然损耗，本质缺陷、特性所引起的污染、变质和损坏。

（5）市价跌落、运输延迟所引起的损失。

（6）属于发货人责任引起的损失。

（7）投保人、被保险人的故意行为或违法犯罪行为。

4. 责任起讫

保险责任的起讫期，是自签发保险单（凭证）后，保险货物运离起运地发货人的最后一个仓库或储运处所时起，至该保险凭证上注明的目的地的收货人在当地的第一个仓库或储存处所时终止。但保险货物运抵目的地后，如果收货人未及时提货，则保险责任的终止期最多延长至保险货物卸离运输工具后的15天为限。

（三）国内铁路货物运输保险责任

1. 保险标的范围

（1）凡在国内经铁路运输的货物均可为铁路货物运输保险的标的。

（2）下列货物非经投保人与保险人特别约定，并在保险单（凭证）上载明，不在保险标的范围以内：金银、珠宝、钻石、玉器、首饰、古币、古玩、古书、古画、邮票、艺术品和稀有金属等珍贵财物。

（3）下列货物不在保险标的范围以内：蔬菜、水果、活牲畜、禽鱼类和其他动物。

2. 保险责任

铁路货物运输保险责任也有基本险和综合险两种。

（1）基本险：

1）火灾、爆炸、雷电、冰雹、暴风、暴雨、洪水、海啸、地陷、崖崩、突发性滑坡和泥石流。

2）由于运输工具发生碰撞、出轨或桥梁、隧道、码头坍塌。

3）在装货、卸货或转载时，因意外事故造成的损失。

4）在发生上述灾害、事故时，因施救或保护货物而造成货物的损失及所支付的直接的、合理的费用。

（2）综合险：

1）因受震动、碰撞、挤压而造成货物破碎、弯曲、凹瘪、折断和开裂的损失。

2）因包装破裂致使货物散失的损失。

3）液体货物因受震动、碰撞或挤压致使所用容器（包括封口）损坏而渗漏的损失，或用液体保存的货物因液体渗漏而造成保存货物腐烂变质的损失。

4）遭受盗窃的损失。

5）因外来原因致使提货不着的损失。

6）符合安全运输规定而遭受雨淋所致的损失。

3. 责任免除

1）战争、军事行动、扣押、罢工、哄抢和暴动。

2）地震造成的损失。

3）核反应、核子辐射和放射性污染。

4）保险货物的自然损耗，本质缺陷、特性所引起的污染、变质和损坏，以及货物包装不善。

5）在保险责任开始前，被保险货物已存在的品质不良或数量短差所造成的损失。

6）市价跌落、运输延迟所引起的损失。

7）属于发货人责任引起的损失。

8）被保险人或投保人的故意行为或违法犯罪行为。

4. 责任起讫

保险责任的起讫期，是自签发保险单（凭证）后，保险货物运离起运地发货人的最后一个仓库或储存处所时起，至该保险单（凭证）上的目的地的收货人在当地的第一个仓库或储存处所时终止。但保险货物运抵目的地后，如果收货人未及时提货，则保险责任的终止期最多延长至以收货人接到《到货通知单》后的15天为限（以邮戳日期为准）。

（四）国内航空货物运输保险责任

1. 保险标的范围

（1）凡在国内经航空运输的货物均可为国内航空货物运输保险之标的。

（2）下列货物非经投保人与保险人特别约定，并在保险单（凭证）上载明，不在保险标的范围以内：金银、珠宝、钻石、玉器、首饰、古币、古玩、古书、古画、邮票、艺术品和稀有金属等珍贵财物。

（3）下列货物不在保险标的范围以内：蔬菜、水果、活牲畜、禽鱼类和其他动物。

2. 保险责任

（1）火灾、爆炸、雷电、冰雹、暴风、暴雨、洪水、海啸、地陷和崖崩。

（2）因飞机遭受碰撞、倾覆、坠落、失踪（在3个月以上），在危难中发生卸载以及遭受恶劣气候或其他危难事故发生抛弃行为所造成的损失。

（3）因受震动、碰撞或压力而造成破碎、弯曲、凹瘪、折断和开裂的损失。

（4）因包装破裂致使货物散失的损失。

（5）凡属液体、半流体或者需要用液体保存的保险货物，在运输途中因受震动、碰撞或压力致使所装容器（包括封口）损坏发生渗漏而造成的损失，或用液体保存的货物因液体渗漏而致保存货物腐烂的损失。

（6）遭受盗窃或者提货不着的损失。

（7）在装货、卸货和港内地面运输过程中，因遭受不可抗力的意外事故及雨淋所造成的损失。

3. 责任免除

（1）战争、军事行动、扣押、罢工、哄抢和暴动。

（2）核反应、核子辐射和放射性污染。

（3）保险货物自然损耗、本质缺陷、特性所引起的污染、变质和损坏，以及货物包装不善。

（4）在保险责任开始前，被保险货物已存在的品质不良或数量短差所造成的损失。

（5）市价跌落、运输延迟所引起的损失。

（6）属于发货人责任引起的损失。

（7）被保险人或投保人的故意行为或违法犯罪行为。

4. 责任起讫

保险责任是自保险货物经承运人收讫并签发保险单（凭证）时起，至该保险单（凭证）上的目的地的收货人在当地的第一个仓库或储存处所时终止。但保险货物运抵目的地后，如果收货人未及时提货，则保险责任的终止期最多延长至以收货人接到《到货通知单》以后的15 天为限（以邮戳日期为准）。

四、货物运输保险业务运作程序

货物运输保险业务运作程序如图 7-1 所示。

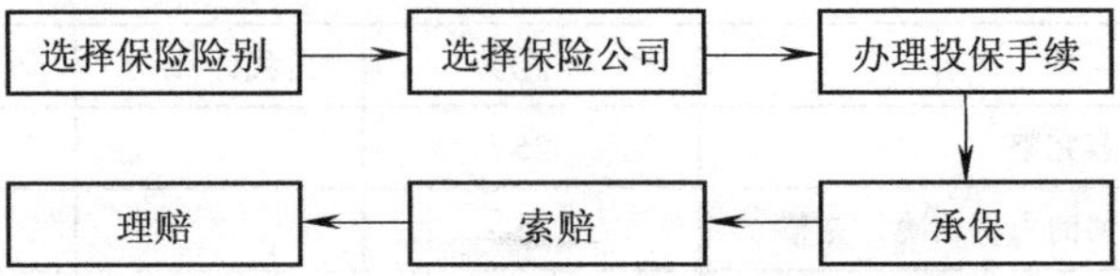

图 7-1　货物运输保险业务运作程序

教师演示

通过网络或图书查阅下列相关资料。

（1）货物运输保险的种类。

（2）货物运输保险和其他保险的区别。

（3）国内铁路、公路、航空、水路货物运输保险的保险责任。

学生动手

（1）分组：5～6 人一组。

（2）查阅货物运输保险的相关资料。

（3）各组到当地保险公司和有关业务员交谈，了解货物运输保险的运作流程。根据在保险公司的调查，绘制货物运输保险业务流程图。

（4）阅读以下案例，回答问题。

2013 年 3 月 21 日，海华联营有限公司与中国财险宁波分公司在宁波签署了港口某工程建设项目用的全部材料设备及配套件，约 8 000 元人民币的运输保险合同。试说出：该业务的货物运输保险的险别是什么？该货物运输保险业务的特点是什么？该货物运输保险业务的保险标的是什么？该货物运输保险的货物运输保险责任是什么？

举一反三

1）查阅有关财产保险、货物运输保险实务、保险原理和实务等方面的书籍。

2）浏览以下网站：

http://www.circ.gov.cn（中国保险监督管理委员会网站）

http://www.customs.gov.cn（中华人民共和国海关总署网站）

http://www.marins.com.cn（中国货运保险网）

学习评价

被考评人					
考评地点					
考评内容	认识物流运输保险业务				
考评标准	内　容	分值/分	自我评价/分	小组评议/分	实际得分/分
	调查内容完整	25			
	查阅资料的内容正确、完整	25			
	参与讨论积极	25			
	有团队合作精神	25			
合　计		100			

注：1．实际得分＝自我评价40%＋小组评议60%。

2．考评满分为100分，60～74分为及格；75～84分为良好；85分及以上为优秀。

任务二 承保

任务描述

国内货物运输保险市场巨大，主要承保在公路、铁路、航空运输及各种联运时，保险标的遭受各种意外损失的赔偿责任。业务员根据货物的种类、数量、运输工具的性质、运输路线的安排、运输所经历的时间、市场竞争因素来确定合理的、有竞争力的费率。交通意外事故的频繁发生以及自然灾害的不确定性不断威胁着货物运输安全，一旦发生大额损失事故，依据运输合同理应赔偿的货运公司往往赔付能力有限，由此引起的纠纷将严重影响货主的财力、精力。

任务目标

1．理解承保的概念。
2．明确各种运输保险的保险责任。
3．熟知承保的步骤。
4．清楚投保单的内容。

情景导入

鸿运服务社从某市百货批发部购进一批货物，由个体户小江承运。运送前，鸿运服务社选择到中华保险公司投保。鸿运服务社工作人员向中华保险公司索取投保书空白表格填妥后交给保险公司业务员后就回单位了。之后不久，小江在运输途中发生车祸，货物损失很大。鸿运服务社向中华保险公司索赔，他们能获得赔偿吗？

知识储备

承保工作就是保险人同被保险人签订保险合同的过程。只有对经过核保人的筛选，符合条件的投保单，保险公司才签发保险单。保险单是具有法律约束力的经济合同，明确了合同双方的权利和义务。

一、填写投保单

投保单应由投保人填写，交业务人员作为签发保险单的依据，填写内容如下：

（1）投保人：应填写投保人全称。

（2）被保险人：应填写被保险人全称。

（3）标记或发票号码：应填写货物的唛头，发票号码或其他能确定投保标的物的凭证号码。

（4）保险货物名称：应填写货物的详细品名、型号、规格，如果投保货物不止一种时，则应分别填写，必要时可附清单。

（5）件数（重量）：应填写保险货物的包装单位、规格（如箱、件、桶、袋、捆等数量单位或公斤、吨等重量单位）。如投保货物不止一类品名或包装规格不止一种时，应分别填写。

（6）保险金额：可按保险价值确定，也可由保险人和被保险人双方协商确定，但协商价格不得超过保险价值。

若一张投保单投保不同单价、不同品名的货物，保险金额应分别列明，同时须填写保险金额总计。

（7）运输方式、工具名称：应在投保单上标明的“各种运输工具”栏上写明运载货物的车次、船名、车号和航班号。如采取联运方式，则应根据铁路、交通部门的正式联运货票，在相应的“联运”栏中写明转运的运输方式及运输工具名称。

> **小知识**
>
> 保险价值：可按货价确定，也可按货价加运杂费确定。

（8）起运日期：应填写投保货物起运年、月、日的确切时间。

（9）运输路线：应填写货物起运地和目的地的行政区域或车站、港口、航站、发（收）货人仓库等名称，并注明转载地点。

（10）投保险别及费率：按商定的险别和现行货运险条款，写明基本险或综合险及所拟定的费率。

（11）特别约定：投保单中所列事项的未尽事宜，在此注明。例如有无货物清单，有无其他需要告知的事实或对有无途耗（免赔）情况的规定。凡国家、部门有途耗规定的货物或供需双方有约定途耗率的货物，承保时都应在保单上加以注明。对有些易损货物每次运输必然有损耗，又无途耗规定的，应与投保人商定免赔率，在投保单上注明，并将这一特别约定内容，向投保人或被保险人说明。

（12）投保人（单位）签章、联系电话、联系地址、日期，应逐项填写，并注明投保当日日期，加盖公章。国内货物运输保险投保单见表 7-1。

表 7-1　国内货物运输保险投保单

国内货物运输保险投保单

投保人：

地址：　　　　　　　　　　　　　　　　　　　　　联系电话：

邮政编码：　　　　　　　　　　　　　　　　　　　传　　真：

<table>
<tr><td colspan="2">被保险人</td><td colspan="3"></td><td>地址</td><td colspan="2"></td></tr>
<tr><td colspan="2">运输方式</td><td colspan="3"></td><td>运输工具</td><td colspan="2"></td></tr>
<tr><td colspan="2">起运日期</td><td colspan="3"></td><td colspan="2">运单或发票号码</td><td></td></tr>
<tr><td colspan="2">起运地</td><td colspan="2"></td><td>中转地</td><td></td><td>目的地</td><td></td></tr>
<tr><td rowspan="6">主
险</td><td colspan="2" rowspan="2">货物名称</td><td rowspan="2">件数/重量</td><td rowspan="2">保险金额</td><td colspan="2">费　　率</td><td rowspan="2">保险费</td></tr>
<tr><td>基本险</td><td>综合险</td></tr>
<tr><td colspan="2"></td><td></td><td></td><td></td><td></td><td></td></tr>
<tr><td colspan="2"></td><td></td><td></td><td></td><td></td><td></td></tr>
<tr><td colspan="2"></td><td></td><td></td><td></td><td></td><td></td></tr>
<tr><td colspan="2"></td><td></td><td></td><td></td><td></td><td></td></tr>
<tr><td rowspan="2">附
加
险</td><td colspan="2" rowspan="2">险别名称</td><td></td><td></td><td colspan="2"></td><td></td></tr>
<tr><td></td><td></td><td colspan="2"></td><td></td></tr>
<tr><td colspan="5">总保险金额：</td><td colspan="3">¥</td></tr>
<tr><td colspan="5">总保险费：</td><td colspan="3">¥</td></tr>
<tr><td colspan="8">特别约定：</td></tr>
</table>

投保人声明：上述所填内容属实；保险人已将对应保险条款内容和责任免除内容向投保人作了充分说明；投保人对保险条款内容和责任免除内容及保险人的说明已经了解。

投保人（签章）

年　月　日

二、审核接受投保

保险公司的业务人员接受投保人填妥的投保单，审核其所填项目后确定货物类别和保险费率。公路、水路、航空、铁路的货物运输保险费率表见附录 L“各种运输方式货物运输保险费率表”。

三、缮制保险单

（1）根据已审核符合承保条件的投保单，进行投保单录入，有关内容应与投保单相一致。

（2）投保单录入后，在投保单上的“号码”栏填上投保单号，提交核保员进行核保、复核。

（3）核保人员认真审核保险单的各项内容，要求项目齐全、内容正确。核保、复核通过后打印保险单，国内货物运输保险单见附录 M。

（4）保险单若有特别约定事项，应明确注明；如另有特别约定协议，该协议应一式三份，在协议上填明保单号码，分别粘贴在保险单正、副本上，并加盖骑缝章。

（5）如保险货物种类较多需使用附表时（见附录 N），应填制附表，在附表上填明保单号码，分别粘贴在保险单正、副本上，并加盖骑缝章。

（6）保单打印后，应在每一联上加盖保险公司业务专用章。

四、清分单证

（1）清分给被保险人的单证：保险单正本及附表、保费发票发票联。

（2）清分给收付员（财务）的单证：保险单副本一份及附表、保费发票记账联和应收联。

（3）留存的单证：保险单副本一份及附表、投保单、保费发票业务联和存根联。

五、归档

业务员每日应对留存的单证按保险单副本、投保单及其附件的顺序进行排列整理，并按保险单印刷流水号顺序装订成册（一般规定每册 25 份），封面及装订要按档案管理规定办理。作废或注销的保险单应有作废章或注销章，并同其他有效单证联号装订。承保日结单按月装订成册。

教师演示

承保业务技能训练步骤如图 7-2 所示。

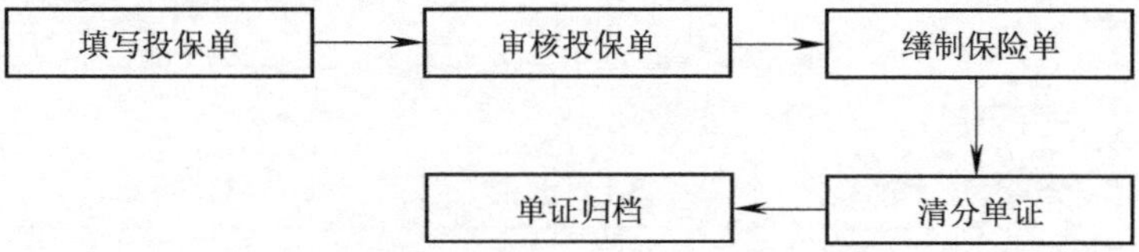

图 7-2　承保业务技能训练步骤

学生动手

1. 分组

4 人一组，包括投保人 1 人、保险业务人员 3 人（保单审核员 1 人、业务员 2 人）。

2. 单据准备

国内货物运输保险投保单、保险单、保险单附表。

3. 资料准备

保险公司保险手册。

4. 实施训练

按“教师演示”中的步骤，完成投保单和保险单的填写。

5. 训练注意事项

（1）在训练中熟悉角色的工作内容。

（2）严格按单据的填写要求填写投保单和保险单。

（3）在训练中，要有认真、一丝不苟的态度。

学习评价

被考评人					
考评地点					
考评内容	承保业务能力				
考评标准	内　容	分值/分	自我评价/分	小组评议/分	实际得分/分
	投保单填写清晰，无涂改	25			
	缮制保险单正确，无错误	25			
	清分单证无误	25			
	单证归档顺序正确	25			
合　计		100			

注：1．实际得分＝自我评价40%＋小组评议60%。

2．考评满分为100分，60～74分为及格；75～84分为良好；85分及以上为优秀。

任务三 理赔

任务描述

理赔是保险公司执行保险合同，履行保险义务，承担保险责任的具体体现。一方面，理赔工作做得好，投保人的损失才可能得到应有的补偿，保险的职能作用才可能发挥，社会再生产的顺利运行和人民生活的正常安定才可能得到保障，保险公司的信誉才可能提高；另一方面，通过保险理赔，可以检验承保业务的质量，暴露防灾防损工作中的薄弱环节，便于公司进一步掌握灾害事故发生的规律，总结和吸取经验教训，进一步改进和提高公司的经营管理工作。

任务目标

1．知道理赔工作的内容。

2．清楚理陪工作的流程与环节。

3．掌握理赔工作的原则和方法。

情景导入

2012 年 12 月 26 日，个体工商户朱杰两次在四川蓬安县收购竹篾共 120t，在三汇火车站起运时，他在中华保险公司营山县支公司，投保了铁路运输货物运输险，交保费 800 元。竹篾从三汇火车站起运，于 2006 年 1 月 4 日运抵河北廊坊火车站。朱杰到站提货时发现竹篾霉烂。廊坊火车站货运记录载明，竹篾损失 50%～60%。朱杰将货损情况报告中华保险公司营山县支公司后，保险公司需要怎样的程序才能赔付朱杰的损失呢?

知识储备

一、受理立案

1．出险登记

业务员在接到口头或书面报案时，要询问报案人的姓名、单位、联系电话、货物名称、投保险别、保单号码、出险时间、地点、原因和损失情况；要求报案人保护现场，尽快填报“国内货物运输保险出险通知书”（见附录 O），并提供保单正本、运输凭证、销售凭证和事故证明等。

2．立案

保险人应及时查阅、核对有关保险单副本，看保险事故是否发生在保险有效期内。确定受理案件后，业务员须将报案情况填入“报案登记簿”（见表 7-2）立案编号。

表 7-2 报案登记簿

序号	报案日期	报案人		保险标的	出险日期	出险地点	损失原因	报损金额	接受报案人	备注
		姓名	电话							

二、审核各项单证

保险关系人在索赔时，有义务向保险人提供保险单、保险费收据、保险事故证明、损害结果证明等资料，除此之外，对所有权证明、账册、商业票据、运输单证和身份证等，保险人也必须予以审核。

审核时要验证保险单是否有保险公司承保业务专用章，各栏事项填写是否明确，有无涂改。

保险单要求提供正本，要验证运输凭证（运单或货票）和事故证明所载有关事项是否与保险单相符。

三、调查

保险人在确定有理赔责任后，马上根据投保人或被保险人的通知或其所提供的单证文件等进行调查研究，了解事情真相，以确定赔偿给付金额。

现场查勘的主要内容包括：

（1）现场拍照，查明出险地点的详细情况，必要时绘制草图。

（2）询问有关人员，详细调查出险时间、经过和原因，并进行必要的取证工作，以确定是否属于保险责任范围内的损失。

（3）对受损货物进行分类清理、查清数量和确定损失程度。

四、确定责任

根据现场查勘情况，对照保险条款，确定是否属于保险责任范围内的损失。

责任审核内容包括：

（1）审核保险事故发生的原因是否符合近因原则，以明确立案赔付。

（2）审核事故的发生是否在保险有效期内。

（3）审核事故发生的地点是否在保险责任范围内，例如船舶改变航道是否经保险人批准等。

（4）审核所有证明材料的真实性、合法性和有效性。

（5）审核保险合同的有效性。

（6）审核索赔人是否具有索赔的资格和条件。

五、收集单证

（1）损失情况确定后，由理赔人员负责向被保险人收集下列单证：

1）出险通知书及损失清单一份，填写清楚并加盖单位公章。

2）保险单正本（原件）。

3）运输凭证。

4）出险证明（原件），如交通事故证明、气象证明、商务记录、交接验收记录、出险地公司审批的案件，根据要求增加份数。

5）查勘报告等。

6）全部货物发票（或调拨单）等货价证明（复印件）。

7）收货人入库记录、验收报告、鉴定书及救护货物所支出的直接费用单据。为查明和确定保险事故的性质、原因和保险标的损失程度所支付的必要的、合理的费用单据，如鉴定费用、证明费用等。

（2）审核各项单证是否齐全，填写内容是否完整、准确，印章是否齐全。

六、计算赔付金额

理赔人员根据查勘报告、被保险人的索赔资料，计算应赔付的金额，并缮制“货物运输险赔款计算书”（见附录 P），详细列出赔款计算方式、公式。赔款计算书一式三份（一份归入案卷，一份财会部门凭以支付赔款，一份作统计用）。代赔案赔款计算书一式四份，需要呈报上级公赔款经各级领导核定后，应及时向被保险人发送“保险赔款通知书”（见表 7-3），并随附赔款收据（收款人联、财务联）和权益转让书（见表 7-4）一式两份，待被保险人签回赔款收据财务联和权益转让书正本后，支付赔款。

表 7-3 保险赔款通知书

______（被保险人）______：

我司______字第______号保险单项下你处所属货物于______年______月______日因______出险一案的赔款计人民币（大写）______（¥______）业经核定完毕，请你处在所附的赔款收据和权益转让书上签章后前来我司领取赔款。

此致

××保险公司

年 月 日

表 7-4 权益转让书

今收到你司______字第______号保险单项下赔款计人民币（大写）______（¥______），你司对我处该次出险案件的处理已结束，所负赔偿责任业已终了。我处同意将该保险单项下货物的追偿权转让你司，并将协助你司向第三者追偿损失。

此致

敬礼

被保险人（签章）______

年 月 日

七、整理归档

结案后应将赔案编号、被保险人名称、保单号码、保险标的、出险日期、出险地点、保险责任、赔付日期和赔付金额等内容登入赔案登记簿。

教师演示

保险理赔业务技能训练步骤如图 7-3 所示。

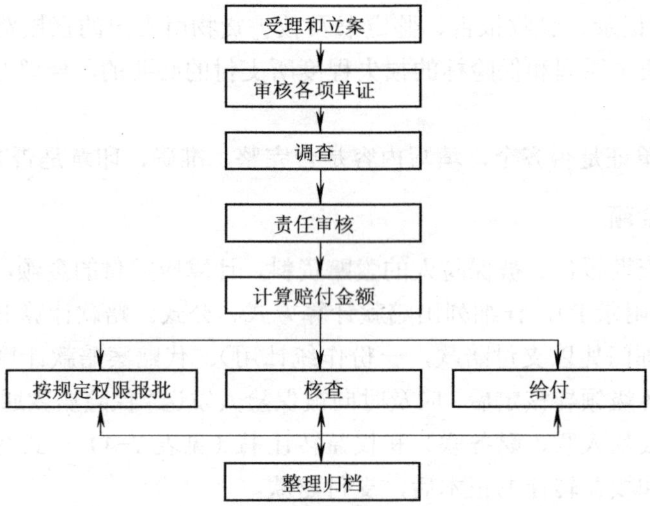

图 7-3 保险理赔业务技能训练步骤

学生动手

1. 分组

每组 7 人，包括被保险人 1 人、受理立案业务员 1 人、理赔员 5 人（其中，审核各项单证 1 人、保险调查 1 人、保险责任确定 1 人、其他 2 人）。

2. 资料准备

投保单、保险单、索赔用的各种单证、出险通知书、报案登记簿、赔款计算书、保险赔款通知书和权益转让书。

3. 实施训练

按“教师演示”重复操作。

4. 训练注意事项

（1）在训练前，准备好有关的单证。

（2）在训练中注意各环节的衔接。

（3）训练中，要认真、仔细。

5. 分析案例

某集团公司购进 2 500t 豆粕，需从大连港经水路运往广州黄埔港。2012 年 2 月 27 日，该集团公司将货物运进大连港。因某保险公司下属支公司与大连港有长期代办保险业务合同关系，大连港在收到货物后，即于 28 日在《水路货物承运登记单》上加盖了保险公司的保险印章，并通知对方缴纳保险费。该集团公司向保险公司投保了综合险，支付保险费人民币 15 000 元，保险合同条款按中国人民保险公司《国内水路、铁路货物运输保险条款》规定。

该批货物于2012年8月28日开始装船。8月30日凌晨天降大雨，造成已装船货物被雨淋湿。当日，承运人按《运规》规定向集团公司出具了“8仓货物被雨淋湿，余货水湿不详”的货运记录。2012年8月31日，该批货物装船完毕后即运往广州黄埔港。9月3日，该集团公司向保险公司出具了《国内水路、陆路货物运输保险单》。2012年9月30日靠泊卸货。根据黄埔港理货公司理货证明和黄埔港货运记录记载，所卸下货物有6 932件水湿现象，其中有370t豆粕发生霉变，该集团公司即通知保险公司赴广州黄埔港查验货损情况。事后，该集团公司按保险合同约定向保险公司索赔。保险公司会怎样理赔呢？

学习评价

被考评人					
考评地点					
考评内容	理赔业务能力				
考评标准	内　　容	分值/分	自我评价/分	小组评议/分	实际得分/分
	受理和立案认真	20			
	各项单证审核仔细	20			
	调查取证认真、细致	20			
	计算赔付金额正确	20			
	各项表格填写正确	20			
合　　计		100			

注：1．实际得分＝自我评价40%＋小组评议60%。

2．考评满分为100分，60～74分为及格；75～84分为良好；85分及以上为优秀。

第八单元　物流运输合理化

8

任务

了解物流运输合理化

任务描述

合理的运输方式能降低物流费用、提高物流速度。而运输方式的选择是合理运输的一个重要环节，是物流合理化的重要内容。目前，大多数运输会涉及一种以上运输方式。设计出合理的运输方式，能节约运输费用、降低物流成本、缩短运输时间、加快物流速度；可以节约运力、节约能源，缓解运力紧张的状况。

任务目标

1．通过对物流运输合理化知识的技能训练。

2．知道不合理运输的含义。

3．理解不合理运输的表现形式。

4．清楚运输合理化的含义及影响因素。

5．掌握实现运输合理化的一般途径。

情景导入

三星公司从 1989 年到 1993 年实施了物流运输工作合理化革新的第一个五年计划。这期间，为了减少成本和提高配送效率进行了“节约成本 200 亿”、“全面提高物流劳动生产率”等活动，最终降低了成本，缩短了前置时间，减少了 40%的存货量，并使三星公司获得首届韩国物流大奖。

三星公司从 1994 年到 1998 年实施物流运输工作合理化革新的第二个五年计划，重点是将销售、配送、生产和采购有机结合起来，实现公司的目标，即将客户的满意程序提高到 100%，同时将库存量再减少 50%。为了这一目标，三星公司进一步扩展和强化物流网络，同时建立了一个全球性的物流链，使产品的供应路线最优化，并设立全球物流网络上的集成订货—交货系统，从原材料采购到交货给最终客户的整个路径上实现物流和信息流一体化。这样客户就能以最低的价格得到高质量的服务，从而对企业更加满意。

知识储备

一、不合理运输的概念与形式

（一）不合理运输的概念

不合理运输是指在组织货物运输的过程中，违反货物流通规律，不按经济区域和货物自然流向组织货物调运，忽视运输工具的充分利用和合理分工原则，从而造成不必要的货物周转或装载工作量，流转环节多，从而浪费运力、增加运输费用。

（二）不合理运输的表现形式

不合理运输从表现形式来看，主要有以下几种类型。

1. 返程或起程空驶

空车或无货运载行驶现象，可以说是不合理运输中最严重的形式。在实际运输组织中，有时候必须调运空车，这从管理上来说不能将其看做是不合理运输。但是，由于调运不当、货源计划不周、不采用运输社会化而形成的空驶现象，在运输组织中则是不合理运输的表现形式。

目前，造成空驶不合理运输的成因主要有以下几种：

（1）运输中凡是能利用社会化的运输体系而不利用，却依靠自备车送货，这往往会出现单程重车、单程空驶的不合理运输现象。

（2）运输中凡是由于工作失误或计划不周，造成货源不实、车辆空去空回、形成双程空驶现象。

（3）由于车辆过分专用，如运煤车不能运油，使得该类车辆无法搭运回程货，只能单程重车、单程回空周转，从而造成不合理运输的现象。

2. 对流运输

对流运输又称相向运输，它是不合理运输中最突出、最普遍的一种。对流运输有两种类型：一种是明显的对流运输，即同类的（或可以互相代替的）货物沿着同一线路相运输。从图 8-1 中可以看出某种货物从甲地经过乙地运至丙地；同时又从丁地经过丙地运至乙地。这样，在乙地与丙地之间产生了对流运输。

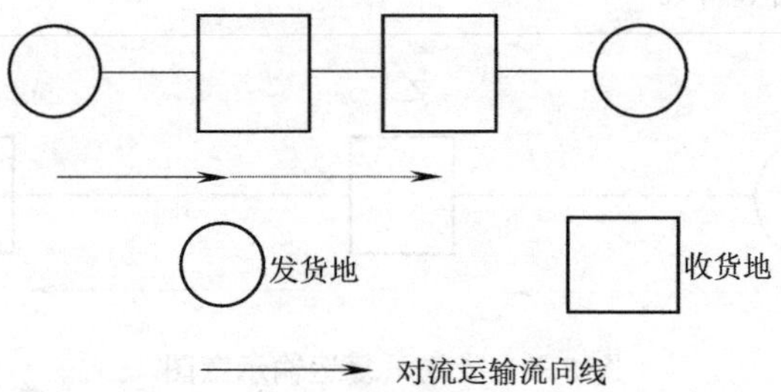

图 8-1 货物对流运输示意图

另一种是隐蔽的对流运输，即同一种货物在违反近产近销的情况下，沿着两条平行的路线朝相对的方向运输。它不易被发现，故称为隐蔽的对流运输。从图 8-2 中可以看出，甲、丁为两个发货地，乙、丙为两个收货地，各地之间的距离分别为 40km、30km、20km 和 10km。从丁地发运货物 2t 给丙地；从甲地发运同种货物 2t 给乙地。这种运输路线是不合理的，其中浪费 40t·km 的运力。正确的运输路线应该是丁地发给乙地，甲地发给丙地。

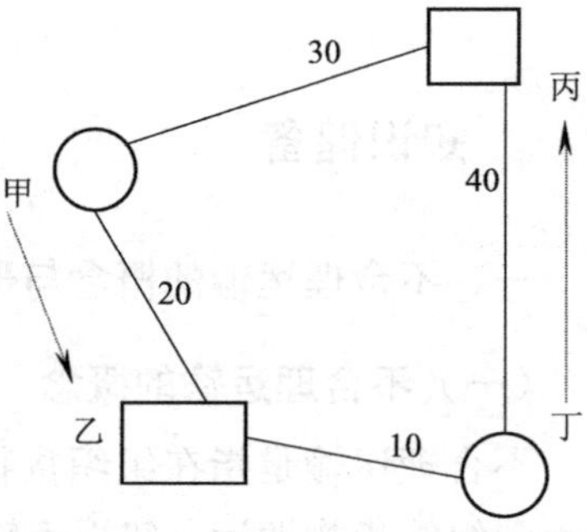

图 8-2 隐蔽的对流运输示意图

3. 迂回运输

迂回运输是由于物流网的纵横交错及车辆的机动性、灵活性，在同一发站和到站之间，往往有不同的运输路线可供选择，凡不经最短的路线的绕道运输现象，均称为迂回运输（见图 8-3），即平常所说的“近路不走走远路”。由甲地发运货物经过乙、丙两地至丁地，那么在甲、乙、丙、丁各地之间便发生了迂回运输。正确的运输路线，应该从甲地经过戊地至丁地。

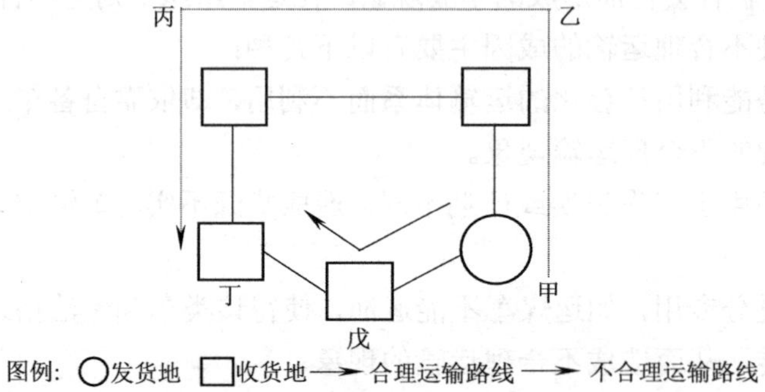

图 8-3 货物迂回运输示意图

4. 重复运输

重复运输是指一种货物本可直接到达目的地，但由于批发机构或商业仓库设置不当，或计划不周而在中途停卸重复装运的不合理运输现象。重复运输，一般虽未延长里程，但增加中间装卸环节，延长货物在途时间，增加装卸搬运费用，而且降低车辆、船舶的使用效率，影响其他货物运输（见图 8-4）。

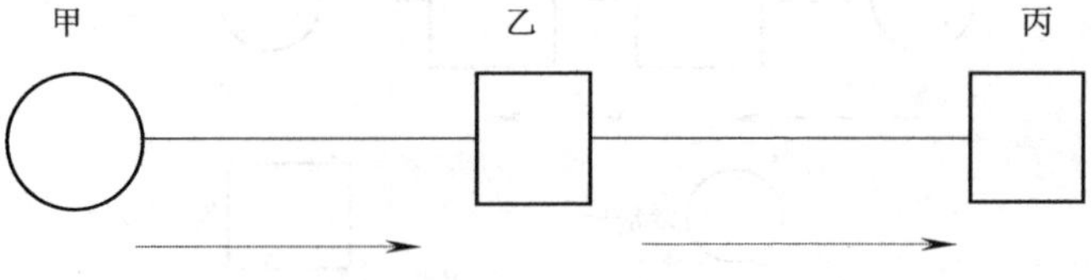

图 8-4 货物重复运输示意图

5. 过远运输

过远运输是指舍近求远的货物运输现象。即销地完全有可能由距离较近的供应地购进所需要的相同质量的价廉物美的货物，但却超出货物合理流向的范围，从远距离的地区调运货物；或两个生产地生产同一种货物，它们不是就近供应邻近的消费地，而是调给较远的其他消费地的不合理运输现象（见图 8-5 和表 8-1）。

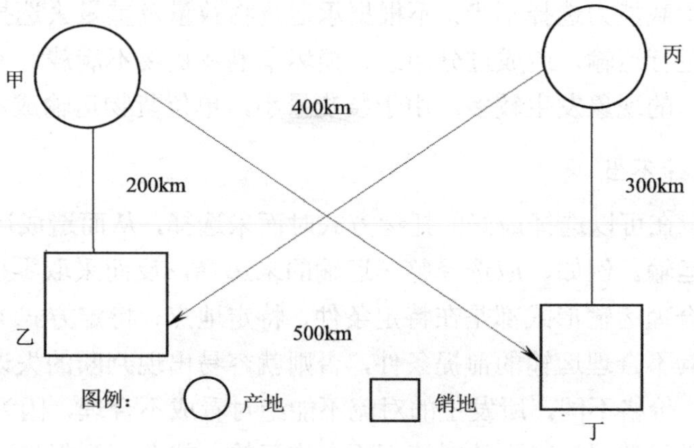

图 8-5　货物过远运输示意图

表 8-1　过远运输与合理运输比较表

产　地	销　地	运量/t	运距/km	周转量/（t・km）
一、过远运输				
甲	丁	5	500	2 500
丙	乙	5	400	2 000
合　计			900	4 500
二、合理运输				
产　地	销　地	运量/t	运距/km	周转量/（t・km）
甲	乙	5	200	1 000
丙	丁	5	300	1 500
合计			500	2 500

例如，甲、丙是两个产地，丁、乙是两个销地。它们的货物供应量和需要量都是 5t，从图 8-5 和表 8-1 可以看出，如果由甲地供应丁地，丙地供应乙地，是不合理的；与甲地供应乙地，丙地供应丁地相比较，要多走里程 400km，浪费 2 000t・km 的运力和运费。所以，合理的运输路线应该是甲地供应乙地，丙地供应丁地。

6. 运力选择不当

运力选择不当是指没有选择各种运输工具的优势而且不正确地利用运输工具造成的不合理现象，常见的有以下若干形式。

（1）弃水走路：在运输过程中，当同时可以利用水运及陆运到达目的地时，不利用成本较低的水运或水陆联运，而选择成本较高的铁路运输或航空运输，使水运优势不能发挥，从而造成运价上涨的不合理现象。

（2）铁路、大型船舶的过近运输：不是铁路及大型船舶的经济运行里程能承受的，却利用这些运力进行运输的不合理做法。不合理之处主要在于由于火车及大型船舶起运及到达目的地的准备、装卸时间过长，并且机动性、灵活性不足，从而在过近距离中利用，发挥不了火车、船舶运速快的优势。相反，由于装卸时间长，反而会延长运输时间。另外，与小型运输设备比较，火车及大型船舶装卸难度大、费用也比较高。

（3）运输工具承载能力选择不当：不根据承运货物数量及重量去选择运输工具，而盲目决定采取运输工具进行运输，造成过分超载、损坏车辆及货物不满载、浪费动力的现象。尤其是“大马拉小车”的现象发生较多。由于装货量小，单位货物运输成本必然增加。

7. 托运方式选择不当

对于货主而言，在可以选择最好的托运方式时而未选择，从而造成运力浪费及费用支出加大的一种不合理运输。例如，应选择整车运输的未选择，反而采取零担托运。

上述的各种不合理运输形式都是在特定条件、特定地点、特定方式下表现出来的，在进行判断时必须注意其不合理运输的前提条件，否则就容易出现判断的失误。例如，如果同一种产品，商标不同，价格不同，所发生的对流不能绝对看成不合理，因为其中存在着市场机制引导的竞争。如果强调因为表面的对流而不允许运输，就会起到保护落后、阻碍竞争甚至助长地区封锁的作用。类似的例子，在各种不合理运输形式中都可以举出一些。再者，以上对不合理运输的描述，主要就形式本身而言，是从微观观察得出的结论。在实践中，必须将其放在物流系统中作出综合判断，在不做系统分析和综合判断时，很可能出现“效益背反”现象，单从一种情况来看，避免了不合理，但它的合理却使其他部分出现不合理。只有从系统角度，综合进行判断才能有效避免“效益背反”现象，从而优化整个系统。

二、运输合理化的措施

1. 运输合理化的含义

运输合理化就是按照货物流通的规律，用最少的劳动消耗达到最大的经济效益来组织货物调运。即在有利于生产，有利于市场供应，有利于节约流通费用和节约运力、劳动力的前提下，使货物走最短的里程，经过最少的环节，用最快的时间，以最小的损耗，花最省的费用，把货物从生产地运到消费地。

2. 影响运输合理化的因素

由于运输是物流中最重要的功能要素之一，物流合理化在很大程度上依赖于运输合理化。运输合理化的影响因素很多，起决定性作用的有5个方面的因素，称做合理运输的“五要素”：

（1）运输距离：在运输时，运输时间、运输货损、运费、车辆或船舶周转等运输的若干技术经济指标，都与运距有一定的比例关系，运距长短是运输是否合理的一个最基本因素。缩短运输距离从宏观、微观的角度看都会带来好处。

（2）运输环节：每增加一次运输，不但会增加起运的运费和总运费，而且必须要增加运输的附属活动，如装卸、包装等，各项目技术经济指标也会因此下降。所以，减少运输环节，尤其是同类运输工具的环节，对合理运输有促进作用。

（3）运输工具：各种运输工具都有其使用的优势领域，对运输工具进行优化选择，按运输工具的特点进行装卸运输作业，最大限度地发挥所用运输工具的作用，是运输合理化的重要一环。

（4）运输时间：运输是物流过程中需要花费较多时间的环节，尤其是远程运输，在全部物流时间中，运输时间占绝大部分，所以，运输时间的缩短对整个流通时间的缩短有决定性的作用。此外，运输时间短，有利于运输工具的加速周转，充分发挥运力的作用，有利于货主资金的周转，有利于运输线路通过能力的提高，对运输合理化有很大贡献。

（5）运输费用：由于运费在全部物流费用中占很大比例，运费的高低在很大程度上决定整个物流系统的竞争能力。实际上，运输费用的降低，无论对货主企业还是对物流经营企业来讲，都是运输合理化的一个重要目标。运费的判断，也是各种合理化措施是否行之有效的最终判断依据之一。

从上述5个方面考虑运输合理化，就能取得预想的结果。

3. 实现运输合理化的一般途径

长期以来，我国劳动者在生产实践中探索和创立了不少运输合理化的实现途径，他们在一定时期内、一定条件下取得了显著效果。当前，在发展现代物流的今天，这些做法不但值得借鉴而且可以创新。具体实现途径主要有以下几个方面。

（1）提高运输工具实载率：实载率有两个含义：①单车实际载重量与运距的乘积和标定载重量与行驶里程的乘积的比率，这在安排单车、单船运输时，是作为判断装载合理与否的重要指标。②车船的统计指标，即一定时间内车船实际完成的货物周转量（以吨·公里计）占车船载重吨位与行驶公里乘积的百分比。在计算时车船行驶的公里数，不但包括载货行驶里程，也包括空驶里程。

提高实载率的意义在于充分利用运输工具的额定能力，减少车船空驶和不满载行驶的时间，减少浪费，从而求得运输的合理化。

我国曾在铁路运输上提倡“满载超轴”。其中，“满载”的含义就是充分利用货车的容积和载重量，多载货、不空驶，从而达到合理化的目的。这个做法对推动当时运输事业的发展起到了积极作用，当前，国内外开展的“配送”形式，优势之一就是将多家需要的货物和一家需要的多种货物实行配装，以达到容积和载重的充分、合理运用，比起以往自家提货或一家送货时车辆大部空驶的状况，是运输合理化的一个进步。在铁路运输中，整车运输、合装整车、整车分卸及整车零卸等具体措施，都是提高实载率的有效措施。

配载运输也是提高运输工具实载率的一种有效形式，配载运输是充分利用运输工具的载重量和容积，合理安排装载的货物及载运方法以求得合理化的一种运输方式。配载运输往往是轻重商品的混合配载，在以重质货物运输为主的情况下同时搭载一些轻泡货，如海运矿石、黄沙等重质货物，在舱面捎运木材、毛竹等，铁路运矿石、钢材等重物上面搭运轻泡农、副产品等，在基本不增加运力投入的情况下，在基本不减少重质货物运输的情况下，解决了轻泡货物的搭运，效果显著。

（2）现代化技术的应用：现代化技术的应用给运输合理化的实现带来了机遇，特别是信息技术的发展及其在道路货运企业中的应用给物流运输合理化的实现带来了保障。目前，发达国家汽车运输企业已普遍建立了计算机管理信息系统，还广泛采用了条码技术、全球定位系统、地理信息系统、移动通信、电子数据交换等先进技术。这些技术的应用和普及迅速地改造了传统运输业的生产、管理和服务，向以信息资源为基础的智能化新型交通运输业发展。在日常管理方面，许多道路货运企业已普遍建立了生产经营、车辆调度、车辆的维护与修理等方面的计算机管理信息系统，以提高工作效率和决策的科学性，使物流运输合理化成为可能。做到这些就能大大节约运费，降低单位货物的运输成本，达到合理化运输的目的。

依靠科技进步是运输合理化的重要途径。例如，专用散装车和罐车，解决了粉状、液状货物运输损耗大、安全性差等问题；袋鼠式车皮、大型半挂车解决了大型设备的整体运输问题；“滚装船”解决了车载货的运输问题，集装箱船比一般船能容纳更多的箱体，集装箱高速直达车船加快了运输速度等，都是通过应用先进的科学技术实现合理化运输的事例。

（3）优化运输线路：运输线路的选择，一般应尽量安排直达、快速运输，尽可能缩短运输时间。否则可安排沿路或循环运输，以提高车辆的容积利用率和车辆的里程利用率，从而达到节省运输费用、节约运力的目的。

直达运输是追求运输合理化的重要形式，其对合理化的追求要点是通过减少中转过载、换载的次数，从而实现提高运输速度、节省装卸费用、降低中转货损的目的。直达的优势，尤其是在一次运输批量和用户一次需求量达到了一整车时表现最为突出。此外，在生产资料、生活资料的运输中，通过直达，建立稳定的产销关系和运输系统，也有利于提高运输的计划水平，考虑用最有效的技术来实现这种稳定运输，从而大大提高运输效率。特别需要一提的是，如同其他合理化措施一样，直达运输的合理性也是在一定条件下才会有所表现的，不能绝对地认为直达一定优于中转。这要根据用户的要求，从物流总体出发作出综合判断。如果从用户需要量看，批量大到一定程度，直达是合理的，批量较小时中转是合理的。

开展中短距离的铁路、公路分流，“以公代铁”的运输方式是实现运输合理化的另一途径。这一途径的要点是在公路运输经济里程范围内，或者经过技术论证，超出通常平均经济里程范围的，也尽量利用公路运输来完成。这种运输合理化的表现主要有两点：①对于比较紧张的铁路运输，用公路分流后，可以得到一定程度的缓解，从而加大这一区段的运输通过能力。②充分利用公路从门到门和在中途运输中速度快且灵活机动的优势，实现铁路运输服务难以达到的水平。目前，我国的“以公代铁”在杂货、日用百货运输及煤炭运输中较为普遍，一般在200km以内，有时可达到700～1 000km。山西煤炭外运经过认真的技术经济论证，用公路代替铁路运至河北、天津和北京等地是合理的。

（4）发展社会化的运输体系：运输社会化的含义是发展运输的大生产优势，实行专业分工，打破一家一户自成运输体系的状况。

一家一户的运输小生产，车辆自有，自我服务，不能形成规模，且一家一户的运量需求有限，难于自我调剂，因而经常出现空驶、运力选择不当（因为运输工具有限，选择范围太窄）、不能满载等浪费现象，且配套的接发货设施、装卸搬运设施也很难有效地运行，所以浪费颇大。实行运输社会化，可以统一安排运输工具，避免对流、倒流、空驶、运力不当等多种不合理形式的发生，不但可以追求组织效益，而且可以追求规模效益，所以发展社会化的运输体系是运输合理化非常重要的措施。

当前，火车运输的社会化车辆体系已经较完善，而在公路运输中，小生产方式非常普遍，是建立社会化运输体系的重点。在社会化运输体系中，各种联运体系是其中水平较高的方式。联运方式充分利用面向社会的各种运输系统，通过协议进行一票到底的运输，有效地打破了一家一户的小生产，受到了欢迎。

我国在利用联运这种社会化运输体系时，创造了“一条龙”的货运方式。对产、销地及产、销量都较稳定的产品，事先通过与铁路、交通等社会运输部门签订协议，规定专门的收、到站，专门航线及运输路线，专门船舶和泊位等，有效地保证了许多工业产品的稳定运输，取得了很好的成绩。

（5）通过流通加工，使运输合理化：有不少产品，由于产品本身形态及特性问题，很难实现运输的合理化，如果进行适当加工，就能够有效解决合理运输问题。例如，将造纸材在产地预先加工成干纸浆，然后压缩体积运输，就能解决造纸材运输不满载的问题。轻泡产品预先捆紧包装成规定尺寸，装车就容易提高装载量；水产品及肉类预先冷冻，就可提高车辆装载率并降低运输损耗。

教师演示

通过网络或图书查阅以下相关资料。

（1）不合理运输的概念及表现形式。

（2）运输合理化的概念。

（3）影响运输合理化的因素。

（4）实现运输合理化的途径。

学生动手

（1）通过资料的查询，总结下列问题：

1）不合理运输的特征及表现形式。

2）不合理运输的危害。

3）运输不合理的原因。

4）改变哪些宏观条件，可以使运输更合理。

（2）根据下列运输业务，讨论其运输过程是否合理：

1）小王从温州购买了 100 箱鞋子，准备运往乌鲁木齐销售。他雇了一辆 15t 的载货汽车运输。

2）辛雨从重庆运送 200t 土产杂品到上海，采用铁路运输方式。

3）王新要从南昌运 50 头生猪到南京，选择公路运输，走南昌—鹰潭—杭州—南京线。

4）从浙江长兴运到上海的建筑材料都采用内河航运，走长兴—湖州—上海航线。

5）宁夏固原某企业从山西大同采购了一批煤炭。

举一反三

1）查阅物流运输业务管理、运输与配送管理、物流管理与实务等方面的书籍。

2）浏览以下网站：

http://moc.gov.cn（中华人民共和国交通部网站）

http://www.wuliuhy.com（中铁物流网站）

http://jctrans.com（锦程物流网）

学习评价

<table>
<tr><td>被考评人</td><td colspan="5"></td></tr>
<tr><td>考评地点</td><td colspan="5"></td></tr>
<tr><td>考评内容</td><td colspan="5">了解物流运输合理化</td></tr>
<tr><td rowspan="5">考评标准</td><td>内　容</td><td>分值/分</td><td>自我评价/分</td><td>小组评议/分</td><td>实际得分/分</td></tr>
<tr><td>调查内容完整</td><td>25</td><td></td><td></td><td></td></tr>
<tr><td>查阅资料的内容正确、完整</td><td>25</td><td></td><td></td><td></td></tr>
<tr><td>参与讨论积极</td><td>25</td><td></td><td></td><td></td></tr>
<tr><td>有团队合作精神</td><td>25</td><td></td><td></td><td></td></tr>
<tr><td colspan="2">合　计</td><td>100</td><td></td><td></td><td></td></tr>
</table>

注：1．实际得分＝自我评价 40%＋小组评议 60%。

2．考评满分为 100 分，60～74 分为及格；75～84 分为良好；85 分及以上为优秀。

附 录

附录 A 铁路货物运价里程表

铁路货物运价里程表（单位：km）

	北京	天津	沈阳	长春	哈尔滨	济南	合肥	南京	上海	杭州	南昌	福州	石家庄	郑州	武昌	长沙	广州	南宁	西安	兰州	西宁	乌鲁木齐	成都	贵阳	昆明	太原	呼和浩特	银川
北京																												
天津	137																											
沈阳	741	707																										
长春	1 046	1 012	305																									
哈尔滨	1 288	1 354	547	242																								
济南	497	360	1 067	1 372	1 614																							
合肥	1 074	973	1 680	1 985	2 227	613																						
南京	1 160	1 023	1 730	2 035	2 277	663	312																					
上海	1 463	1 326	2 033	2 335	2 577	966	615	303																				
杭州	1 589	1 452	2 159	2 464	2 706	1 092	451	429	201																			
南昌	1 449	1 444	2 151	2 456	2 689	1 137	478	838	837	636																		
福州	2 334	2 197	2 904	3 209	3 451	1 837	1 196	1 174	1 173	972	622																	
石家庄	277	419	1 126	1 431	1 673	301	914	964	1 267	1 393	1 293	1 915																
郑州	689	831	1 538	1 843	2 085	666	645	695	998	1 124	927	1 549	412															
武昌	1 225	1 367	1 972	2 277	2 519	1 202	1 181	1 231	1 230	1 029	391	1 013	948	536														
长沙	1 583	1 725	2 330	2 635	2 877	1 560	1 222	1 200	1 199	998	418	984	1 306	894	358													
广州	2 289	2 431	3 036	3 341	2 928	2 151	1 826	1 804	1 803	1 602	1 022	1 588	2 012	1 600	1 064	706												
南宁	2 561	2 703	3 411	6 313	3 855	2 538	2 098	2 076	2 075	1 874	1 294	1 860	2 282	1 870	1 336	978	1 334											
西安	1 159	1 301	1 906	2 211	2 453	1 177	1 156	1 206	1 509	1 635	1 412	2 389	923	511	1 047	1 405	2 111	2 383										
兰州	1 811	1 948	2 552	2 962	3 099	1 853	1 832	1 182	2 185	2 311	2 088	3 065	1 599	1 187	1 723	2 081	2 787	3 059	676									
西宁	2 092	2 235	2 839	3 144	3 386	2 069	2 048	2 098	2 401	2 527	2 304	3 281	1 815	1 403	1 939	2 297	3 003	3 275	892	216								
乌鲁木齐	3 768	3 911	4 515	4 820	5 062	3 745	3 724	3 774	4 077	4 065	4 391	4 957	3 491	3 079	3 615	3 973	4 679	4 951	2 568	1 892	2 108							
成都	2 042	2 185	2 789	3 094	3 336	2 019	1 998	2 048	2 351	2 552	2 239	2 805	1 765	1 353	1 737	1 923	2 527	1 832	842	1 172	1 388	3 026						
贵阳	2 539	2 681	3 286	3 591	3 833	2 516	2 076	2 054	2 053	1 852	1 272	1 838	2 262	1 850	1 314	956	1 560	865	1 809	2 139	2 355	3 993	967					
昆明	3 178	3 320	3 925	4 230	4 472	3 119	3 098	2 693	3 069	2 868	1 911	2 477	2 901	2 489	1 953	1 595	2 199	1 504	1 942	2 272	2 488	4 126	1 100	639				
太原	514	650	1 255	1 560	1 802	532	1 145	1 195	1 498	1 624	1 944	2 521	231	577	1 179	1 537	2 243	2 515	651	1 327	1 543	3 219	1 493	2 460	2 593			
呼和浩特	667	804	1 408	1 713	1 955	1 164	1 777	1 827	2 130	2 256	2 674	3 303	871	1 362	1 898	2 256	2 962	3 234	1 291	1 144	1 360	3 036	2 133	3 100	3 233	640		
银川	1 343	1 480	2 084	2 389	2 631	1 840	2 002	2 052	2 355	2 481	2 258	3 235	1 547	1 357	1 893	2 251	2 957	3 229	846	468	684	2 008	1 342	2 309	2 442	1 316	676	

说明：本里程表系根据铁路货运运价里程表规定的接算站计算的。但两站间有两条以上路径时，选择最短的路径或直通快车运行的路径计算的。

附录B　常见的货物运价号

常见的货物运价号

货物品名	运价号	
	整车	零担
磷矿石、磷精矿、磷矿粉	1	21
矿渣、铝矾土、砂、石料、砖、水渣、铁矿石、石棉、石膏、草片、石灰石、耐火粘土、金属矿石	2	21
粮食、稻谷、大米、大豆、粮食种子、食用盐、非食用盐、小麦粉、拖拉机、盐卤	2	22
麻袋片、化学农药、籽棉、石棉制品	2	24
活（禽、猪、羊、狗、牛、马）蜜蜂、养蜂器具	3	22
棉胎、絮棉、旧棉、木棉	3	24
煤炭、焦炭、生铁	4	21
氧化铝、氢氧化铝、酱腌菜	4	23
鲜冻肉、鲜冻水产品、鲜蔬菜、树苗、烟叶、干蔬菜、电极糊、放射性矿石	4	24
钢锭、钢坯、钢材、钢轨、有色金属、水泥、水泥制品、金属结构及构件	5	22
石制品、玻璃、装饰加工板、胶合板、树脂、塑料、食糖、鲜冻蛋、鲜冻奶、死禽、死畜、死兽、鲜瓜果、奶制品、肉制品、蛋制品、罐头、花卉、油漆、颜料、涂料、橡胶轮胎、调味品、酒、膨化食品、卷烟、纸及纸板、中成药	6	24
金属工具、塑料薄膜、洗衣粉、牙膏、搪瓷制品、肥皂、化妆品	7	24
洗衣机	8	22
电冰箱、电子计算机及其外部设备	8	23
工业机械、医疗器械、自行车、汽车、仪器、仪表、电力设备、灯泡、灯管、电线、电缆、电子管、显像管、磁带、电视机、钟、表、定时器、衡器	8	24
原油、汽油、煤油、柴油、润滑油、润滑脂	8+20%	24
挂运与自行的铁道机车、车辆及轨道机械	9	—

附录C　铁路货物运价率表

铁路货物运价率表

办理类别	运价号	基价1		基价2	
		单位	标准	单位	标准
整车	1	元/t	7.40	元/（t・km）	0.056 5
整车	2	元/t	7.90	元/（t・km）	0.065 1
整车	3	元/t	10.50	元/（t・km）	0.070 0
整车	4	元/t	13.80	元/（t・km）	0.075 3
整车	5	元/t	15.40	元/（t・km）	0.084 9
整车	6	元/t	22.20	元/（t・km）	0.114 6
整车	7			元/（t・km）	0.402 5
整车	机械冷藏车	元/t	16.70	元/（t・km）	0.113 4
零担	21	元/10kg	0.168	元/（10kg・km）	0.0008 6
零担	22	元/10kg	0.235	元/（10kg・km）	0.001 20
集装箱	20英尺箱	元/箱	387.50	元/（箱・km）	1.732 5
集装箱	40英尺箱	元/箱	527.00	元/（箱・km）	2.356 2

附录D 铁路电气化区段表

铁路电气化区段表

序号	线名	电化区段	区段里程/km	序号	线名	电化区段	区段里程/km
1	京山线	秦皇岛一山海关	16	24	焦柳线	月山一关林	129
2	丰台西线	丰台一丰台西	5	25	怀化南线	怀化一怀化南	4
3	京承线	丰台一双桥	43	26	宝成线	宝鸡一成都东	673
4	京秦线	双桥一秦皇岛	280	27	阳安线	平阳关一安康	357
5	京包线	沙城一大同	252	28	成渝线	成都东一重庆	500
6	大秦线	韩家岭一柳村南	652	29	川黔线	小南海一贵阳南	438
7	段大线	段甲岭一大石庄	7	30	贵昆线	贵阳南一昆明西	644
8	丰沙线	丰台一沙城	104	31	漳州线	郭坑一漳州	11
9	京广线	丰台一武昌南	1 221	32	包兰线	石嘴山一兰州西	581
10	京广线	郴州一韶关	153	33	太岚线	太原北一镇城底	55
11	孟宝线	孟庙一平顶山东	64	34	口泉线	平旺一口泉	10
12	石太线	石家庄一太原北	251	35	宝中线	虢镇一迎水桥	502
13	北同蒲线	大同一太原北	347	36	干武线	干塘一武威南	172
14	玉门沟线	太原北一玉门沟	22	37	汤鹤线	汤阴一鹤壁北	19
15	太焦线	长治北一月山	153	38	马滋线	马头一新坡	12
16	汉丹线	襄樊一老河口东	57	39	侯月线	侯马北一翼城东	50
17	襄渝线	老河口东一小南海	850	40	平汝线	平罗一大武口	11
18	鹰夏线	鹰潭一厦门	694	41	成昆线	成都一昆明东	1 108
19	湘黔线	株洲北一贵定	821	42	小梨线	小南海一梨树湾	23
20	黔桂线	贵定一贵阳南	68	43	西重线	西永一重庆	24
21	陇海线	郑州北一兰州西	1 192	44	胡大线	胡东一大同东	21
22	兰新线	兰州西一武威南	279	45	渡口线	三堆子一密地	10
23	西固城线	兰州西一西固城	21				

附录E 铁路杂费收费项目和标准

铁路杂费收费项目和标准

序号	收费项目	收费标准
1	冷却费	40元/t
2	D型长大货物车使用费	标重不足180t：不超重，0.25元/(t·km)；一级超重，0.30元/(t·km)；二级超重，0.35元/(t·km) 标重180t以上：不超重，0.30元/(t·km)；一级超重，0.35元/(t·km)；二级超重，0.40元/(t·km)；超级超重，0.60元/(t·km)
3	D型长大货物车空车回送费	400元/辆
4	取送车费	整车：9元/(车·km) 集装箱：40英尺箱，9元/(箱·km)；20英尺箱，4.5元/(箱·km)
5	机车作业费	90元/0.5h
6	押运人乘车费	3元/(人·100km)
7	货车篷布使用费	D型篷布：500km以内，120元/张；501km以上，168元/张 其他篷布：500km以内，60元/张；501km以上，84元/张
8	集装箱使用费	20英尺箱：500km以内，130元/箱；501～2 000km，每增加100km加收13元/箱；2 001～3 000km，每增加100km加收6.5元/箱；3 001km以上，计收390元/箱 40英尺箱：500km以内，260元/箱；501～2 000km，每增加100km加收26元/箱；2 001～3 000km，每增加100km加收13元/箱；3 001km以上，计收780元/箱
9	货物装卸作业费	按计费重量和规定的费率计算
10	货物保价费	按货物保价金额和规定的费率计算
11	仓储费	承运前交付后：整车货物，150元/(车·日)；零担货物，1.50元/(100kg·日)；20英尺箱，75.00元/(箱·日)；40英尺箱，150.00元/(箱·日) 仓储服务时：20英尺箱，75.00元/(箱·日)；40英尺箱，150.00元/(箱·日)；其他货物，2.50元/(t·日)
12	货车延期占用费	机冷车：1～10h，8元/(车·h)；11～20h，16元/(车·h)；21～30h，24元/(车·h)；30h以上，32元/(车·h) 罐车：1～10h，5元/(车·h)；11～20h，10元/(车·h)；21～30h，15元/(车·h)；30h以上，20元/(车·h) 其他货车：1～10h，4.4元/(车·h)；11～20h，8.8元/(车·h)；21～30h，13.2元/(车·h)；30h以上，17.6元/(车·h)
13	D型长大货物车延期使用费	5元/(t·日)
14	货车篷布延期使用费	D型篷布，60元/(张·日)；其他篷布，30元/(张·日)
15	集装箱延期使用费	20英尺箱，60元/(箱·日)；40英尺箱，90元/(箱·日)
16	冷藏车(取消托运时)空车回送费	150元/车
17	机械冷藏车制冷费	单节型，300元/(车·日)；5辆型，1020元/(车组·日)
18	货物运输变更手续费	变更到站、变更收货人：整车货物和20、40英尺集装箱货物，300元/批；零担货物，20元/批 发送前取消托运：整车货物和20、40英尺集装箱货物，100元/批；零担货物，10元/批
19	清扫除污费	货位清扫费：蔬菜、瓜果、牲畜，15元/车；散堆装货物，4元/车 集装箱清扫费：20英尺箱，5元/箱；40英尺箱，10元/箱 货车清扫费：10元/车 货车洗刷除污费：整车货物毒害品，200元/车；其他，120元/车；按零担办理的牛、马、骡、驴、骆驼，2元/头 货位清扫、货车洗刷除污费用，允许铁路局根据各地的不同情况适当提高，但最高不得超过规定费率的一倍，并报铁道部备案
20	合资、地方铁路及在建线货车占用费	冷藏车，4.9元/(车·h) D型长大货物车，8元/(车·h) 其他货车，4.4元/(车·h)

（续）

序　　号	收费项目	收费标准
21	合资、地方铁路货车篷布占用费	D型篷布，60元/（张·日）；其他篷布，30元/（张·日）
22	自备或租用货车停放费	40元/（车·日）
23	车辆租用费	在营业线上：冰冷车、家畜车，4.00元/（t·日）；罐车、散装水泥车、粮食专用车，3.60元/（t·日）；其他货车（机冷车、D型长大货物车除外），3.00元/（t·日） 在专用线、专用铁路上：冰冷车、家畜车，8.00元/（t·日）；罐车、散装水泥车、粮食专用车，7.20元/（t·日）；其他货车（机冷车、D型长大货物车除外），6.00元/（t·日） 机械冷藏车：单节型，160元/（车·日）；5辆型，660元/（车组·日）；9辆型，1320元/（车组·日） 长大货物车：标重180t以上，8.6元/（t·日）；标重不足180t，5元/（t·日）
24	铁路码头使用费	0.6元/t
25	路产专用线租用费	200元/（延米·年）
26	分卸作业费	80元/次
27	运杂费迟交金	按运杂费（包括垫付款）迟交总额的3‰核收
28	违约金	承运后发现托运人匿报、错报货物品名填写运单，致使货物运费减收；或危险货物匿报、错报货物品名按一般货物运输时，按批核收全程正当运费二倍的违约金
29	防风网使用费	30元/车
30	阿拉山口口岸建设费	5元/t
31	换装费	进口货物在国境站的换装费： 1）整车普通货物，16元/t。其中，炭黑、沥青、焦油及按危险货物运送条件运送的货物，32元/t 2）集装箱的换装费按国内标准规定计算 3）笨重货物的换装费：整车货物，每件重量501～1 000kg，18元/t；1 001～3 000kg，22元/t；3 001～5 000kg，28元/t；5 001～8 000kg，35元/t；8 001～15 000kg，42元/t；15 001～20 000kg，52元/t；20 001～80 000kg，68元/t；超过80t，80元/t；笨重危险货物按上述标准加50%计算 4）发送路用专用货车装运的小轿车，24元/t
32	验关手续费	整车和集装箱，33元/批；零担，16元/批
33	货车滞留费	5日内，每车每日120元；超过5日，从第6日起，每车每日核收滞留费240元；超过10日，从第11日起，每车每日核收滞留费480元；危险货物货车滞留费在上述标准基础上每车每日另加10%
34	声明价格费	按运单记载的声明价格的3‰计算
35	液体换装费	原油：22元/t（按货物重量，以下同）。每年11月1日至次年3月31日的冬季换装作业需加温时，加收8元/t 其他液体货物：剧毒品，100元/t；有毒品，60元/t；其他液体货物，50元/t
36	换轮作业费	319元/辆
37	翻卸车维检费	40元/车，各铁路局可根据实际作业条件在20%范围内上下浮动
38	抑尘费	1.5元/t，各铁路局可根据作业量的不同对成本的影响，在35%的幅度内上下浮动
39	自备车管理费（自备车组织服务费）	120元/车，各铁路局可根据实际情况在50%的幅度内进行下浮，并报铁道部备案
40	机车出租费	3050元/（台·日），双节型机车加倍。各铁路局可根据实际租用机车的情况在20%范围内上下浮动
41	货场场地出租费	仓库，6元/（m^2·月）；带雨棚站台，4元/（m^2·月）；露天站台，3元/（m^2·月）；露天场地（货位），2元/（m^2·月）。货场仓库、站台、场地均按月出租，不足一月按一月计算。各铁路局可根据车站位置、地段和市场情况，比照当地实际水平，在200%幅度内上浮、在50%幅度内下浮
42	保险手续费	按代理保险费和协议商定的比例计算
43	车辆配件赔偿费	按照铁路运输企业内部零部件价格和车辆维修费用标准执行
44	篷布赔偿费	按当年篷布购置价格赔偿
45	接取送达费	计费里程：起码里程10km，之后里程按0、5取整，1、2去，8、9进，3、7、4、6作5 起码里程10km的费率：整车货物，15元/t；零担货物，1.5元/100kg；20英尺箱，450元/箱；40英尺箱，675元/箱 超过起码里程后每公里的费率：整车货物，0.8元/（t·km）；零担货物，0.08元/（100kg·km）；20英尺箱，24元/（箱·km）；40英尺箱，36元/（箱·km） 每单位重量货物接取送达费=每单位重量货物起码里程费率+（计费里程－起码里程）×超过起码里程后每公里费率 各铁路局可上浮50%，下浮不限
46	装载加固材料费	按所用材料成本价加30%计算

附录F 公路普通货物运价分等表

公路普通货物运价分等表

等级	序号	货类	货物名称
一等货物	1	砂	砂子
	2	石	片石、渣石、寸石、石硝、粒石、卵石
	3	非金属矿石	各种非金属矿石
	4	土	各种土、垃圾
	5	渣	炉渣、炉灰、水渣、各种灰烬、碎砖瓦等
二等货物	1	粮食及加工品	各种粮食（稻、麦、各种杂粮、薯类）及其加工品
	2	棉花、麻	皮棉、籽棉、絮棉、旧棉、棉胎、木棉、各种麻类
	3	油料作物	花生、芝麻、油菜籽、蓖麻子及其他油料作物
	4	烟叶	烤烟、土烟
	5	植物的种子、草、藤、树条	树、草、菜、花的种子、干花、牧草、谷草、稻草、芦苇、树条、树根、木柴、藤等
	6	肥料、农药	化肥、粪肥、土杂肥、农药（具有危险货物性质的除外）等
	7	糖	各种食用糖（包括饴糖、糖稀）
	8	酱菜、调料	腌菜、酱菜、酱油、醋、酱、花椒、茴香、生姜、芥末、腐乳、味精及其他调味品
	9	土产杂品	土产品、各种杂品
	10	皮毛、塑料	生皮张、生熟皮毛、鬃毛绒及其加工品、塑料及其制品
	11	日用百货、一般纺织制品	各种日用小百货、一般纺织品、针织品
	12	药材	普通中药材
	13	纸、纸浆	普通纸及纸制品、各种纸浆
	14	文化体育用品	文具、教学用具、体育用品
	15	印刷品	报刊、图书及其他印刷品
	16	木材	圆木、方木、板料、成材、杂木棍等
	17	橡胶、可塑材料及其制品	生橡胶、人造橡胶、再生胶及其制品、电木制品、其他可塑原料及其制品
	18	水泥及其制品	袋装水泥、水泥制品、预制水泥构件等
	19	钢材（管、丝、线、绳、板、皮条）、钢铁、有色金属及其制品	生铁、毛坯、铸铁件、有色金属、材料、大、小五金制品、配件、小型农机具等
	20	矿物性建筑材料	普通砖、瓦、缸砖、水泥瓦、乱石、块石、级配石、条石、水磨石、白云石、蜡石、萤石及一般石制品、滑石粉、石灰膏、电石灰、矾石灰、石膏、石棉、白垩粉、陶土管、石灰石、生石灰
	21	金属矿石	各种金属石
	22	煤	原煤、块煤、可燃性片岩等
	23	焦炭	焦炭、焦炭末、石油焦、沥青、焦木炭等
	24	原煤加工品	煤球、煤砖、蜂窝煤
	25	盐	原盐及加工精盐
	26	泥、灰	泥土、淤泥、煤泥、青灰、粉煤灰等
	27	废品及散碎品	废钢铁、废纸、破碎布、碎玻璃、废鞋靴、废纸袋等
	28	空包装容器	篓、坛罐、桶、瓶、箱、筐、袋、包、箱皮、盒等
	29	其他	未列入表中的其他货物

（续）

等级	序号	货类	货物名称
三等货物	1	蜂	蜜蜂、蜡虫
	2	蚕、茧	蚕、蚕子、蚕蛹、蚕茧
	3	观赏用花、木	观赏用长青树木、花草、树苗
	4	蔬菜、瓜果	鲜蔬菜、鲜菌类、鲜水果、甘蔗、瓜类
	5	植物油	各种食用、工业、医药用植物油
	6	蛋、乳	蛋、乳及其制品
	7	肉脂及制品	鲜、腌、酱肉类，油脂及制品
	8	水产品	干鲜鱼、虾、蟹、贝、海带
	9	干菜、干果	干菜、干果、子仁及各种果脯
	10	橡胶制品	轮胎、橡胶管、橡胶布类及其制品
	11	颜料、染料	颜料、染料及助剂与其制品
	12	食用香精、树胶、木蜡	食用香精、糖精、樟脑油、芳香油、木榴油、木蜡、橡蜡（橡油、皮油）、树胶等
	13	化妆品	护肤、美容、卫生、头发用品等各种化妆品
	14	木材加工品	毛板、企口板、胶合板、刨花板、装饰板、纤维板、木构件等
	15	家具	竹、藤、钢、木家具
	16	交电器材	普通医疗器械、无线电广播设备、电线电缆、电灯用品、蓄电池（未装酸液）、各种电子元件、电子或电动玩具
	17	毛、丝、棉、麻、呢绒、化纤、皮革制品	毛、丝、棉、麻、呢绒、化纤、皮革制品、鞋帽、服装
	18	烟、酒、饮料、茶	各种卷烟、各类瓶罐装的酒、汽水、果汁、食品、罐头、炼乳、植物油精（薄荷油、桉叶油）、茶叶及其制品
	19	糖果、糕点	糖果、果酱（桶装）、水果粉、蜜饯、面包、饼干、糕点
	20	淀粉	各种淀粉及其制品
	21	冰及冰制品	天然冰、机制冰、冰淇淋、冰棍
	22	中西药品、医疗器具	西药、中药（丸、散、膏、丹成药）及医疗器具
	23	贵重纸张	卷烟纸、玻璃纸、过滤纸、晒图纸、描图纸、绘图纸、国画纸、蜡纸、复写纸、复印纸
	24	文娱用品	乐器、唱片、幻灯片、录音带、录像带及其他演出用具及道具
	25	美术工艺品	刺绣、蜡或塑料制品、美术制品、骨角制品、漆器、草编、竹编、藤编等各种美术工艺品
	26	陶瓷、玻璃及其制品	瓷器、陶器、玻璃及其制品
	27	机器及设备	各种机器及设备
	28	车辆	组成的自行车、摩托车、轻骑、小型拖拉机
	29	污染品	炭黑、铅粉、锰粉、乌烟（墨黑、松烟）、涂料及其他污染人体的货物、角、蹄甲、牲骨、死禽兽
	30	粉尘品	散装水泥、石粉、耐火粉
	31	装饰石料	大理石、花岗岩、汉白玉
	32	带釉建筑用品	玻璃瓦、琉璃瓦、其他带釉建筑用品、耐火砖、耐酸砖、瓷砖瓦

注：未列入表中的其他货物，除参照同类货物分等外，均列入二等货物。

附录G　公路特种货物分类表

公路特种货物分类表

类　别	分类概念	各类档次或序号	各类货物范围或名称
大型、特型笨重物件	货物长度6m及6m以上；货物高度2.7m及以上；货物宽度2.5m及以上；单件货物重量4t及以上	一级	1．长度大于或等于6m小于10m 2．宽度大于或等于2.5m小于3.0m 3．重量大于或等于4t小于8t
		二级	1．长度大于或等于10m小于14m 2．宽度大于或等于3.0m小于3.5m 3．高度大于或等于2.7m小于3m 4．重量大于或等于8t小于20t
		三级	1．长度大于14m（含14m）小于20m 2．宽度大于3.5m（含3.5m）小于4.5m 3．高度大于3m（含3m）小于3.8m 4．重量大于20t（含20t）小于100t
		四级	1．长度大于20m（含20m）小于30m 2．宽度大于4.5m（含4.5m）小于5.5m 3．高度大于3.8m（含3.8m）小于4.4m 4．重量大于100t（含100t）小于200t
		五级	1．长度大于30m（含30m）小于40m 2．宽度大于5.5m（含5.5m）小于6m 3．高度大于4.4m（含4.4m）小于5m 4．重量大于200t（含200t）小于300t
		六级	1．长度在40m以上者 2．宽度在6m以上者 3．高度在5m以上者 4．重量在300t以上者
危险货物类	交通部《汽车危险货物运输规则》中列名的所有危险货物	一级	《汽车危险货物运输规则》中规定的爆炸物品、一级氧化剂、压缩气体和液化气体、一级自燃物品、一级遇水易燃物品、一级易燃固体、一级易燃液体、剧毒物品、一级酸性腐蚀物品、放射性物品
		二级	《汽车危险货物运输规则》中规定的二级易燃液体、有毒物品、碱性腐蚀物品、二级酸性腐蚀物品
贵重货物类	价格昂贵，运输责任重大的货物	1	货币及有价证券：货币、国库券、邮票等
		2	贵重金属及稀有金属：贵重金属为金、银、钡、白金等及其制品；稀有金属钴、钛等及其制品
		3	珍贵艺术品：古玩字画、象牙、珊瑚、珍珠、玛瑙、水晶宝石、钻石、翡翠、琥珀、猫眼、玉及其制品、景泰蓝制品各种雕刻工艺品、仿古艺术制品和壁毯刺绣艺术品等
		4	贵重药材和药品：鹿茸、麝香、犀角、高丽参、西洋参、冬虫草、羚羊角、田三七、银耳、天麻、蛤蟆油、牛黄、熊胎、鹿胎、豹胎、海马、海龙、藏红花、猴枣、马宝及以其为主要原料的制品和贵重西药
		5	贵重毛皮：水獭皮、海龙皮、貂皮、灰鼠皮、猞猁皮等及其制品
		6	高档服装：用高级面料、制作精细、价格较高的服装
		7	珍贵食品：海参、干贝、鱼肚、鱼翅、燕窝、鱼唇、鱼皮、鲍鱼、猴头、发菜等
		8	高级精密机械及仪表：显微镜、电子计算机、高级摄影机、摄像机、显像管、复印机及其精密仪器仪表
		9	高级光学玻璃及其制品：照相机、放大机、显微镜等镜头片，各种科学试验用的光学玻璃仪器和镜片
		10	高档电器：电视机、电冰箱、录放音机、音响组合机、录像机、空调机、照相机、手表等
鲜活货物类	货物价值高、运输时间性强、责任大的鲜活货物	1	各种活牲畜、活禽、活鱼、鱼苗
		2	供观赏的野生动物：虎、豹、狮熊、熊猫、狼、象、蛇、蟒、孔雀、天鹅等
		3	供观赏的水生动物：海马、海豹、金鱼、鳄鱼、热带鱼等
		4	名贵花木：盆景及各种名贵花木

附录Ⅰ 上海地区始发航班公布运价表

上海地区始发航班公布运价表

上海地区始发航班公布运价表（单位：元）						
目的地	M	S	N	+45	+100	+300
	最低运价	特种运价（急件）	45kg 以下	45kg 以上	100kg 以上	300kg 以上
包头	30	11.4	7.6	6.1	5.3	4.6
北京	30	8.9	5.9	4.7	4.1	3.5
长春	30	11.6	7.7	6.2	5.4	4.6
长沙	30	11.0	5.1	4.1	3.6	3.1
成都	30	12.0	8.0	6.4	5.6	4.8
绵阳	30	12.0	8.0	6.4	5.6	4.8
重庆	30	10.8	7.2	5.8	5.0	4.3
大连	30	8.3	5.5	4.4	3.9	3.3
福州	30	6.0	4.0	3.2	2.8	2.4
广州	30	9.6	6.4	5.1	4.5	3.8
桂林	30	10.1	6.7	5.4	4.7	4.0
贵阳	30	11.7	7.8	6.2	5.5	4.7
海口	30	12.0	8.0	6.4	5.6	4.8
哈尔滨	30	12.5	8.3	6.6	5.8	5.0
合肥	30	4.4	2.9	2.3	2.0	1.7
呼和浩特	30	11.0	7.3	5.8	5.1	4.4
济南	30	7.1	4.7	3.8	3.3	2.8
锦州	30	9.3	6.2	5.0	4.3	3.7
昆明	30	13.4	8.9	7.1	6.2	5.3
兰州	30	12.6	8.4	6.7	5.9	5.0
南昌	30	5.9	3.9	3.1	2.7	2.3
青岛	30	6.2	4.1	3.3	2.9	2.5
三亚	30	13.4	8.9	7.1	6.2	5.3
汕头	30	8.1	5.4	4.3	3.8	3.2
沈阳	30	9.9	6.6	5.3	4.6	4.0
深圳	30	9.8	6.5	5.2	4.6	3.9
太原	30	9.2	6.1	4.9	4.3	3.7
天津	30	8.7	5.8	4.6	4.1	3.5
威海	30	8.0	5.3	4.2	3.7	3.2
温州	30	4.5	3.0	2.4	2.1	1.8
武汉	30	6.6	4.4	3.5	3.1	2.6
乌鲁木齐	30	20.9	13.9	11.1	9.7	8.3
武夷山	30	5.6	3.7	3.0	2.6	2.2
厦门	30	7.2	4.8	3.8	3.4	2.9
西安	30	9.8	6.5	5.2	4.6	3.9
襄樊	30	8.4	5.6	4.5	3.9	3.4
西宁	30	13.4	8.9	7.1	6.2	5.3
西双版纳	30	15.5	10.3	8.2	7.2	6.2
徐州	30	5.3	3.5	2.8	2.5	2.1
烟台	30	7.1	4.7	3.8	3.3	2.8
宜昌	30	8.6	5.7	4.6	4.0	3.4
银川	30	13.4	8.9	7.1	6.2	5.3
郑州	30	7.2	4.8	3.8	3.4	2.9
张家界	30	9.9	6.6	5.3	4.6	4.0

注：地面运费 0.20 元/kg；燃油附加费 0.20/kg。

附录J　厦门始发国内航线货物运价表

厦门始发国内航线货物运价表

（单位：元/kg）

目的站	普货			急件		目的站	普货			急件	
	N	45	200	S	45		N	45	200	S	45
华东区						西南区					
福州	2.2	1.55	1.45	3.3	2.8	丽江	10.7	4.3	3.4	16.1	7.65
武夷山	2.8	1.8	1.5	4.2	2.8	昭通	10.7	8.7			
济南	6.8	3.5	3.2	10.2	6.15	西双版纳	11.1	9			
南昌	3.6	2.4	2.1	5.4	4.8	芒市	11.2	10.1			
温州	3.7	2.65				拉萨	17	13.7	10	25.5	17
上海	4.9	2.4	2.2	7.35	4.5	万州	7.2	3.6	3.1	10.8	6.6
南京	5.1	2.9	2.7	7.65	5.25	东北区					
黄山	4.1	2.65				大连	8.6	4.5	4.2	12.9	7.65
青岛	7.4	5	4.8	11.1	8.4	哈尔滨	11.2	5.7	5.4	16.8	9.75
杭州	4.3	2.5	2.3	6.45	4.65	沈阳	9.6	4.9	4.5	14.4	8.25
舟山	4.6	1.75	1.65	6.9	3.83	长春	10.7	5.3	4.9	16.05	9.15
宁波	4.7	2.2	2	7.05	4.5	锦州	9.4	7.6			
南通	5.2	4.2				包头	11.9	9.6			
常州	5.8	4.7				丹东	13	10.5			
无锡	5.1	4.1				吉林	13.7	11			
赣州	3.2	2.6				佳木斯	14.2	11.4			
安庆	4.5	3.7				延吉	14.3	11.5			
合肥	5.2	3	2.8	7.8	5.7	齐齐哈尔	14.5	11.7			
景德镇	5.7	4.6				海拉尔	14.7	11.8			
连云港	6.5	5.3				中南区					
黄岩	4	3.3				郑州	6.5	3.4	3.1	9.75	6.3
义乌	4	3.3				深圳	3.1	2.1	1.9	4.65	4.35
烟台	8.3	6.7				广州	3.1	2.1	1.9	4.65	4.35
浦东	4.9	2.65				珠海	3.9	2.8	2.6	5.85	5.4
西南区						桂林	4.9	3	2.8	7.35	5.7
贵阳	6.3	3.2	3	9.45	6	长沙	4.9	2.6	2.4	7.35	5.1
重庆	7.2	3.3	3	10.8	6.15	武汉	5	3	2.7	7.5	5.7
昆明	7.8	4	3.6	11.7	7.2	南宁	5.8	4	3.6	8.7	7.2
成都	8.6	4.2	3.8	12.9	7.5	张家界	6	3.75			
绵阳	8.8	7.1				海口	5.7	2.8	2.6	8.55	5.4
大理	10.3	8.3				三亚	6.2	2.8	2.6	9.3	5.4
思茅	10.5	8.5				沙市	5.25	5.15			

（续）

目的站	普货			急件		目的站	普货			急件	
	N	45	200	S	45		N	45	200	S	45
中南区						西北区					
汕头	2.2	1.8				库尔勒	18.8	15.1			
湛江	5.6	4.5				敦煌	19.3	15.5			
襄樊	6.1	4.9				伊宁	15.8	10.7			
北海	6.8	5.6				阿勒泰	15.8	10.7			
洛阳	7.2	5.8				喀什	15.8	10.7			
柳州	7.6	6.2									
西北区						华北区					
西安	8.6	3.7	3.4	12.9	6.75	天津	8.5	3.8	3.3	12.75	6.6
乌鲁木齐	15.8	9.5	9.1	23.7	15.45	北京	8.1	3.7	3.2	12.15	6.45
兰州	9.9	4.6	4	14.9	8.1	石家庄	8.5	4.3	4.1	12.75	7.65
银川	12.4	4.9	4.2	18.6	8.55	太原	8.5	3.68	3.48	12.75	6.72
西宁	13	10.5	8	19.5	13	呼和浩特	9	4.8	4.6	13.5	8.4
大同	10.8	8.7				秦皇岛	11.3	10.1			

附录K 关于港口、车站无法交付货物的处理办法

为确保港、站畅通，加强库场管理，加速物资周转，减少货物损失，迅速、妥善地处理港、站无法交付货物的情况，特制定本办法。

（1）凡属下列情况之一者，即为无法交付货物：

1）到达港口、车站的货物，自承运人向收货人或其代理人发出到货或提货通知之日起（以邮戳为准），超过铁道、交通部门规定的领取期限，又经催询和通知托运人处理而超过一个月仍不领取和处理的货物（海港进口货物中无主货物按国办发［1984］107号文有关规定处理）。

2）港口、车站发现的无票货；运单上的收、发货人姓名不清、地址不详，经查询仍无法查明的货物；或由港、站贴出招领公告（或登报）之日起，超过一个月仍无人领取的货物。

3）运输部门在沿途拾得的无标志的货物；在港口打捞和挖泥回收的无法辨认和查找收、发货人的货物；公安部门破获盗窃案件中收回的找不到货主的运输物资。

4）运输部门在清理库场时收集整理的地脚货物（即在卸车、卸船中清扫收集起来的货底，应按票交给收货人）。

5）到达港口、车站的进口货物按提单或运单向收货人或其代理人交清后溢余的、在3个月内国外发货人或承运人未提出异议，无人认领的货物。

6）外贸出口退关、逾期仍不提取的货物。

（2）承运人错发、错运、错卸的货物，不得作为无法交付货物处理，应由承运人无偿运到目的地，交给货票上指明的收货人或其代理人；造成货物逾期交付的，应按规定承担经济责任。属于承运人责任造成的无票货物不得作为无法交付货物处理。

（3）货物到达港口、车站后，如托运人与收货人之间发生经济纠纷，不论责任在哪一方，收货人都应先把货物接收下来，妥为保管，然后按国家颁发的经济合同法等有关规定妥善处理。收货人不得以经济纠纷为由，把货物积压在车站、港口。

（4）为防止无法交付货物的发生，运输部门要做到：

1）认真把好承运发送关。要有专人指导托运人按运输部门的要求填写运单；文字要规范清晰，内容不得遗漏和简略；把好验收关，做到单货相符；对不按规定填写运单的货物，运输部门可以拒绝受理。

2）货物到达后，港口、车站要及时通知收货人或其代理人提货，并每旬催领一次，经催促仍不领取且超过第（1）条第1）款规定的，即按无法交付货物处理。在规定期限内，货主或其代理人讲明理由，要求延长货物领取期限的，不得按无法交付货物处理。但为保证港站畅通，可在当地经委（交委、交办，下同）组织下转栈存放，转栈费由货主负担。

3）鲜活、易腐等不宜长期保管的货物，运输部门要及时通知货主提货；易燃、易爆、放射性、剧毒物品等按照《危险品运输规则》的有关规定及时办理逾期不提的，即按无法交付货物处理。

4）对于盗窃、私分和蓄意造成无法交付货物的单位和个人，查明后要追究责任，严肃处理。

（5）无法交付货物的处理

1）运输部门对无法交付的货物要认真做好清点、查对、登记、造册和保管工作。在保管期内仍要努力寻找线索，尽力做到物归原主。

2）无法交付的货物，由运输部门开列清单，报地（市）以上（含地、市）经委（交委、交办）或由地（市）以上经委委托的县（市）经委审核批准处理。进口货物中无法交付货物的，由运输部门开列清单会同海关、外运公司、保险部门研究提出意见报地（市）经委或由地（市）经委指定的县（市）经委审核批准处理。

3）对无法交付的鲜活、易腐、易燃、易爆、放射性和剧毒等货物，由运输部门开列清单，迅速报当地县（含县）以上经委批准处理。当地经委要及时作出处理决定。在当地经委作出处理决定前，如运输部门发现货物有变质、燃烧、爆炸和泄漏等危险情况时，可先行处理，事后报告。

4）无法交付货物由港口、车站向有关物资单位有价移交，但进口货物要先有偿交给外贸部门。接收单位要做好质量检验，全部按质论价接收。军用物资、历史文物、珍贵图书、重要资料和违禁物品等应分别向省（军）级的军事、公安、文化等主管部门无价移交，不得交给其他单位。

5）物资主管部门在接到移交通知后一个月内完成接收工作。过期不接收时，经县（含县）以上经委批准，由运输部门负责处理。

6）无法交付货物由当地经委会同有关部门本着按质论价的原则进行处理。对价格有不同意见时，由当地物价部门裁决。质次滞销的物品，经物价部门批准削价处理。

7）处理无法交付货物所得货款，应先扣除该货物的运输、装卸、储存、清扫、洗刷、广告及其他劳务费用，进口货物还应按规定扣除关税和其他税款；对处理或销毁无法交付的危险货物和变质、滞销货物所发生的入不敷出的金额，可在处理无法交付货物总收入中扣除；剩余部分可提取不超过3%的专项奖励基金，奖励有关人员；其余款项就地交入金库，处理单位属中央企业的交中央金库，属地方企业的交地方金库。

（6）到达港口、车站的货物，收货人或其代理人拒收的，港口、车站应报当地经委强制收货人按期提货；超过铁道、交通部门规定的提货期限的，按有关规定加收堆存费；超过一个月不提货的，港口、车站可在当地经委组织下转栈，转栈费由货主负担，拒付转栈费的，经当地经委批准，由银行强制划转。

（7）因运输部门的责任发生的货损货差，由运输部门按规定向收货人赔偿，不得动用无法交付货物及处理无法交付货物款抵补。

（8）无法交付货物处理后，货主要求归还货物或价款时，一律不予受理。

（9）本办法自1987年1月1日起施行，《关于处理港口、车站无法交付货物暂行办法》同时废止。

附录L　各种运输方式货物运输保险费率表

国内公路货物运输保险费率表

货物类别 \ 费率 \ 运距	500km 以内	501～1 000km	1 001～1 500km	1 500km 以上
普通货物	0.5‰	0.8‰	1‰	1.5‰
危险货物	1‰	1.5‰	2‰	3‰

注：1．平板玻璃，费率特订 15‰。

2．（各类玻璃制品平板玻璃除外）费率在原基础上加成 50‰。

水路货物运输保险费率表

区域	江河				沿海					
船吨位	201t 以上		200t 以下		3 001t 以上		201～3 000t		200t 以下	
险费率别（‰）\ 货物档次	基本险	综合险	基本险	综合险	基本险	综合险	基本险	综合险	基本险	综合险
一类货物	0.5	0.8	0.6	1	0.6	1	0.8	1.5	1.8	2.5
二类货物	0.8	1	1.5	2	1	1.5	1.8	2	3	5
三类货物	2	3	2.5	4	2	3	2.5	4	5	7
四类货物	3	5	3.5	6	4	5	3.5	6	7	10
五类货物	5	7	5.5	8	6	7	5.5	8	9	12
六类货物	7	10	7.5	12	8	10	7.5	12	10	15
七类货物	8	12	10	14	9	12	10	14	12	18

国内航空货物运输保险及联运费率表

货 物 档 次	费率（‰）
一类货物	1
二类货物	2
三类货物	3
四类货物	4
五类货物	6
六类货物	8
七类货物	10

铁路货物运输保险及联运费率表

货物档次 \ 费率（‰）	基 本 险	综 合 险
一类货物	0.3	0.5
二类货物	0.6	1
三类货物	1.2	2
四类货物	2.4	4
五类货物	3.6	6
六类货物	5	8
七类货物	10	16

附录M 国内货物运输保险单

国内货物运输保险单（正本）

保险单号：

鉴于被保险人已向本公司投保国内货物运输保险及其附加险，并同意按本保险条款约定交纳保险费，本公司同意按照货物运输保险条款和附加险条款及其特别约定承担保险责任，特立本保险单为凭。与本保险有关的附加条款、特约条款、批单以及投保单是本保险单不可分割的组成部分。

<table>
<tr><td colspan="2">被保险人</td><td colspan="3"></td><td>地　址</td><td colspan="2"></td></tr>
<tr><td colspan="2">运输方式</td><td colspan="3"></td><td>运输工具</td><td colspan="2"></td></tr>
<tr><td colspan="2">起运日期</td><td colspan="3"></td><td colspan="2">运单或发票号码</td><td></td></tr>
<tr><td colspan="2">起 运 地</td><td colspan="2"></td><td>中 转 地</td><td></td><td>目 的 地</td><td></td></tr>
<tr><td rowspan="6">主险</td><td colspan="2" rowspan="2">货物名称</td><td rowspan="2">件数/重量</td><td rowspan="2">保险金额</td><td colspan="2">费　率</td><td rowspan="2">保 险 费</td></tr>
<tr><td>基本险</td><td>综合险</td></tr>
<tr><td colspan="2"></td><td></td><td></td><td></td><td></td><td></td></tr>
<tr><td colspan="2"></td><td></td><td></td><td></td><td></td><td></td></tr>
<tr><td colspan="2"></td><td></td><td></td><td></td><td></td><td></td></tr>
<tr><td colspan="2"></td><td></td><td></td><td></td><td></td><td></td></tr>
<tr><td rowspan="2">附加险</td><td colspan="2" rowspan="2">险别名称</td><td></td><td></td><td colspan="2"></td><td></td></tr>
<tr><td></td><td></td><td colspan="2"></td><td></td></tr>
<tr><td colspan="5">总保险金额：</td><td colspan="3">¥</td></tr>
<tr><td colspan="5">总保险费：</td><td colspan="3">¥</td></tr>
<tr><td colspan="8">特别约定：</td></tr>
</table>

××保险公司

服务电话：　　　　　　　　　　　　　　（盖章）

签单地点：

签单日期：　　年　　月　　日　　　　　授权签字：

核保：　　　　　　　　制单：　　　　　　　　经办：

附录N　保险单保险标的附表

保险单保险标的附表

保险单号码：________________

起运日期	发货票号码	货物名称	件数/重量	保险金额	费率	保险费	免赔额
合计							

核保：　　　　　　　　　　制单：　　　　　　　　　　经办：

附录O 国内货物运输保险出险通知书

国内货物运输保险出险通知书

No.

被保险人名称			
保险单号		批单号码	
保险标的		投保险别	
保险金额		报损金额	
出险日期		出险地点	
出险主要原因及施救经过：			
报案人： 地址： 电话： 报案日期：		被保险人： 地址： 电话： 联系人：	

填报人： 填报日期：

附录P　货物运输险赔款计算书

货物运输险赔款计算书

<table>
<tr><td colspan="4">赔案编号：</td><td>保单号：</td></tr>
<tr><td colspan="4">被保险人：</td><td>保险险别：</td></tr>
<tr><td colspan="4">承运工具：</td><td>保险金额：</td></tr>
<tr><td colspan="4">起运日期：</td><td>保险标的：</td></tr>
<tr><td colspan="5">运输路线：自　　　　经　　　　至</td></tr>
<tr><td colspan="4">检验人：</td><td>出险时间及地点：</td></tr>
<tr><td colspan="4">代理人：</td><td>损失原因：</td></tr>
<tr><td colspan="4">索赔人：</td><td>第三方责任：有/无</td></tr>
<tr><td colspan="5">赔款计算方式：</td></tr>
<tr><td>损失项目</td><td>外币</td><td>折算率</td><td>人民币</td><td rowspan="4">经办公司签章

年　月　日</td></tr>
<tr><td>货物损失</td><td></td><td></td><td></td></tr>
<tr><td>施救费用</td><td></td><td></td><td></td></tr>
<tr><td>检验费</td><td></td><td></td><td></td></tr>
<tr><td>代理费</td><td></td><td></td><td></td><td rowspan="4">上级公司审批

年　月　日</td></tr>
<tr><td>其他</td><td></td><td></td><td></td></tr>
<tr><td></td><td></td><td></td><td></td></tr>
<tr><td>合　计</td><td></td><td></td><td></td></tr>
</table>

主管：　　　　　　复核：　　　　　　经办：

参 考 文 献

[1] 仪玉莉．运输管理[M]．北京：高等教育出版社，2012．

[2] 彭望勤，刘斌．物流实务手册[M]．上海：立信会计出版社，2003．

[3] 张建伟．物流运输业务管理模块与岗位操作流程[M]．北京：中国经济出版社，2005．

[4] 刘华．现代物流管理与实务[M]．北京：清华大学出版社，2004．

[5] 朱隆亮，万耀明．物流运输组织与管理[M]．北京：机械工业出版社，2004．

[6] 吴清一．物流常用法律法规[M]．北京：中国物资出版社，2003．

[7] 缪六莹，王进．运输管理实务[M]．北京：电子工业出版社，2004．

[8] 王效俐，沈四林．物流运输与配送管理[M]．北京：清华大学出版社，2012．